中国城乡规划违法违规研究

郐艳丽 著

中国建筑工业出版社

图书在版编目（CIP）数据

中国城乡规划违法违规研究 / 郃艳丽著 . —北京：中国建筑工业出版社，2013.5
ISBN 978-7-112-15442-5

Ⅰ.①中… Ⅱ.①郃… Ⅲ.①城乡规划-违法-案例-中国 Ⅳ.①D922.297.5

中国版本图书馆CIP数据核字（2013）第103321号

责任编辑：杨 虹 焦 扬
责任校对：张 颖 党 蕾

中国城乡规划违法违规研究
郃艳丽 著
*
中国建筑工业出版社出版、发行（北京西郊百万庄）
各地新华书店、建筑书店经销
北京嘉泰利德公司制版
北京云浩印刷有限责任公司印刷
*
开本：787×960毫米 1/16 印张：$15^1/_2$ 字数：380千字
2014年1月第一版 2014年1月第一次印刷
定价：39.00元
ISBN 978-7-112-15442-5
（24055）

（邮政编码 100037）

前 言

我国处于城镇化进程快速推进，经济社会快速发展的大背景、大环境下，尤其《中华人民共和国城乡规划法》颁布实施以来，地方各级政府及相关部门在加快城乡建设、改善人居环境、节约利用资源、保护公共利益和个人合法权益等方面发挥了积极作用，取得了明显成效。但是，由于各地方经济、社会等发展不平衡，尽管我国各级监察执法机构加大了力度，在贯彻实施城乡规划法过程中，城乡规划领域方面的违法违规行为仍层出不穷、屡禁不止，影响了规划的实施，侵害了群众的利益，损害了法律的尊严。一些单位和个人规划意识薄弱，违反规划建设的行为屡禁不止，少数干部对规划的重要性认识不足，随意变更规划、甚至无视规划进行建设活动，成为影响城乡规划实施的突出问题。本书通过收集当前城乡规划违法违规的典型案例，研究分析违法违规行为产生的易发、多发原因，分析违法违规行为呈现出的新情况、新特征，探索有针对性的相应的举措，提出建立违法违规行为震慑机制的建议，为健全我国城乡规划稽查执法工作机制、完善工作方法、提高工作水平提供支撑。

本书是在住房和城乡建设部稽查办公室2009年委托完成的《城乡规划违法违规行为稽查执法研究》基础上修改完成的，本人是这个课题的总负责人和总执笔者。第二部分的实证研究主要针对收集的案例进行分析和研究，应该声明的是文中的观点是根据本人长期从事城市规划实践的粗浅认识和思考，不代表任何官方和组织的态度。感谢参与收集整理资料的刘铁军、石宇、李远，在此过程中北京市规划委员会孙卫委员、李剑飞副队长、陈成琳主任科员给予了很好的建议。住房和城乡建设部稽查办公室刘春生副主任、姚志成处长、南楠主任科员对报告的结构和具体细节、提法提出规范性意见。本课题在研究调研过程中也得到了各省（区、市）住房和城乡建设厅及省市建设稽查执法部门的大力支持，他们是：四川省建设监察总队、江苏省住房和城乡建设厅稽查办公室以及成都、泸州、南京、无锡等规划管理和稽查部门。贵州、山东、四川、辽宁、福建、黑龙江、山西、浙江等省住房和城乡建设厅给予相关案例支持。天津、上海、重庆等直辖市规划局（规划国土局），河北、山西、江苏、湖北等省住房和城乡建设厅以及太原、南京、武汉、襄樊、成都等城市规划局相关专家、学者在课题研讨会上提出很好的意见。课题评审专家住房和城乡建设部部派城乡规划督察员刘运琦、住房和城乡建设部城乡规划管理中心刘佳福副主任、原哈尔滨市规划局俞滨洋局长、清华大学吴唯佳教授、上海市规划和国土资源管理局监督检查处牛小琪处长、四川省建设监察总队陈时荣副总队长、河北省建设监察办公室吴清波副主任给予了很高的评价并提出很好的修改意见，在此一并表示真诚的感激和谢意。

郤艳丽

2012 年 12 月于北京

目　录

前言 ………………………………………………………………… 郐艳丽

第一篇　综合研究 ………………………………………………… 1

第一章　总论 ……………………………………………………… 3

1　研究背景……………………………………………………… 3

2　研究目的……………………………………………………… 4

3　研究方案……………………………………………………… 5

第二章　城乡规划违法违规行为研究 …………………………… 7

1　违法违规行为类型与主要表现……………………………… 7

2　城乡规划违法违规行为的总体特征及发生规律………………25

3　违法违规行为的危害……………………………………………30

4　违法违规原因……………………………………………………31

第三章　城乡规划稽查执法现状 …………………………………39

1　督查执法依据……………………………………………………39

2　稽查执法机构……………………………………………………43

3　稽查执法特点……………………………………………………48

4　稽查执法问题……………………………………………………49

5　规划督察制度……………………………………………………55

第四章　国内外城乡规划管理借鉴 ………………………………62

1　国外城乡规划管理借鉴…………………………………………62

2　国内执法经验借鉴………………………………………………73

第五章　城乡规划稽查执法工作程序与建议 ……………………79

1　城乡规划稽查执法工作程序……………………………………79

2　加强城乡规划稽查执法的建议…………………………………83

3　城乡规划稽查执法概念理解……………………………………86

第二篇 实证研究 …… 95

第七章 案例分析 …… 97
1 违反详细规划…… 98
2 违反总体规划…… 105
3 违反历史文化名城名镇名村保护规划…… 108
4 程序违法——不办证、缺证或过期案…… 110
5 程序违法——行政错误作为案…… 114
6 案例综合分析…… 116

第八章 违反详细规划案例 …… 119
1 某市 ×× 步行街案——提高容积率 …… 119
2 某市居民信访案——增加建筑面积…… 121
3 某县 ×× 住宅小区案——调整建筑高度 …… 122
4 某市 ×× 道路拆迁安置案——增加建筑层数 …… 123
5 某市 ×× 住宅小区案——占用绿地 …… 124
6 某县 ×× 贸易公司违规案——增加建筑层数 …… 124
7 某市 ×× 置业有限公司违法建设案——占用绿地 …… 127
8 某市 ×× 化工有限公司违法建设案——增加建筑面积 …… 128
9 某市 ×× 房地产有限公司违法建设案——增加建筑层数 …… 129
10 某市 ×× 公寓违法建设案——增加建筑面积…… 130
11 某市 ×× 项目开发有限公司违法建设案——增加建筑层数…… 131
12 某市村民违法建设案——增加建筑层数 …… 132
13 某市 ×× 大厦超规划建设案——增加建筑层数…… 133
14 某市 ×× 小区三期工程擅自调整规划设计案件——降低容积率…… 136
15 某市 ×× 房地产开发有限公司擅自增建半地下车库案——增加建筑面积 …… 138
16 某市 ×× 地产有限公司违反规划建设案——增加层高…… 139
17 某县 ×× 片区旧城改造违反规划案——增加建筑面积…… 140
18 某市 ×× 房地产开发公司违反规划案——占用绿地…… 141
19 某市 ×× 房地产开发公司“×× 花园”会所项目案——增加建筑层数 …… 142
20 某市 ×× 公司“×× 大厦”项目——增加建筑层数 …… 143

21 某市 ×× 生态园违反规划建设案——占用绿地…… 145
22 某市 ×× 路违规建设商住楼案——改变位置…… 146
23 某市“×× 大厦”项目违规开发建设案——增加建筑面积…… 147
24 某市 ×× 小区违建案——增加建筑高度…… 149
25 某市 ×× 开发公司违建案——增加建筑面积…… 153
26 某市 ×× 改造项目违建案件——增加建筑面积…… 155
27 某市 ×× 商业中心项目违反规划建设案——增加建筑面积…… 159
28 某市 ×× 花园项目违规案——增加建筑层数…… 161

第九章 违反总体规划案例 …… 164
1 某县 ×× 居民案——调整用地性质 …… 164
2 某市 ×× 居民建房案——侵占道路红线 …… 166
3 某市 ×× 住宅小区案——调整用地性质 …… 167
4 某县 ×× 老年社区项目案——调整用地性质 …… 168
5 某市 ×× 水库周边违法建设拆除案——水源保护区保护 …… 169
6 某市客运码头改造 ×× 项目违法案件——违反城市控高 …… 170
7 某市 ×× 故里住宅建设项目违规案件——调整用地性质 …… 172

第十章 违反历史文化名城保护规划 …… 175
1 某市 ×× 巷老街风貌案——仿古造假 …… 175
2 某市 ×× 公司违法改造 ×× 公馆案——破坏风貌…… 176
3 某市 ×× 居民违法建设案——私搭乱建 …… 178
4 某市 ×× 居民违法建设案——私搭乱建 …… 179
5 某市古城重点保护区内违法建设案——私搭乱建…… 180
6 某军区 ×× 通信总站违法建设——破坏风貌 …… 181

第十一章 程序违法——无证、缺证或证件过期案 …… 186
1 某市 ×× 镇 ×× 村某电梯厂案——无证…… 186
2 某市 ×× 墙体材料有限公司违规建厂房案——缺证 …… 187
3 某市 ×× 房地产开发有限公司违法建设案——缺证 …… 188
4 某市 ×× 房屋开发有限公司无手续开发建设案——无证 …… 189
5 某市 ×× 铁路水电段违法建设案——无证 …… 190
6 某市 ×× 居民违法建设拆除案——无证 …… 191

7 某市 ×× 市场逾期临时建设拆除案——无证 …… 192
8 某市 ×× 彩印有限公司违法建设案——缺证 …… 194
9 某市 ×× 公司违法建设案——缺证 …… 194
10 某县 ×× 购物中心无施工许可建设案——缺证 …… 196
11 某市 ×× 住宅小区项目未办理手续开工建设案——缺证 …… 197
12 某市 ×× 居民违法建设案——无证 …… 199
13 某市 ×× 居民违法建设案——无证 …… 200
14 某市 ×× 水利开发有限公司违法建设 ×× 水库供水工程案——无证 …… 201
15 某市 ×× 房地产开发有限公司违法建设案——缺证 …… 203
16 某市 ×× 县“×× 花园”项目违反规划建设案——缺证 …… 204
17 某市 D、Y 两房地产开发公司 ×× 路项目违规案——缺证 …… 205
18 某市 ×× 房地产开发公司“×× 国际”项目案——缺证 …… 206
19 某市 ×× 公寓项目违法建设案——证件过期 …… 207
20 某市 ×× 公司 ×× 路项目违法案——缺证 …… 209
21 某市 ×× 小学违法建设案——缺证 …… 210
22 某市 ×× 居民综合楼违法加层案——缺证 …… 211
23 某市张某等 36 户居民违法建房案——无证 …… 212
24 某市 ×× 居民违法建房案——无证 …… 213
25 某市 ×× 区 ×× 住宅小区改造案——缺证 …… 213
26 某市 ×× 军区政治部违规建设案——缺证 …… 216
27 某区 ×× 房地产开发公司侵占小区公共用地违法建设案——无证 …… 218
28 某市 ×× 小区项目违法违规案——缺证 …… 219
29 某市 ×× 广场项目违法建设案——缺证 …… 223
30 某市 ×× 区“×× 中心”项目案——缺证 …… 227

第十二章 程序违法——行政错误作为案 …… 231
1 某市 ×× 房产开发项目案——未编制控制性详细规划 …… 231
2 某市 ×× 大道违反规划案——违反控制性详细规划 …… 234
3 某市 ×× 综合体违规审批案——违反控制性详细规划 …… 235
4 某市 ×× 大厦和 ×× 广场项目违规审批案——违规发放许可 …… 236

第一篇
综 合 研 究

第一章　总　论

1　研究背景

1.1　城乡规划领域违法违规问题多发

我国目前已经进入城镇化快速发展时期，传统城镇化模式所积累的问题和矛盾日益突出，经济社会和城市建设发展进程中多元利益群体逐渐形成和分化，在城市建设飞速发展以及建设管理法规逐步完善的过程中，背后的利益问题日益突出，城乡规划成为违法违规问题较多的一个领域。一方面，随着旧城改造和更新，各级各类开发区和新区建设，城市地域不断扩张、城乡建设量不断增加，建设单位各类违反程序、违反规划的建设问题；另一方面，城中村失地农民、老城区居民出于对自身的居住条件的改善，新搭建违法建设物，此类问题屡禁不止；第三，由于城乡规划所具有的利益分配功能，使规划领域成为权钱交易的重灾区，腐败问题形势严峻，主要体现在违规审批规划、擅自改变土地用途、提高项目容积率，从中谋取私利，也给社会带来难以挽回的负面影响。

1.2　国家迈入依法治国规范发展阶段

中国城镇化的健康发展取决于中国城市的科学管理，取决于城乡规划的严格实施，取决于弱势群体的基础保障，取决于公共利益的全面维护，取决于公民私权的平等保护。城市建设发展进程中空间资源的配置演变常常意味着利益关系的调整，城市规划不仅需要考虑整体层面上的城市功能运行问题，还必须考虑城市空间资源配置中的不同利益诉求及公平公正问题，提供城市社会发展的保障措施，在修正市场失败的基础上支持土地和房地产市场，保证土地在总体利益下进行分配、使用和开发，这些都需要依靠国家依法治国发展理念、城乡规划行政主管部门依法行政作为基础保障。西方国家无论是城市建设还是乡村建设都有严格的规定，与之相比我国现在的法制化程度还较低，在具体工作中城乡规划建设依法实施有时并不能完全遵守到位，法不责众的习惯流传至今，我国从传统治理模式向法治社会转变还有漫长的路要走。

1.3 人民群众保护自身权益要求提高

随着经济社会发展，城乡规划建设呈现利益主体的多元化、建设活动多元化、社会需求的多元化和建设主体多元化特征（表 1–1）。2007 年 10 月 1 日《中华人民共和国物权法》（以下简称《物权法》）开始生效，宪法和物权法对基本人权和公民财产权的尊重促使人民群众对自身权益保护意识不断增加，城市规划涉及的权力范畴扩大，在原先较单纯的行政主体与相对当事人之间的单项行政关系的基础上，增加了公民、法人和社团组织之间的民事约定的范畴[①]。《中华人民共和国城乡规划法》（以下简称《城乡规划法》）从立法的角度确定城乡规划是公权力对私有财产权力的干预和制约，明确规定保护相对人的利益。随着公民主动参与城乡规划管理的意识不断提高，全社会对城乡规划工作有了更高的期待，对城乡规划的依法执行和违法违规行为的稽查执法也有了更高要求。

城市建设主体的角色与特征 **表 1–1**

建设主体	角色	特征
企业	实施者	资金优势、市场经验、利润追求、市场失灵、承担风险
政府	组织者	政策资源、催化作用、政绩冲动、干预经济、管理职能
民众	参与者	家园意识、多元价值观、利己主义、缺乏必要的知识、参与意识增强

2 研究目的

2.1 深化对城乡规划违法违规行为认识

通过研究城乡规划违法违规案例，研究违法违规行为的表现形式、产生原因、危害性、主要类型以及易发多发环节等，深化对城乡规划违法违规行为的认识，提高对违法违规行为的分析判断能力，有针对性的杜绝违法违规案件的发生。

① 左金风．改革开放 30 年来城市规划法治的发展评述 [J]. 求实 .2009（2）：52–53.

2.2 规范城乡规划稽查执法的工作程序

研究总结城乡规划行政执法工作的法律法规依据、执法的具体内容以及工作的程序和方法等，针对稽查执法存在的问题，切实规范规划行政权力运行，完善规范稽查执法程序，扭转主管部门执法不严、疏于管理、违规越权审批等问题，遏制违规开发建设行为的泛滥。

2.3 提高城乡规划稽查执法的工作水平

从分析案例研究方法入手，根据违法违规行为类型、环节，尤其产生原因，提出准确易行的制度设计和改进措施，切实提高城乡规划违法违规案件稽查执法的工作水平和工作效率，保障城市建设秩序，维护社会公平，促进城市健康发展。

3 研究方案

3.1 研究思路

针对城乡规划领域违法违规行为开展研究，以案例分析为主线，通过收集当前典型案例，研究分析违法违规行为产生的原因、表现形式、特点、发生规律及社会影响，分析违法违规问题产生的原因，归纳案件处理意见，发现稽查工作的重点环节及工作难点，总结稽查工作的一般方法和基本程序，寻找预防案件发生的对策，借鉴国内外相关经验，提出加强城乡规划稽查执法的建议，为健全工作机制、完善工作方法、提高工作水平提供支撑。

3.2 技术路线

以问题为导向，具体技术路线如图 1–1 所示。

3.3 研究内容

城乡规划稽查背景；从不同角度对违法违规行为进行分类，研究产生的原因、表现形式、阶段特点、发生规律及社会影响；梳理稽查工作基本方法和程序，确定稽查各环节的规范性工作流程、工作内容，根据违法违规行为多发地带和多发行为确定稽查工作的重点环节及工作难点；提出加强城乡规划违法违规行为稽查执法工作的建议等。

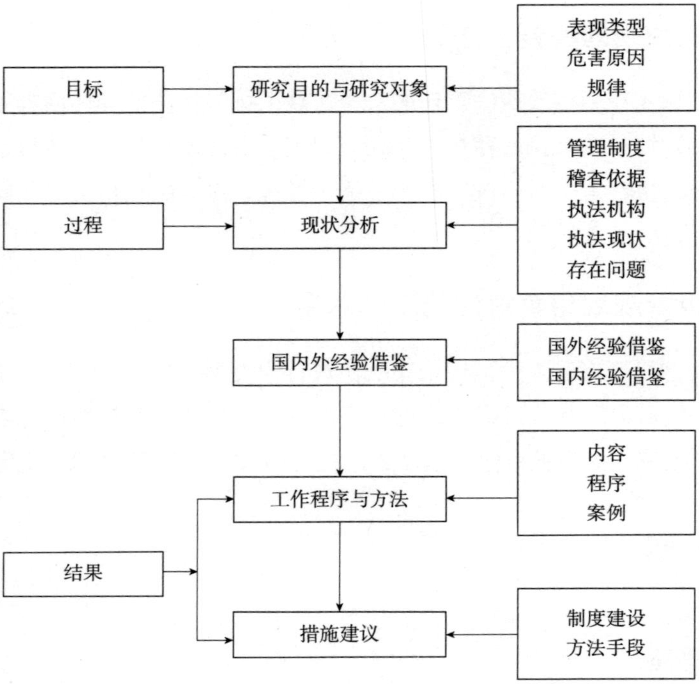
目标
研究目的与研究对象
表现类型
危害原因
规律
过程
现状分析
管理制度
稽查依据
执法机构
执法现状
存在问题
国内外经验借鉴
国外经验借鉴
国内经验借鉴
结果
工作程序与方法
内容
程序
案例
措施建议
制度建设
方法手段

图 1–1　技术路线示意图

第二章　城乡规划违法违规行为研究

1　违法违规行为类型与主要表现

1.1　违法违规行为主要类型

城乡规划违法违规行为的产生和存在有着不同的类型和特征，其表现形式多样，影响程度不同，侵害广大人民群众的根本利益，影响城乡规划的实施，破坏公平公正的市场秩序。研究和掌握违法违规行为基本类型及主要表现，是稽查执法工作的基础。按照《城乡规划法》的有关条款，结合实际调查，城乡规划违法违规行为主要分为程序违法和实体违法两种类型，具体违法内容、主要体现和违法主体见表 2–1。

程序违法是指违反了法律规定的程序要件，包括方式、步骤、顺序和期限等。如违反法定时限实施的许可、省略、颠倒行政步骤、形式要件不足、缺少程序要求等，包括三种类型：一是违法行为人未依法办理规划审批手续，私自乱搭乱建建筑物、构筑物，影响城乡规划实施；二是建设工程已进入某个阶段的规划审批程序中，违法行政行为相对人缺乏部分手续，擅自进行建设；三是政府或执法机构行政错误作为，分为五小类：未按法定程序编制规划，委托不具有相应资质等级的单位编制规划，未按法律规定程序修改规划，未按法律规定实施规划，程序性地超越职权或者对不符合法定条件的申请人核发选址意见书、建设用地规划许可证、建设工程规划许可证行为等。

实体违法是指违反具体规定，包括五种类型，一是政府或执法机构行政不作为，如未组织编制规划，对符合法定条件的申请人未在法定期限内核发选址意见书、建设用地规划许可证、建设工程规划许可证、乡村建设规划许可证，发现未依法取得规划许可或者违反规划许可的规定在规划区进行建设的行为而不予查处或接到举报后不依法处理的；二是规划设计单位违反规划编制标准和规定编制城乡规划；三是在规划编制、审批、修改，许可发放及项目建设实施中，政府、规划行政主管部门、项目建设者违背城市总体规划，尤其强制性内容；四是在规划编制、审批、修改，许可发放及项目建设实施中，政府、规划行政主管部门、项目建设单位违反控制性详细规划和依法审批的修建性详细规划；五是在规划编制、审批、修改，许可发放及项目建设实施中，人民政府、行政主管部门、项目建设单位违反历史文化名城、名镇、名村的保护内容。

违法违规案件分类表 **表 2–1**

违法类型	违法内容	主要体现	违法主体
A 程序违法	1 不办证	1 私搭乱建、违规加层	个人或企业
		2 未经批准进行临时建设	个人或企业
		3 临时建筑物、构筑物超过批准期限不拆除	个人或企业
		4 未经批准进行建设	个人或企业
	2 缺证	1 缺建设用地规划许可证	个人或企业
		2 缺建设工程规划许可证	个人或企业
		3 缺乡村建设许可证	个人或企业
		4 开工许可证	个人或企业
		5 未在建设工程竣工验收后六个月内向城乡规划主管部门报送有关竣工验收资料	个人或企业
		6 不符合程序	个人或企业
	3 不作为（一）未组织编制规划	1 未编制城镇体系规划	人民政府
		2 未编制城市、镇总体规划	人民政府
		3 未编制近期建设规划	人民政府
		4 未编制控制性详细规划	行政主管部门
		5 未编制指定乡、村规划	乡人民政府和村委会
		6 未编制历史文化名城保护规划	人民政府

续表

违法类型	违法内容	主要体现	违法主体
A 程序违法	4 不作为（二）未按法定程序编制规划	1 城镇体系规划编制未进行经济技术论证或未征求有关单位意见	人民政府
		2 未经审批机关同意编制城市总体规划	人民政府
		3 未组织编制城市总体规划纲要或未提请审查	人民政府
		4 报批的城镇体系规划、城市总体规划未经本级人大常委会审议或镇总体规划未经镇人民代表大会审议	人民政府
		5 报送审批村庄规划前，未经村民会议或者村民代表会议讨论同意	人民政府
		6 报送审批的城乡规划前，未将草案予以公告，并采取论证会、听证会或其他方式征求专家和公众意见	人民政府
		7 未按照法定程序组织编制历史文化名城、名镇、名村保护规划	
		8 未将批准的城乡规划、保护规划予以公布	
	5 错误作为（一）委托不具有相应资质等级的单位编制规划	1 委托不具有相应资质等级的单位编制城乡规划	人民政府
		2 将城乡规划服务任务委托给未取得《外商投资企业城市规划服务资格证书》的外商投资企业	人民政府
		3 将总体规划服务任务委托给外商投资城市规划服务企业	人民政府
	6 错误作为（二）未按法律规定修改规划	1 未经住房和城乡建设部同意，修编省域城镇体系规划	人民政府
		2 超出省域城镇体系规划局部调整范围进行调整	人民政府
		3 调整省域城镇体系规划的局部内容未报住房和城乡建设部备案	人民政府
		4 进行城市总体规划修编，未经过原规划审批机关认定	人民政府
		5 未经原审批机关同意，擅自修改城市总体规划、镇总体规划强制性内容	人民政府

续表

违法类型	违法内容	主要体现	违法主体
A 程序违法	6 错误作为（二）未按法律规定修改规划	6 未将修改后的近期建设规划报原总体规划审批机关备案	人民政府
		7 擅自修改历史文化名城、名镇、名村保护规划	人民政府
		8 控制性详细规划修改涉及城市总体规划、镇总体规划的强制性内容应当先修改总体规划，而未履行总体规划修改程序	人民政府
		9 修改控制性详细规划未对修改必要性进行论证、征求利益相关人意见，并获批准	行政主管部门
		10 同意修改修建性详细规划未采取听证会等形式征求利益相关人意见	人民政府
		11 未修改城市总体规划，擅自调整和改变城市蓝线	人民政府
		12 未修改城市总体规划，擅自调整和改变城市黄线	人民政府
		13 未修改城市总体规划，擅自调整和改变城市紫线	人民政府
		14 未经村民会议或者村民代表会议讨论同意修改乡、村庄规划，报上级人民政府审批	人民政府
	7 错误作为（三）未按法律规定实施规划	1 在城市、镇总体规划确定的建设用地外，设立各类开发区和城市新区	人民政府
		2 对符合法定条件的申请人未在法定期限内核发选址意见书、建设用地规划许可证、建设工程规划许可证、乡村建设规划许可证	行政主管部门
		3 未依法对经审定的修建性详细规划、建设工程设计方案的总平面图予以公布	行政主管部门
		4 同意修改修建性详细规划、建设工程设计方案的总平面图前未采取听证会等形式听取利害关系人的意见	行政主管部门
		5 发现未依法取得规划许可或者违反规划许可的规定在规划区内进行建设的行为，而不予查处或者接到举报后不依法处理	行政主管部门
		6 依照《城乡规划法》规定应当给予行政处罚，而有关城乡规划主管部门不给予行政处罚	行政主管部门

续表

违法类型	违法内容	主要体现	违法主体
A 程序违法	7 错误作为（三）未按法律规定实施规划	7 其他城乡规划主管部门违反《城乡规划法》做出行政许可	行政主管部门
		8 因保护不力，导致已批准公布的历史文化名城、名镇、名村被列入濒危名单	行政主管部门
	8 错误作为（四）超越职权或者对不符合法定条件的申请人核发选址意见书、建设用地规划许可证、建设工程规划许可证、乡村建设规划许可证	1 向持有未附具城乡规划行政主管部门提供规划设计条件及附图的出让、转让合同，或擅自变更的出让、转让合同规划设计条件及附图申请人核发建设用地规划许可证	行政主管部门
		2 向未取得由省、自治区建设行政主管部门核发的项目选址意见书的重大建设项目和规划确定的需要严格保护限制开发的区域，以及各类开发区、大学城、科技园、度假园区等，核发建设用地规划许可证和建设工程规划许可证	行政主管部门
		3 对建设用地面积超过国家规定用地指标的新建、改建、扩建项目，发放建设用地规划许可证、建设工程规划许可证	行政主管部门
		4 超出近期建设规划控制线批准用地或批准建设	行政主管部门
		5 为没有列入或者不符合近期建设规划、控制性详细规划规定用途的土地办理规划手续	行政主管部门
		6 违反城市规划强制性内容提供规划设计条件、审查项目、批准建设	行政主管部门
		7 在已经划定的城市绿线范围内违反规定审批建设项目	行政主管部门
		8 在城市蓝线范围内，违反城市规划、蓝线保护和控制要求批准建设	行政主管部门
		9 在城市黄线范围内，违反城市规划要求、国家有关技术标准和规范，批准进行建筑物、构筑物及其他设施建设	行政主管部门
		10 擅自调整和违反历史文化名城保护规划批准建设	行政主管部门
		11 向不符合条件的申请人核发乡村建设规划许可证	行政主管部门

续表

违法类型	违法内容	主要体现	违法主体
B 实体违法	1 违反规划编制标准和规定	1 违反国家有关标准编制城乡规划	编制单位
		2 未依法取得资质证书承揽城乡规划编制工作	编制单位
		3 以欺骗手段取得资质证书承揽城乡规划编制工作	编制单位
		4 超越资质等级许可的范围承揽城乡规划编制工作	编制单位
	2 违反总体规划	1 违反强制性内容	个人或企业
		2 擅自改变绿线内土地用途	个人或企业
		3 在蓝线内进行下列建设的：违反城市蓝线保护和控制要求的建设活动；擅自填埋、占用城市蓝线内水域；影响水系安全的爆破、采石、取土；擅自建设各类排污设施；其他对城市水系保护构成破坏的活动	个人或企业
		4 在城市黄线范围内进行下列活动的：违反城市规划要求，进行建筑物、构筑物及其他设施的建设；违反国家有关技术标准和规范进行建设；未经批准，改装、迁移或拆毁原有城市基础设施；其他损坏城市基础设施或影响城市基础设施安全和正常运转的行为	个人或企业
		5 压占道路红线	个人或企业
		6 占用水源保护地	个人或企业
	3 违反详细规划	1 调整外立面	个人或企业
		2 改变位置	个人或企业
		3 增加建筑面积	个人或企业
		4 改变层高	个人或企业
		5 提高容积率	个人或企业
		6 日照间距不合理	个人或企业
		7 压占小区绿地、降低绿地率	个人或企业
		8 压占道路红线	个人或企业
		9 改变性质	个人或企业
		10 增加层数	个人或企业
		11 其他违反建设工程规划许可证的规划设计条件进行建设	
		12 未按照批准内容进行临时建设	

续表

违法类型	违法内容	主要体现	违法主体
B 实体违法	4 违反历史文化名城保护规划	1 私搭乱建、违规加层	个人或企业
		2 历史文化名城、名镇、名村保护范围内占用保护规划确定保留的园林绿地、河湖水系、道路和古树名木等	个人或企业
		3 历史文化名城、名镇、名村保护范围内未按照保护规划要求和法定程序，开山、采石、开矿，改变园林绿地、河湖水系等自然状态，破坏传统格局和历史风貌的活动	个人或企业
		4 历史文化名城、名镇、名村保护范围内修建生产、储存爆炸性、易燃性、放射性、毒害性、腐蚀性物品的工厂、仓库等	个人或企业
		5 历史文化街区、名镇、名村核心保护范围内未按照保护规划要求和法定程序，批准进行在核心保护范围内进行影视摄制、举办大型群众性活动	个人或企业
		6 历史文化街区、名镇、名村核心保护范围内未按照保护规划要求，批准进行新建、扩建（必要的基础设施和公共服务设施除外）	个人或企业
		7 未征求同级文物主管部门的意见，为新建、扩建必要的基础设施和公共服务设施项目核发建设工程规划许可证、乡村建设规划许可证	行政主管部门
		8 违反保护规划的大面积拆除、开发	个人企业政府
		9 对历史文化街区传统格局和风貌构成影响的大面积改建	个人企业政府
		10 损坏或者拆毁保护规划确定保护的建筑物、构筑物和其他设施	个人企业政府
		11 修建破坏历史文化街区传统风貌的建筑物、构筑物和其他设施	个人企业政府
		12 擅自在文物保护单位的保护范围内进行建设工程或者爆破、钻探、挖掘等作业	个人企业政府
		13 在文物保护单位的建设控制地带内进行建设工程，其工程设计方案未经文物行政部门同意、报城乡建设规划部门批准，对文物保护单位的历史风貌造成破坏	个人企业政府
		14 擅自迁移、拆除不可移动文物，擅自修缮不可移动文物，明显改变文物原状	个人企业政府
		15 擅自在原址重建已全部毁坏的不可移动文物，造成文物破坏	个人企业政府
		16 施工单位未取得文物保护工程资质证书，擅自从事文物修缮、迁移、重建	企业
		17 其他对历史文化街区和历史建筑的保护构成破坏性影响的活动	个人企业政府

1.1.1 行为主体违法行为规定

按行为主体的不同可划分为政府、城乡规划主管部门、其他行政职能部门、规划编制主体、建设行为主体五类。城乡规划领域相关法律有如下违法行为的界定：

1.1.1.1 人民政府

按照《城乡规划法》的规定，地方人民政府政府违法包括以下行为：①依法应当编制城乡规划而未组织编制，或者未按法定程序编制、审批、修改城乡规划；②委托不具有相应资质等级的单位编制城乡规划。

按照《紫线管理办法》([2003] 建设部令第 119 号）的规定，地方人民政府政府违法包括以下行为：①国家历史文化名城的城市人民政府未组织编制历史文化名城保护规划时划定紫线；其他城市在编制城市规划时未划定保护历史文化街区和历史建筑的紫线；②擅自调整历史文化名城和历史文化街区保护规划。

1.1.1.2 城乡规划主管部门

按照《城乡规划法》的规定，城乡规划主管部门违法包括以下行为：①未依法组织编制城市的控制性详细规划、县人民政府所在地镇的控制性详细规划；②超越职权或者对不符合条件的申请人核发选址意见书、建设用地规划许可证、建设工程规划许可证、乡村建设规划许可证；③对符合法定条件的申请人未在法定期限内核发选址意见书、建设用地规划许可证、建设工程规划许可证、乡村建设规划许可证；④改变国有土地使用权出让合同中依法确定的规划条件；⑤未依法对经审定的修建性详细规划、建设工程设计方案的总平面图予以公布，或者批准修改修建性详细规划、建设工程设计方案的总平面图前未采取听证会等形式听取利害关系人的意见；⑥发现未依法取得规划许可或者违反规划许可的规定在规划区内进行建设的行为，而不予查处或接到举报后不依法处理。

按照《城市蓝线管理办法》(建设部令 [2005] 第 145 号）的规定，城乡规划主管部门违法包括以下行为：①城市蓝线批准后，擅自调整蓝线范围；②未定期对城市蓝线管理情况进行监督检查；③违反《城市蓝线管理办法》规定，批准在城市蓝线范围内进行建设。

按照《城市黄线管理办法》(建设部令 [2005] 第 145 号）的规定，城乡规划主管部门违法包括以下行为：①城市黄线未当作为城市规划的强制性内容，与城市规划一并报批。城市黄线上报审批前，未进行技术经济论证，并征求有关部门意见；②城市黄线批准后，擅自调整黄线范围；③未定期对城市黄线管理情况进行监督检查；④违反《城市黄线管理办法》规定，批准在城市黄线范围内进行建设。

按照《城市紫线管理办法》（建设部令 [2003] 第 119 号）的规定，城乡规划主管部门违法包括以下行为：①擅自调整历史文化名城、历史文化街区和历史建筑保护规划；②未依法对经过批准的历史文化名城、历史文化街区和历史建筑保护规划向社会公布；③未定期对城市紫线管理情况进行监督检查；④违反《城市紫线管理办法》规定，批准在城市紫线范围内进行建设。

按照《城市绿线管理办法》（建设部令 [2003] 第 119 号）的规定，城乡规划主管部门违法包括以下行为：①批准的城市绿线未按规定向社会公布；②城市绿线内的用地，不得改作他用，不得违反法律法规、强制性标准以及批准的规划进行开发建设。

按照《建设用地容积率管理办法》（建规 [2012] 第 22 号）的规定，城乡规划主管部门违法包括以下行为：①未依据控制性详细规划核定建设用地容积率等控制性指标，核发建设用地规划许可证；②以政府会议纪要等形式代替规定程序调整容积率；③国有土地使用权出让或划拨后，拟调整的容积率不符合程序要求；④未将容积率调整程序、各环节责任部门等内容在办公地点和政府网站上公开；⑤对建设工程进行核实时，未严格审查建设工程是否符合容积率要求等。

1.1.1.3　其他行政职能部门

按照《城乡规划法》的规定，其他行政职能部门违法包括以下行为：①对未依法取得选址意见书的建设项目核发建设项目批准文件；②未依法在国有土地使用权出让合同中确定规划条件或者改变国有土地使用权出让合同中依法确定的规划条件；③对未依法取得建设用地规划许可证的建设单位划拨国有土地使用权。按照我国行政职能的划分：①系指发改委，②、③系指国土主管部门。

按照《城市绿线管理办法》（建设部令 [2003] 第 119 号）的规定，其他行政职能部门违法包括以下行为：有关部门违反规定，批准在城市绿线范围内进行建设。按照我国行政职能的划分，有关部门应为园林绿化行政主管部门。

1.1.1.4　城乡规划编制单位

按照《城乡规划法》的规定，城乡规划编制单位违法包括以下行为：①超越资质等级许可的范围或者未依法取得资质证书承揽城乡规划编制工作，或者以欺骗手段取得资质证书承揽城乡规划编制工作；②违反国家有关标准编制城乡规划；③城乡规划编制单位取得资质证书后，经原发证机关检查不再符合法定的相应资质条件，不能继续承揽城乡规划编制工作或者按原资质等级许可的范围承揽城乡规划编制工作，应当按期改正而不改正。

按照《城市绿线管理办法》(建设部令[2003]第119号)的规定，城乡规划编制单位违法包括以下行为：①控制性详细规划未提出不同类型用地的界线、规定绿化率控制指标和绿化用地界线的具体坐标。②修建性详细规划未根据控制性详细规划，明确绿地布局，提出绿化配置的原则或者方案，划定绿地界线。

按照《城市黄线管理办法》(建设部令[2005]第145号)的规定，城乡规划编制单位违法包括以下行为：①编制城市总体规划，未根据规划内容和深度要求，合理布置城市基础设施，确定城市基础设施的用地位置和范围，划定其用地控制界线；②编制控制性详细规划，未依据城市总体规划，落实城市总体规划确定的城市基础设施的用地位置和面积，划定城市基础设施用地界线，规定城市黄线范围内的控制指标和要求，并明确城市黄线的地理坐标；③编制修建性详细规划未依据控制性详细规划，按不同项目具体落实城市基础设施用地界线，提出城市基础设施用地配置原则或者方案，并标明城市黄线的地理坐标和相应的界址地形图。

1.1.1.5 建设行为主体

按照《城乡规划法》的规定，建设行为主体违法包括以下行为：①未取得建设工程许可证或者违反建设工程许可证进行建设；②建设单位未按《城乡规划法》的规定报送竣工材料。

按照《紫线管理办法》(建设部令[2003]第119号)的规定，建设行为主体违法包括以下行为：①违反保护规划的大面积拆除、开发；②对历史文化街区传统格局和风貌构成影响的大面积改建；③损坏或者拆毁保护规划确定保护的建筑物、构筑物和其他设施；④修建破坏历史文化街区传统风貌的建筑物、构筑物和其他设施；⑤占用或者破坏保护规划确定保留的园林绿地、河湖水系、道路和古树名木等；⑥其他对历史文化街区和历史建筑的保护构成破坏性影响的活动。

1.1.2 违法案件类型分布

根据实地调研和住房和城乡建设部稽查办公室提供的近3年对违法违规案例共75件进行的统计分析，以最主要的违法内容界定类型，目前主要违法违规案件按照类型分布见表2-2。其中政府或执法机构行政不作为类型统计数量最低，因其固有的消极和隐蔽等属性，往往容易被人们所轻视和忽略。

主要违法违规案件分类统计一览表　　　　**表 2-2**

违法类型	违法内容	主要体现	违法主体	案件数量
程序违法	不办证	私搭乱建、违规加层	个人或企业	5
		未经批准进行临时建设	个人或企业	6
		临时建筑物、构筑物超过批准期限不拆除	个人或企业	6
	缺证	缺建设用地规划许可证	个人或企业	11
		缺建设工程规划许可证	个人或企业	22
		开工许可证	个人或企业	17
		未在建设工程竣工验收后六个月内向城乡规划主管部门报送有关竣工验收资料	个人或企业	1
		不符合程序（只办理部分证件开工建设，建成后补办其他手续）	个人或企业	4
	错误作为:（一）未按法定程序编制规划	城镇体系规划编制未进行经济技术论证或未征求有关单位意见	人民政府	
		未经审批机关同意编制城市总体规划	人民政府	
		未组织编制城市总体规划纲要或未提请审查	人民政府	
		报批的城镇体系规划、城市总体规划未经本级人大常委会审议或镇总体规划未经镇人民代表大会审议	人民政府	1
		报送审批村庄规划前，未经村民会议或者村民代表会议讨论同意	人民政府	
		报送审批的城乡规划前，未将草案予以公告，并采取论证会、听证会或其他方式征求专家和公众意见	人民政府	
		未按照法定程序组织编制历史文化名城、名镇、名村保护规划		
		未将批准的城乡规划、保护规划予以公布		
	错误作为:（二）委托不具有相应资质等级的单位编制规划	委托不具有相应资质等级的单位编制城乡规划	人民政府	

续表

违法类型	违法内容	主要体现	违法主体	案件数量
程序违法	错误作为：(二)委托不具有相应资质等级的单位编制规划	将城乡规划服务任务委托给未取得《外商投资企业城乡规划服务资格证书》外商投资企业	人民政府	
		将总体规划服务任务委托给外商投资城乡规划服务企业	人民政府	
	错误作为：(三)未按法律规定修改规划	未经住房和城乡建设部同意，修编省域城镇体系规划	人民政府	1
		超出省域城镇体系规划局部调整范围进行调整	人民政府	
		调整省域城镇体系规划的局部内容未报住房和城乡建设部备案	人民政府	
		进行城市总体规划修编，未经过原规划审批机关认定	人民政府	
		未经原审批机关同意，擅自修改城市总体规划、镇总体规划强制性内容	人民政府	
		未将修改后近期建设规划报原总体规划审批机关备案	人民政府	1
		擅自修改历史文化名城、名镇、名村保护规划	人民政府	
		控制性详细规划修改涉及城市总体规划、镇总体规划的强制性内容应当先修改总体规划，而未履行总体规划修改程序	人民政府	
		修改控制性详细规划未对修改必要性进行论证、征求利益相关人意见，并获批准	行政主管部门	1
		同意修改修建性详细规划未采取听证会等形式征求利益相关人意见	人民政府	
		未修改城市总体规划，擅自调整和改变城市蓝线	人民政府	
		未修改城市总体规划，擅自调整和改变城市黄线	人民政府	
		擅自调整和改变城市紫线	人民政府	
		未经村民会议或者村民代表会议讨论同意修改乡、村庄规划报上级人民政府审批	人民政府	

续表

违法类型	违法内容	主要体现	违法主体	案件数量
程序违法	错误作为（四）未按法律规定实施规划	在城市、镇总体规划确定的建设用地外，设立各类开发区和城市新区	人民政府	
		对符合法定条件的申请人未在法定期限内核发选址意见书、建设用地规划许可证、建设工程规划许可证、乡村建设规划许可证	行政主管部门	
		未依法对经审定的修建性详细规划、建设工程设计方案的总平面图予以公布	行政主管部门	
		同意修改修建性详细规划、建设工程设计方案的总平面图前未采取听证会等形式听取利害关系人的意见	行政主管部门	1
		发现未依法取得规划许可或者违反规划许可的规定在规划区内进行建设的行为，而不予查处或者接到举报后不依法处理	行政主管部门	1
		依照《城乡规划法》规定应当给予行政处罚，而有关城乡规划主管部门不给予行政处罚	行政主管部门	
		其他城乡规划主管部门违反《城乡规划法》做出行政许可	行政主管部门	1
		因保护不力，导致已批准公布的历史文化名城、名镇、名村被列入濒危名单的	行政主管部门	
	错误作为（五）超越职权或者对不符合法定条件的申请人核发选址意见书、建设用地规划许可证、建设工程规划许可证、乡村建设规划许可证	向持有未附具城乡规划行政主管部门提供规划设计条件及附图的出让、转让合同，或擅自变更的出让、转让合同规划设计条件及附图申请人核发建设用地规划许可证	行政主管部门	
		向未取得由省、自治区建设行政主管部门核发的项目选址意见书的重大建设项目和规划确定的需要严格保护限制开发的区域，以及各类开发区、大学城、科技园、度假园区等，核发建设用地规划许可证和建设工程规划许可证	行政主管部门	1
		对建设用地面积超过国家规定用地指标的新建、改建、扩建项目，发放建设用地规划许可证、建设工程规划许可证	行政主管部门	
		超出近期建设规划控制线批准用地或批准建设	行政主管部门	1

续表

违法类型	违法内容	主要体现	违法主体	案件数量
程序违法	错误作为（五）超越职权或者对不符合法定条件的申请人核发选址意见书、建设用地规划许可证、建设工程规划许可证、乡村建设规划许可证	为没有列入或者不符合近期建设规划、控制性详细规划规定用途的土地办理规划手续	行政主管部门	1
		违反城乡规划强制性内容提供规划设计条件、审查项目、批准建设	行政主管部门	2
		在已经划定的城市绿线范围内违反规定审批建设项目	行政主管部门	2
		在城市蓝线范围内，违反城乡规划、蓝线保护和控制要求批准建设	行政主管部门	
		在城市黄线范围内，违反城乡规划要求、国家有关技术标准和规范，批准进行建筑物、构筑物及其他设施建设	行政主管部门	
		擅自调整和违反历史文化名城保护规划批准建设	行政主管部门	
		向不符合条件的申请人核发乡村建设规划许可证	行政主管部门	
实体违法	不作为（一）：未组织编制规划	未编制城镇体系规划	人民政府	
		未编制城市、镇总体规划	人民政府	
		未编制近期建设规划	人民政府	
		未编制控制性详细规划	行政主管部门	1
		未编制历史文化名城保护规划	人民政府	
	不作为（二）：对符合法定条件的申请人未在法定期限内核发选址意见书、建设用地规划许可证、建设工程规划许可证、乡村建设规划许可证	未在法定期限内核发选址意见书	行政主管部门	
		未在法定期限内核发建设用地规划许可证	行政主管部门	
		未在法定期限内核发建设工程规划许可证	行政主管部门	
		未在法定期限内核发乡村建设规划许可证	行政主管部门	

续表

<table>
<tr><th>违法类型</th><th>违法内容</th><th colspan="2">主要体现</th><th>违法主体</th><th>案件数量</th></tr>
<tr><td rowspan="16">实体违法</td><td rowspan="2">不作为（三）：发现未依法取得规划许可或者违反规划许可的规定在规划区进行建设的行为而不予查处或接到举报后不依法处理的</td><td colspan="2">发现未依法取得规划许可或者违反规划许可的规定在规划区进行建设的行为而不予查处</td><td>行政主管部门</td><td></td></tr>
<tr><td colspan="2">接到举报后不依法处理</td><td>行政主管部门</td><td></td></tr>
<tr><td rowspan="4">违反规划编制标准和规定</td><td colspan="2">违反国家有关标准编制城乡规划</td><td>编制单位</td><td>1</td></tr>
<tr><td colspan="2">未依法取得资质证书承揽城乡规划编制工作</td><td>编制单位</td><td></td></tr>
<tr><td colspan="2">以欺骗手段取得资质证书承揽城乡规划编制工作</td><td>编制单位</td><td></td></tr>
<tr><td colspan="2">超越资质等级许可的范围承揽城乡规划编制工作</td><td>编制单位</td><td></td></tr>
<tr><td rowspan="5">违反总体规划</td><td rowspan="5">违反强制性内容</td><td>擅自改变绿线内土地用途</td><td>个人或企业</td><td>1</td></tr>
<tr><td>在蓝线内进行下列建设的：违反城市蓝线保护和控制要求的建设活动；擅自填埋、占用城市蓝线内水域；影响水系安全的爆破、采石、取土；擅自建设各类排污设施；其他对城市水系保护构成破坏的活动</td><td>个人或企业</td><td>1</td></tr>
<tr><td>在城市黄线范围内进行下列活动的：违反城乡规划要求，进行建筑物、构筑物及其他设施的建设；违反国家有关技术标准和规范进行建设；未经批准，改装、迁移或拆毁原有城市基础设施；其他损坏城市基础设施或影响城市基础设施安全和正常运转的行为</td><td>个人或企业</td><td>4</td></tr>
<tr><td>压占道路红线</td><td>个人或企业</td><td></td></tr>
<tr><td>占用水源保护地</td><td>个人或企业</td><td></td></tr>
<tr><td rowspan="5">违反详细规划</td><td colspan="2">调整外立面</td><td>个人或企业</td><td>1</td></tr>
<tr><td colspan="2">改变位置</td><td>个人或企业</td><td>4</td></tr>
<tr><td rowspan="3">改变容积率</td><td>增加建筑面积</td><td>个人或企业</td><td>10</td></tr>
<tr><td>增加层数</td><td>个人或企业</td><td>6</td></tr>
<tr><td>改变层高</td><td>个人或企业</td><td>2</td></tr>
</table>

续表

违法类型	违法内容	主要体现	违法主体	案件数量
实体违法	违反详细规划	日照间距不符合规划或违反标准规范	个人或企业	5
		压占小区绿地、降低绿地率	个人或企业	5
		压占道路红线	个人或企业	4
		改变用地性质或建筑物性质	个人或企业	2
		其他违反建设工程规划许可证的规划设计条件进行建设	个人或企业	9
		未按照批准内容进行临时建设	个人或企业	13
	违反历史文化名城保护规划	私搭乱建、违规加层	个人或企业	1
		历史文化名城、名镇、名村保护范围内占用保护规划确定保留的园林绿地、河湖水系、道路和古树名木等	个人或企业	
		历史文化名城、名镇、名村保护范围内未按照保护规划要求和法定程序，开山、采石、开矿，改变园林绿地、河湖水系等自然状态，破坏传统格局和历史风貌的活动	个人或企业	
		历史文化名城、名镇、名村保护范围内修建生产、储存爆炸性、易燃性、放射性、毒害性、腐蚀性物品的工厂、仓库等	个人或企业	
		历史文化街区、名镇、名村核心保护范围内未按照保护规划要求和法定程序，批准进行在核心保护范围内进行影视摄制、举办大型群众性活动	个人或企业	
		历史文化街区、名镇、名村核心保护范围内未按照保护规划要求，批准进行新建、扩建（必要的基础设施和公共服务设施除外）	个人或企业	1
		违反保护规划的大面积拆除、开发	个人企业政府	
		对历史文化街区传统格局和风貌构成影响的大面积改建	个人企业政府	
		损坏或者拆毁保护规划确定保护的建筑物、构筑物和其他设施	个人企业政府	1
		修建破坏历史文化街区传统风貌的建筑物、构筑物和其他设施	个人企业政府	

续表

违法类型	违法内容	主要体现	违法主体	案件数量
实体违法	违反历史文化名城保护规划	擅自在文物保护单位的保护范围内进行建设工程或者爆破、钻探、挖掘等作业	个人企业政府	1
		在文物保护单位的建设控制地带内进行建设工程，其工程设计方案未经文物行政部门同意、报城乡建设规划部门批准，对文物保护单位的历史风貌造成破坏	个人企业政府	4
		擅自迁移、拆除不可移动文物，擅自修缮不可移动文物，明显改变文物原状	个人企业政府	
		擅自在原址重建已全部毁坏的不可移动文物，造成文物破坏	个人企业政府	
		施工单位未取得文物保护工程资质证书，擅自从事文物修缮、迁移、重建	企业	1
		其他对历史文化街区和历史建筑的保护构成破坏性影响的活动	个人企业政府	1

注：数据来源：由住房和城乡建设部稽查办公室提供各类型违法违规案件实例汇总，将实例中正在处理案件及违法违规行为成立且已核属实的进行统计。

数据分类方法：采用分类计数法，按照违法违规类型将违法案件中的违法行为进行提取分类，将同类型违法违规行为进行综合统计，将造成多重违法行为的案件进行标记，最后将违法案件数与违规行为分类统计。

主要违法违规案件分布分析表　　**表 2–3**

分类	内容	数量
违规类型	案件总数	99
	单一违法	17
	多重违法	82
	政府为投诉对象	47
	开发商为投诉对象	51
	政府部门与开发商同时违规	21
	其他	9

续表

分类	内容	数量
违规行为	违法违规行为总数	217
	集中于对政府行政部门行政不作为和违规审批的投诉	个人行为 1 起（违法扩建）
	由侵占绿地、违规加层加建导致的容积率改变、违反详规引起的多重综合性违法	个人行为 1 起（由私搭乱建引起的影响采光）
	主要由违规审批、未按程序审批、行政不作为、违反总规、控规等行为	其中 42 起直接针对规划局及建设局，4 起针对市、县、区及政府，1 起针对市工会
	集中于调整容积率、加层加建、侵占绿地、改变用地性质等	
	违规审批、调整容积率、行政不作为、以权代法等	
	集中于医院、酒店等，违法行为多为无证建设等	个人行为 2 起

1.2 违法违规行为主要表现

1.2.1 开发建设单位无证缺证

随着经济社会的进步、政府管理水平和企业个人法治意识的提高，无证或缺证的违法建设现象虽然比前些年有所减少，但仍屡禁不止，同时呈现“一大一小”（政府和个人）两种态势：一是一些政府支持的重点项目以速度和效率为由，不履行正常的规划审批手续；二是城市边缘、城乡结合部和管理薄弱区域，个人的私搭乱建则层出不穷。

1.2.2 开发建设单位不按规划强行建设

城乡规划领域近年来成为腐败问题的易发、高发区，增加建筑高度，提高容积率，减少绿地面积，改变土地使用性质等现象比较多，其中一些案件是通过领导批条子修改规划，少数领导干部从中牟利；开发单位擅自调整规划违规建设，特别是依仗部分强权部门地位无视规划建设；执法部门“以罚代拆”来处理违规建设，使之处理难度较大。

1.2.3 政府及其部门违规变更规划

城乡规划违法违规行为往往会涉及政府及其行政主管部门的规划行政管理工作。主要表现：一是规划部门监管不力；二是政府默许或通过简化程序导致建设单位不按规范程序违法建设；三是政府及其行政主管部门违规变更土地利用总体规划、城市总体规划、控制性详细规划，也包含在项目审批中的违规变更规划方案。近些年，因拆迁改造成本高、难度大、时间长，一些政府出现侵占城中各种绿地进行建设的行为，通过召开会议、调整控制性详细规划，擅自以控规调整城市总体规划强制性内容的绿地，规避总规修改，以所谓的异地置换的方式，侵占城中绿地。地方官员对创造政绩的强烈需求，加上开发商的“公关”，规划没有约束力，有的地方“换一届领导就改一次规划”，规划修改很随意，规划实施过程不严肃的问题很突出。政府制定规划时很重视，但批准规划后不重视，往往破坏规划的是政府自己。

1.2.4 城乡规划主管部门违规审批

城乡规划行政主管部门在一些利益驱动下，官商勾结，任由开发商左右规划，对一些重大项目开绿灯，不按正常制度流程来办理或通过政府文件或办公室确定的先建设后办证，使开发商有恃无恐，违规进行建设。城乡规划法虽然授权建设工程所在地县级以上地方人民政府责成的有关部门对违法建设的查封权、强制拆除权，但由于复杂的利益关系导致程序复杂、成本高、效率低，导致强拆一栋违法建筑很艰难。另外，我国城乡规划法只有对物的处罚规定，没有对人处罚的详细规定，只有笼统地讲违反城乡规划法规定构成犯罪的，依法追究刑事责任，导致法律威慑力不大，制止违规建设难度极大。

2 城乡规划违法违规行为的总体特征及发生规律

2.1 总体特征

从当前国内的调研情况来看，违法违规行为具有以下综合特征：

2.1.1 各级政府违法违规建设问题突出

主要表现为以政府及其部门为建设单位，或政府支持的重点工程、市政工程、招商引资工程等，未办理用地、规划、建设手续就进行施工建设，或者擅自改变用地类型。尤其是在一些大型、公共建设项目上，为加快经济发展，促进招商引资，保证工程进度，通常是未报先建，然后再补办手续，或者是边报边建，不等手续办完就开工建设。

2.1.2 企业违法违规主要出于经济目的

由于《城乡规划法》对违法违规行为处罚极轻，各地目前执行《城乡规划法》的处罚还在摸索、细化中，对违法行为的处罚力度有限，为了追求更大的利益，企业违法主要表现为房地产开发企业故意违反规划，通过擅自调整容积率、加层（甚至地下加层）、加高、移位扩建、修改设计、侵占配套设施用地等手段增加非法建筑面积，在缴纳一定罚款之后即可将其违法建设部分转为合法，从而获得高额利润。一些大型的违规建设项目存在复杂背景，表现在从立项到建成能够避开规划、土地、建设等众多部门的监管和处理，处理难度加大。

2.1.3 个体违法违规行为量大面广敏感

个体居民违法主要表现为私搭乱建、违规加层、未经批准进行临时建设，以类案件发生频率高、建造速度快、治理成本大，有些违规设施甚至很短时间之内就能完成，对城市监察执法部门而言防不胜防。有些违法违规行为发生在贫困地区，居民主要目的是为了改善生活条件而进行的小成本大范围的违规建设，处理不当就会导致影响社会和谐的群体性事件发生，社会敏感度极高。

2.2 发生整治规律

违法违规行为发生规律主要有全国区域时间、空间分布规律和城市内部发生规律，而违法整治的规律则经验趋同。

2.2.1 全国区域分布规律

不同发展阶段的城市表现出不同的规律和特点，中西部欠发达地区城市违法违规多是缺少许可或不办许可，居民违法主要是简易的私搭乱建，建筑层数不高；政府方面主要是行为、程序不规范，以政府会议纪要等代替政府审批，边建设边报批，规划修改、审批缺乏公众参与程序；拟开发建设区域未编制控规，土地出让缺少规划设计条件等。东部发达地区多是行政行为和程序不够完善、存在瑕疵，公示、听证流于形式等方面；城市边缘、“城中村”地带违法建设单体量大、层高，以广州市为例，按照广州市重大违法建设案件产生原因和解决措施的调研报告成果（2006）[①]，广州市违法建设行为最为突出的农民和城中村村民的违法建设，从2001年前的分散式、单一型演变到2002年后的大面积、集中式和组合型的违法建设；城市发展过程中的历史遗留问题复杂多样。

2.2.2 城市内部发生规律

城郊结合部成为各种违法建设的多发地。老城区由于居民存在改善生活条件需求，小型的私搭乱建较多。城市中心等区域由于土地的经济利益更大，问题往往出

① 资料来源：百度文库 http：//wenku.baidu.com/view/e253227d31b765ce05081442.html.

现在政府规划调整以及企业超规划建设等方面。另外，相当多的开发区由于其独立于政府的监管体制，往往成为违法违规的重灾区。作为特殊地带，开发区将经济发展置于首要地位，在对招商引资提供特殊政策优惠的同时，时常也对规划管理形成了牵制与干涉。在一些城市中，开发区甚至未被纳入城市统一的规划管理中，而各城市开发区内对程序性问题不予管理等现象也普遍存在。

表 2–4 和表 2–5 是四川省泸州市 2007 ～ 2009 年所查处的规划违法违规案件的资料汇总，由于泸州市的规划稽查工作基础扎实工作细致，且档案完整，因此该数据能够反映中小城市基层规划稽查工作的真实情况。对表 2–4 分析表明，一方面，从 2007 ～ 2009 年，规划违法违规案件总体上呈下降的趋势，尤其是 2008 年之后案件数据锐减，这与 2008 年 1 月 1 日开始正式施行的《城乡规划法》直接相关，同时也是规划稽查工作方法的逐步完善以及执法人员的努力的结果；另一方面，从区域之间的比较来看，老城区和城乡结合部是规划违法违规案件的高发区域，表 2–5 对其原因进行了简要的说明。

泸州市查处违法违规案件数量及发生区域统计表　　表 2–4

区域	查处违法违规案件数量（件）		
	2007 年	2008 年	2009 年
总量	579	452	467
旧 / 老城区	210	140	150
新城区	94	80	75
开发区	85	52	72
城乡结合部	190	180	170

泸州市常见规划违法违规类型及原因　　表 2–5

区域	常见规划违法违规类型	主要原因分析
旧 / 老城区	— 无证缺证 — 私搭乱建、违规加层、未经批准进行临时建设	城市居民住房困难，经济有限，导致扩建
新城区	— 无证缺证 — 私搭乱建、违规加层、未经批准进行临时建设、改变位置、提高容积率、改变层高	强制执行力度不够

续表

区域	常见规划违法违规类型	主要原因分析
开发区	— 无证缺证 — 临时建筑物、构筑物超过批准期限不拆除、缺建设用地规划许可证、缺建设工程规划许可证、缺《审定方案通知书》、缺少规划验线、不符合程序 — 违反总体规划 — 违反规划强制性内容（擅自改变绿线内土地用途、在蓝线内进行违规建设、在黄线范围内进行违规活动、压占道路红线、占用水源保护地）	管理责任不明确
城乡结合部	— 无证缺证 — 私搭乱建、违规加层、未经批准进行临时建设、缺建设用地规划许可证、缺建设工程规划许可证、缺乡村建设许可证 — 违反总体规划 — 违反规划强制性内容（擅自改变绿线内土地用途、在蓝线内进行违规建设、在黄线范围内进行违规活动、压占道路红线、占用水源保护地） — 违反详细规划（改变位置、提高容积率、日照间距不合理、压占小区绿地、降低绿地率、压占道路红线、改变性质、调整外立面） — 未按照批准内容进行临时建设	管理责任不明确 涉及交叉管理

2.2.3 违法违规时间环节

城乡规划违法违规行为从过程角度主要发生在建设工程许可环节、放线环节和工程建设环节。

2.2.3.1 建设工程许可环节

这一环节可能出现两类问题，一是由于办理建设工程许可证需要交纳各项配套费用等，在土地招拍挂之前需要交纳土地费用，一些行政行为相对人出于经济或手续繁杂、时间长等原因干脆不办理，此类违法案件一般在办理建设用地规划许可和土地使用证后便进行开工建设；二是在分期建设中，规划管理部门分期办理工程规划许可，出现规划许可总量超出最初立项、土地出让、用地许可、方案审批等过程中许可的面积的问题。

2.2.3.2　放线环节

一些行为相对人私自放线，常常发生严重改变规划的情况，如移动位置，压占红线，加宽建筑，压占绿地以及其他公共设施用地，改变施工图等。

2.2.3.3　工程建设环节

工程建设环节由于封闭进行，规划管理部门监管不够，违规行为常常发生在这一环节，这一环节一旦建成固化，将会造成不可挽回的损失或影响，因此这一阶段的监管任务最为艰巨。

2.2.4　违法违规整治规律

2.2.4.1　行政有效

如果套用托尔斯泰的一句话反应违法违规的发生与惩治的规律就是：惩治违法的经验都是相似的，违法违规的原因各有各的不同。调研显示，在目前即使有相对完善法律法规作为保障，实际执行过程中和某个地方的主要领导重视程度极为重要，领导越重视，违章建设越少，拆除的也快。动用行政的力量在现今阶段成为整治违法违规建设最简洁、成本最小、效率最高的一种方式，南京是最近拆违最典型的行政有效案例，具体做法是采用普遍的问责制度，对违法决策、行政不作为或者乱作为，损害国家利益、公共利益和公民合法权益，造成严重社会影响甚至引发群体性事件的，依法严肃追究负有责任的行政官员的责任。

2.2.4.2　上层依赖

自上而下的层级监督成为目前我国纠正重大违法案件的一种监督检查途径，也是最重要的救济渠道。我国违法违规上访多、举报多的根本原因归纳起来主要有以下两个方面：一是举报性上访，违法违规案件中政府行政主管部门就是违法主体，群众发现后为了不使问题和作弊得逞，到国家领导机关和主管部门来举报；二是纠纷性上访，由于地方层面官官相护，钱权交易、执行政策不公，导致居民权益不能维护。近些年住房和城乡建设部处置的违法案件中主要是通过举报线索发现的。2008 年以来住房和城乡建设部稽查办共受理群众举报 2000 余件，查办中央领导及部领导批示的案件 130 余起，通报、曝光典型案例 36 起①。公民成为社会监督的重要力量，由于不信赖向地方层面反映问题，相信国家层面会公正的解决问题，因此形成强烈的上层依赖，这也是上访多、举报多深层次的原因。

---

①　资料来源：王早生．提升稽查执法工作效能　进一步推进稽查执法工作，第六届省级建设稽查执法机构联席会议上的讲话，2012 年 10 月 10 日，住房和城乡建设部官方网站。http：//www.mohurd.gov.cn/zcfg/jsbwj_0/jsbwjjc/201211/t20121107_211878.htm.

3 违法违规行为的危害

《城市规划编制办法》(2005)指出城市规划是政府调控城市空间资源、指导城乡发展与建设、维护社会公平、保障公共安全和公众利益的重要公共政策之一。违反城市规划的各种行为都会从不同角度、不同层面对城市经济发展、社会公平、环境保护产生不同程度的影响。

3.1 影响城市健康运行

宏观角度，城市规划对于城市发展性质和规模、建设发展方向与布局结构、发展时序等方面制定更多的前置性约束；微观角度，城市规划控制对建设用地的投放、各类开发建设申请的许可以及公共基础设施的建设。无论宏观角度还是微观角度城市总体规划的作用最终将传递到经济社会诸多领域的发展和运行中，进而影响经济社会的总体运行，促进城市经济增长。城市土地资源具有稀缺性、不可移动性及其价值与城市基础设施的伴生性等特征，因此政府、规划行政主管部门由于权力寻租、政绩形象等原因使为数不多的宝贵土地资源、发展空间被侵占，城市公共资源被侵蚀。大量违法建设忽视规划、违反法规制度、破坏规则，高强度开发和低水平无序管理，城市建设杂乱无章，影响了城乡规划的实施，影响规划“一盘棋”下的布局和功能，影响城市市容市貌，损害城市环境和对外形象，对城区的生活环境、安全环境、生态环境、治安环境、社会环境和投资环境都带来了严重威胁，影响城市整体效益的发挥。同时也使改造城市的难度加大，为城乡统筹、科学发展设置了若干障碍，埋下问题和隐患，延缓了城乡一体化的进程，对社会造成巨大的影响。

3.2 浪费资源破坏环境

违法违规建设直接浪费土地资源、空间资源，同时又是浪费社会资源，不仅会增加工程拆迁量、贻误工期，而且会大大增加城市建设的拆迁成本，浪费了大量企业、社会投资，国有资产白白流失，从而进一步加大城市建设的资金压力，也使地方政府付出高昂的行政成本，制约了城市发展。风景名胜、历史文化资源和生态环境是事关城市可持续发展的不可再生资源，一些违法违规问题发生在历史文化名城、街区或风景名胜区保护范围内，如一些地方为拓展、开发新的旅游资源，盲目投资复制古城，对历史文化名城进行大规模改造，一些风景名胜区超强度开发，自然生态和景观资源遭到严重破坏，严重影响乃至破坏了历史、文化、生态环境等各种不可再生资源，造成不可弥补的损失。一些地方挤占公共绿地和水系进行建设，造成城市生态环境恶化。

3.3　严重危害社会稳定

规划违法违规行为用不正当手段和不公平方式，强占大量非法财富，严重破坏了社会的公平公正，浪费了宝贵而有限的土地资源，扰乱了正常的经济社会秩序，并形成非法隐形的房地产市场，造成国家税收和地方财政收入的大量流失，如果任由这种违法者获利，遵纪守法者吃亏的现象蔓延，将严重影响公平公正的社会氛围的营造，极易导致社会群体性上访事件的发生，不利于社会的安定团结。违法建设的蔓延，无形中助长了贪图不正当利益的心态，一些人利令智昏，顶风作案，铤而走险，聚众闹事、集体上访，公开暴力阻挠拆违事件时有发生，增加了社会不稳定因素。这些违法违规建设的出现也使城乡规划及相关法律政策的权威性受到质疑，法不责众的观念日益加深，损害了法律法规的权威性和严肃性，降低了政府的公信力。在利益驱动下，城乡规划成为行贿受贿现象多发领域，官商勾结，沆瀣一气，任由开发商左右规划，严重损害了党的执政形象，降低政府执法的强制力和信服力，严重败坏城市社会风气。

3.4　增加城市安全隐患

规划违法违规行为往往会给周边居民带来居住、生活等影响，损害普通百姓的利益，损害社会公共利益，影响城市品质的塑造和城市环境景观的改善，造成城市环境恶化，人居环境无法得到改善，影响城市综合竞争力的提升，不利于城市的可持续发展。违法违规行为下的建设，所购材料和工程质量很难得到保障，往往还伴有工程质量问题；而城市边缘地带的质量低劣、布局杂乱的集体违章行为则威胁到人们的生命财产安全，而且严重地影响城乡统筹、阻碍城乡和谐发展、破坏生态环境、安全隐患突出，成为严重的社会问题。违法建设还是藏污纳垢者的一个“避难所”，因为违建房价格便宜且没有正式的门牌号码，即使发现有犯罪分子也不易掌握确切的住址，给社会治安埋下极大的隐患。

4　违法违规原因

城乡规划违法违规问题的频发有经济利益深层驱动、漠视法制观念淡薄等主观原因，也有环节较多程序复杂、规划编制水平不高等客观原因，更存在法律法规相关规定缺失、考核评估机制单一、监督制度缺乏实效等制度原因给违法违规带来可乘之机。同时,作为城乡规划违法违规案件的稽查执法也存在相当多的问题，这部分原因在第三章城乡规划稽查执法现状中的第四节稽查执法问题一节中详细阐述。

4.1 经济利益深层驱动

4.1.1 较低成本违规开发获取经济收益

城乡规划违法成本过低是违法现象多发的客观原因。由于缺少没收的相关程序和拆除的难度加大，目前的惩戒手段往往局限于对违法违规行为实施单位仅仅是单纯的资金处罚，罚款金额为建设工程造价 5% ～ 10%，对建设工程造价一般地方的理解是违法工程的建筑部分造价，不包括地价，违法成本相对较低。在目前房地产价格暴涨的背景下，开发商违规建设超出面积收益巨大，处罚的额度与获得的收益相比差距显著，开发商获取利益丰厚，且不能得到法律的严厉制裁，导致开发商竞相违规建设。

4.1.2 通过违规房屋出租带来经济利益

经济的发展、市场的繁荣、城郊结合部的房屋租赁市场供不应求，区域优势和外来人员租房需求量大的特点，可给当地村民带来一笔可观的租金收入，在这些经济利益的驱动下，当地村民强占地皮，违法新建、扩建、改建房屋的现象不断发生，屡禁不止，千方百计逃避政府监管，脱离城乡规划控制。

4.1.3 通过违规建筑补偿带来经济利益

我国各项关于土地征用的法律法规均明文规定，不予补偿拆除违法建筑和超过批准期限的临时建筑，但具体执行过程中由于这样那样的原因并没有做到有法可依、执法必严。由于政府对局部土地征用时，为了加快工程进度，缓解与拆迁当地居民的矛盾，降低社会风险，而认可违法建设的存在，新城建设开发地区、重点建设项目周边、旧城改造区、城中村改造等区域成为此类违法建设的多发区，通过违法建设可以获得给予住房或更多的补偿，这让部分人觉得有利可图，导致征地拆迁到哪里，乱搭乱占就到哪里。违法建设成为一些人牟利的工具和滋生腐败的土壤，甚至出现了搭建违法建设的投资人。

4.1.4 政府部门违规审批获得经济利益

城乡规划所具有的利益分配功能，使规划领域成为各种利益交织、权钱交易的重灾区[①]。由于近年来地产经济的繁荣，相关政府、规划部门权力背后的巨大经济利益使部分不法开发商等行贿者趋之若鹜。在巨大经济利益的驱使下，许多开发建设单位“结交”相关人员和领导，希望从中谋取超额利润。而规划部门个别领导干部也出卖手中权力敛财，违规审批规划，擅自改变土地用途、提高项目容积率，帮助推动违规行为等获得利益，将人民赋予的公权力变为中饱私囊的工具，城乡规划建设领域腐败问题呈现多发、高发态势，严重阻碍城市整体规划布局，降低政府部门的公信力，影响了党和政府的形象。

4.2 法制漠视法规相左

由于缺少对行政行为相对人的责任追究制度和法律制裁依据，也导致具有效果的惩戒手段缺乏、力度不够，威慑力不强，城市建设的相关利益主体，从地方政府到企业和群众表现出强烈的法律漠视，主要表现在以下几个方面：

4.2.1 政府及行政主管部门的法制漠视

长期以来，规划成为地方领导实现城市建设、管理政治抱负的一张蓝图，地方领导对规划的科学性、整体性、严肃性、法律性认识不足，想当然的指点“江山”。面对具体的规划实施，则信口开河，以解决各类特殊问题为由，随意修改、变更规划，干预规划审批。政府及行政主管部门是执法机构，但某些执行者往往无视法律，执行者认为相对人违法违规最多接受行政处罚。因此出现违反规划用地、未批先用、边报边用、越权批地，该有偿出让的却划拨供地，该“招拍挂”的却协议出让以及低价协议出让，擅自减免地价，对土地擅自改变用途视而不见等现象，背后隐藏的是官商勾结和商业贿赂。

4.2.2 基层组织的法制漠视

一些单位、特殊权力机构以及村集体组织对有关城乡规划法律、法规知之甚少或法律漠视，认为在自己使用的土地上、旧房基础上、企业征地红线范围内建设并不违法，或者认为权大于法，因而随心所欲，擅自建设的现象时有发生。

4.2.3 开发建设单位和老百姓的法制漠视

开发建设单位和老百姓普遍认为违法建设无刑事责任，在巨大的利益驱动下，完全置法律法规于不顾，进行强行建设，法不责众的攀比心理使规划实施弱化。政府对违法建设的处理方式经常是“一阵风”，以杀一儆百、以罚代拆为主，处

① 仇保兴.在住房和城乡建设部第七批城乡规划督察员培训暨派遣会上的讲话,2012年10月18日,住房和城乡建设部官方网站.

理政策往往是既往不咎，历史问题特殊处理，起不到有效的教育作用，导致违法建设长期存在，而且旧的违法建设问题没有解决，又不断滋生新的违法建设，形成恶性循环。这样，不但有个人为方便使用的私搭乱建，甚至还出现了某些人通过建造、经营违法建设谋取暴利，违法建设成为某些人“发家致富”的捷径，相比之下，反而遵纪守法者“吃亏”，形成了反面的示范作用并导致违法建设行为的蔓延。

4.3 法规相关规定缺失

现阶段城乡规划建设领域部门规章和地方法规尚不完善，《城乡规划法》在实际执行过程中有一些条款缺乏具体的配套规章制度，主要体现在以下几个方面：

4.3.1 申请许可范围界定不清

我国地方性建设法规及技术文件都规定了各自的报批对象，但没有明确规定哪些建设活动不需要申请规划许可，例如住宅改为商业是否需要规划部门行政许可等。由于对开发项目是否需要申请规划许可的界定不清，对一些事实需要规划许可的建设项目缺少明确的规定和限制，导致规划行政主管部门的责任边界模糊。同时，法律对城中村和城乡规划区范围之外的建设缺少规定，规划区外不能进行行政许可，致使规划区范围之外、城中村等区域建设无法可依、无章可循。

4.3.2 具体执法内容有待深化

《城乡规划法》第三十七条、三十八条仅对划拨和出让土地办理《建设用地规划许可证》做出了明确规定，而拆迁过程中如何办理《建设用地规划许可证》未有规定。

《城乡规划法》第四十五条规定县级以上地方人民政府城乡规划主管部门按照国务院规定对建设工程是否符合规划条件予以核实。未经核实或者经核实不符合规划条件的，建设单位不得组织竣工验收。在实际执行的过程中发现核实的具体内容和标准不明确，规划核实是在行政层面的核实还是技术层面的核实，或者两者兼顾的核实，《城乡规划法》缺乏对这个问题明确的说明。

《城乡规划法》第六十八条规定城乡规划主管部门做出责令停止建设或者限期拆除的决定后，当事人不停止建设或者逾期不拆除的，建设工程所在地县级以上地方人民政府可以责成有关部门采取查封施工现场、强制拆除等措施，但是在具体操作中，往往一个地区没有任何一个单位被指定为强制执行主体单位，查封施工现场行为在执行上及具体实施程序上亦无明确规定，很可能导致实施后的涉诉风险。

4.3.3　具体处罚解释有待细化

查封解释：《城乡规划法》规定：城乡规划主管部门做出停止建设或者限期拆除的决定后，当事人不停止建设或者逾期不拆除的，建设工程所在地县级以上人民政府可以责成有关部门采取查封施工现场的措施。查封施工现场行为在执行上及具体实施上无明确规定，如实施后可能存在涉诉风险。

工程造价解释：《城乡规划法》第六十四条中规定未取得建设工程规划许可证或者未按照建设工程规划许可证的规定进行建设的，由县级以上地方人民政府城乡规划主管部门责令停止建设；尚可采取改正措施消除对规划实施的影响的，限期改正，处建设工程造价 5% 以上 10% 以下的罚款；无法采取改正措施消除影响的，限期拆除，不能拆除的，没收实物或者违法收入，可以并处建设工程造价 10% 以下的罚款。目前对“工程造价”的解释有两种：一种是工程建设的预期开支或者实际开支的全部固定资产投资费用；另一种是工程建设预期或者实际在土地、设备、劳务技术以及工程承包的交易活动中所形成的建筑安装工程的价格和建筑工程的总价格。这两个不同的解释相差甚大，在实际操作中很难理解把握。

规划实施影响和改正措施解释：对可以通过改正措施消除对规划实施的影响和无法采取改正措施消除对规划的影响两种具体情形缺少界定，规划界也没有统一的解释，同时改正措施也很空泛，判读的可塑性较大，导致处罚无法可依，增加了执法难度。

没收实物和违法收入程序规定：在实际执行中没收实物之后如何处置是最大的难题，“拆除”的执行成本很高，而且造成资源的浪费，但若是拍卖处理，则又牵涉到将非法建筑合法化的问题，这又与规划稽查执法的初衷背道而驰。另一方面，如何对“违法收入”进行界定尚缺乏详细可靠的依据，由此导致执法过程混乱、难以提高效率，增加了执法成本。

4.3.4　违法拆除手段缺乏保障

《城乡规划法》第六十八条明确规定，违法建设由县级以上地方人民政府责成有关部门强制拆除，法律给出职权空间，但在一些地方职权落实不明确，政府若未责成相关部门进行强制拆除，则规划管理部门缺少了强制拆除的依据。同时，强拆往往引发的社会矛盾较大，对强拆也尚无有效的管理手段和制度保障，受拆除经费、执法人手等方面的限制，导致执行成本大，难度大，阻挠暴力抗法多，存在较大的执法风险。

4.3.5 没收程序后期管理欠缺

在法律未规定对违法建筑的具体操作程序的情况下，各地普遍未制定没收程序、后期管理等相关规定。城乡规划法规定（《城乡规划法》第六十四条）未取得建设工程规划许可证或者未按照建设工程规划许可证的规定进行建设的，无法采取改正措施消除影响的，限期拆除，没收实物或者违法收入。在法律未规定具体操作程序的情况下，各地普遍尚未制定没收程序、后期管理等相关规定，缺乏案例上的探索，导致多以罚款代之，没收方式运用较少，难以符合法律本意。

4.3.6 行政处罚权限弹性较大

由于城乡规划违法违规行政处罚缺乏明确规定和界定，就罚款额来说，处罚额度的弹性设置使执法人员对违法行为的处罚活动空间较大，建设工程造价的5% ～ 10% 范围内具体的数字完全可以由执法部门自行决定，导致规划管理人员自由裁量权过大，可能导致执法过程中腐败现象的发生，如此大的自由裁量权也会降低法规的可操作性和公正性。

4.3.7 违法违规处罚威慑不足

在对违法建设的处罚方面，对行政行为相对人的刑事处罚的规定过于笼统。新的《城乡规划法》虽然明确了处分的对象、责任主体和违法行为，较原《城市规划法》相关规定有了历史性飞跃。但从实际操作角度看，对违法对象的划分还显单一，违法行为界定过于原则，处分种类也未明确[①]。如我国的城乡规划法律也规定了未取得建设工程规划许可证或违法规划许可证的规定进行建设的法律责任，但没有区分未取得许可的建设与违规建设的不同处理情况；在对违法建设的处罚方面，只有对物的处罚规定，没有对行政行为相对人的刑事处罚的详细规定，只是笼统地讲违反城乡规划法规定构成犯罪的，依法追究刑事责任，导致法律的威慑力不大，违法建设容易，而制止违法建设的难度加大。

4.3.8 地方政策违反国家法规

我国东南沿海地区发展较快的城市政府为了促进城中村改制所给予的一些优惠政策，包括对历史形成的村民超标准及非村民使用宅基地建房可视情况给予确认产权的作法，与国务院《关于深化改革严格土地管理的规定》(国发 [2004] 第 28 号) 和国土资源部《关于加强农村宅基地管理的意见》(国土资发 [2004] 第 234 号) 的“加强农村宅基地管理，禁止城镇居民在农村购置宅基地”以及“严格宅基地申请条件，

① 苏自立，曹银涛 . 违反城乡规划的惩戒性立法探索——以《重庆市城乡规划违法违纪行为处分规定》为例 [J]. 城市规划，2010，11（9）：35–39.

坚持贯彻一户一宅法律规定”的政策不一致。由于城中村改制的相关政策不配套，农民变居民后的优惠政策无法落实，而原来作为农民可以享受的福利被取消，因此，村民们普遍认为，政府实施城中村改制是以牺牲农民的利益为代价，因而滋生不满情绪，导致对抗性行为，最直接的对抗行为体现在农民的违法建设层面[①]。

4.4 环节较多程序复杂

在建设项目申报的日常业务上，主管部门环节较多，程序较复杂，审批周期长、效率低下，缺乏有效地部门协调配合快速响应机制，这种申报程序与市场快速要求存在矛盾，成为土地开发建设合法化路径上的障碍之一。引发的后果是对待一些招商企业，在众多地方利益主体的激烈竞争环境下，为吸引投资者和追求经济利益，政府往往默许企业“先建后报”、“边建边报”，甚至是“干脆不报”，导致未批先建现象时有发生，施工期短的地区问题更加严重。

4.5 监督制度缺乏实效

由于缺乏不同层级的城乡规划实施保障监督机制和社会公众的事前、事中和事后监督，监督手段落后，监督机制与地方政府政绩考察机制不挂钩，缺少威慑力，使得对规划主管部门规划执行情况缺乏行之有效的监督方法和手段，给城乡规划违法违规行为带来了可乘之机。一些地方迫于城市发展和市场竞争的双重压力，再加上利益驱动，过分追求经济指标，甚至出于私人利益考虑与开发商沆瀣一气，一味迁就投资商、开发商，不惜降低规划门槛甚至牺牲规划来换取投资，任由开发商左右城乡规划，擅自修改规划，与建立法制型政府产生矛盾。

4.6 考核评估机制单一

城乡规划实施目前有三种评价方法：一是城市规划领域常常使用的建设结果和规划一致性为评价标准的理想蓝图评价法，二是针对总体规划目标达成程度为评价标准的理想规划评价法，三是以居民对城市生活主观感受为标准的价值判断评价法。由于缺乏评价理论的支撑，评价方法缺少统一的规定，因此现实中缺乏明确而统一的规划实施考核机制。在“GDP”目标考核背景下，各级地方政府以“经济建设为核心”狭隘为具体经济生产经营，“经济效益”成为政府所追求的最迫切、最现实、

① 广州市重大违法建设案件产生原因和解决措施的调研报告（2006）。资料来源：http：//wenku.baidu.com/view/e253227d31b765ce05081442.html.

也最具有显示度的行动目标[①]。许多建设单位的、大型的违法违规行为，往往依靠政府“拉动经济”的名义而肆无忌惮。在各地的开发区、郊区，经济发展需求迫切，更成为规划领域违法违规行为的多发地。一些招商引资项目，完全置法律法规于不顾，重发展速度却忽视了发展质量，破坏了社会公平。一些地方政府在不正确的政绩观下，为了出成效，随意修改、变更规划，或视法律为无物，干预正常审批。在地方政府和领导的“领导指挥”下，在“不换脑子就换位子”的压力下，规划部门不敢坚持原则，使城市规划服从于项目建设，进行违规审批。

4.7 规划编制本身失效

法制环境下，规划本身是科学合理的，才能以规划为依据依法行政[②]。现有城市规划框架体系下，城市总体规划如果规划科学性、权威性不足，指导城乡建设发展的操作性不强，不符合发展形势、现实需要时，规划变动的随意性会加大，一任领导一个规划。目前控制性详细规划是建设项目规划许可的依据，控规编制过程中，规划编制人员根据城市总体规划和经验确定土地用途和相关指标，编制、管理人员的水平高低不同、所站的角度不同，对土地开发的经济性要素、市场运作方式考虑不足，内容过于刚性化，同时城市规划行政主管部门组织专家审查控规也很难做到逐个地块验证指标的合理性，规划编制的初衷和实施管理的结果之间容易产生偏差，难以应对复杂的市场需求，导致规划行政主管部门在实施的过程不得不舍弃规划，不得不违规审批，从而对规划的执行力产生不良影响。一些城市，不具备相关专业素质的主要领导俨然成为首席规划师，形成所谓的政绩规划，也会影响城乡规划的科学性与严肃性。

① 张京祥．论中国城市规划的制度环境及其创新 [J]. 城市规划 .2001（09）：21-25.

② 张泉，孙安军．法制环境下的规划改革 [J]. 城市规划 .2007（12）：47-49.

第三章　城乡规划稽查执法现状

1　督查执法依据

1.1　规划法规体系

我国的法律制度体系主要包括三个方面[①]：一是城市规划领域内的法律，主要以《中华人民共和国城乡规划法》（2008）为核心，以及配套的法规、规章、技术标准和技术规范；二是与城市规划相关的专业法律，它是城市规划所涉及的具体内容；三是一般行政法规，是城市规划行政管理工作所遵循的法律、法规，包括行政许可、行政程序、行政救济等层面。

规划领域内的法律是由国家立法机构颁布的法律和地方立法机构颁布的地方性法规构成，《城乡规划法》是我国的城市规划基本法律，也是城乡规划管理的唯一一部法律，由全国人民代表大会常务委员会制定；配套法规、规章、技术标准和技术规范由国务院城市规划行政主管部门住房与城乡建设部制定和颁布，目前行政法规配套法规有《历史文化名城、名镇、名村保护条例》（国务院令 [2008] 第 524 号）和《风景名胜区管理条例》（国务院令 [2006] 第 474 号）等 2 部，城市规划编制方面的规章有 9 部，包括《城市规划编制办法》（建设部令 [2005] 第 146 号）、《省域城镇体系规划编制审批办法》（住房和城乡建设部令 [2010] 第 3 号）、《县域城镇体系规划编制要点》（建村 [2000] 第 74 号）、《村镇规划编制办法（试行）》（建村 [2000] 第 36 号）、《城市规划编制办法实施细则》（建规 [1995] 第 333 号 2006 年版）、《城市绿化规划建设指标的规定》（城建 [1993] 第 784 号）、《历史文化名城保护规划编制要求》（建规 [1994] 第 533 号）、《近期建设规划工作暂行办法》（建规 [2002] 第 218 号）和《城市规划强制性内容暂行规定》（建规 [2002] 第 218 号）。城市规划审批方面的规章有两部，分别为《省域城镇体系规划编制审批办法》（住房和城乡建

① 庞春雨，万婷 . 对现行城市规划法规体系的若干思考 [J]. 学术交流 .2008（8）：50–52.

设部令 [2010] 第 3 号）和《城市总体规划审查工作规则》（建规 [1998] 第 161 号）。城市规划实施管理方面的规章共有 11 部，包括：《建设项目选址规划管理办法》（建规 [1991] 第 583 号）、《城市国有土地使用权出让转让规划管理办法》（建设部令 [1992] 第 22 号）、《开发区规划管理办法》（建设部令 [1995] 第 43 号）、《建制镇规划建设管理办法》（建设部令 [1995] 第 44 号）、《城市地下空间开发利用管理规定》（建设部令 [1997] 第 58 号 2001 年版）、《城市抗震防灾规划管理规定》（建设部令 [2003] 第 117 号）、《城市绿线管理办法》（建设部令 [2002] 第 112 号）、《城市紫线管理办法》（建设部令第 [2003] 第 119 号）、《城市蓝线管理办法》（建设部令 [2005] 第 145 号）、《城市黄线管理办法》（建设部令 [2005] 第 144 号）、《停车场建设和管理暂行规定》（交管字 [1988] 第 90 号）。城市规划监督检查有 1 部规章，即：《城建监察规定》（建设部令 [1996] 第 55 号）。城市规划行业管理的规章有 2 部，分别为《城市规划编制单位资质管理规定》（建设部令 [2000] 第 84 号）、《注册城市规划师执业资格制度暂行规定》（人发 [1999] 第 39 号）。现有规划技术标准 25 部，专业标准 44 部。目前我国纵向已经初步构建以城乡规划法为基础、国家立法与地方立法配套的法律法规体系（图 3–1、图 3–2）。

与城市规划相关的专业法律法规包括《土地管理法》、《环境保护法》、《矿产资源法》、《建筑法》、《公路法》、《城市房地产管理法》、《军事设施保护法》及《行政复议法》等共五十多部法律，形成与城乡规划法平行的横向规划相关法律法规体系（图 3–1）。

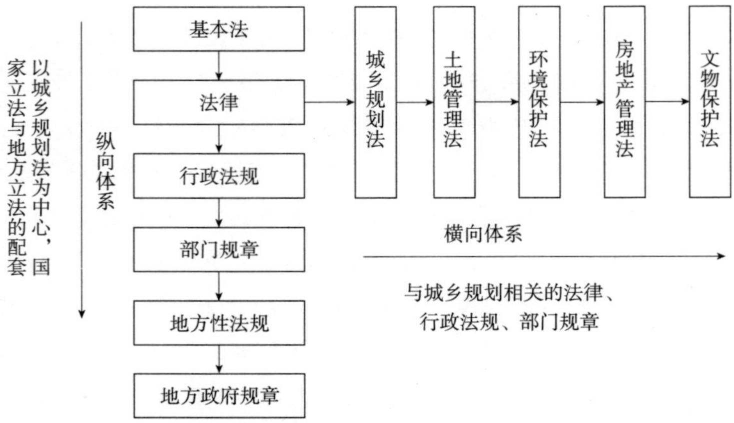

图 3–1 中国城乡规划法规体系构成

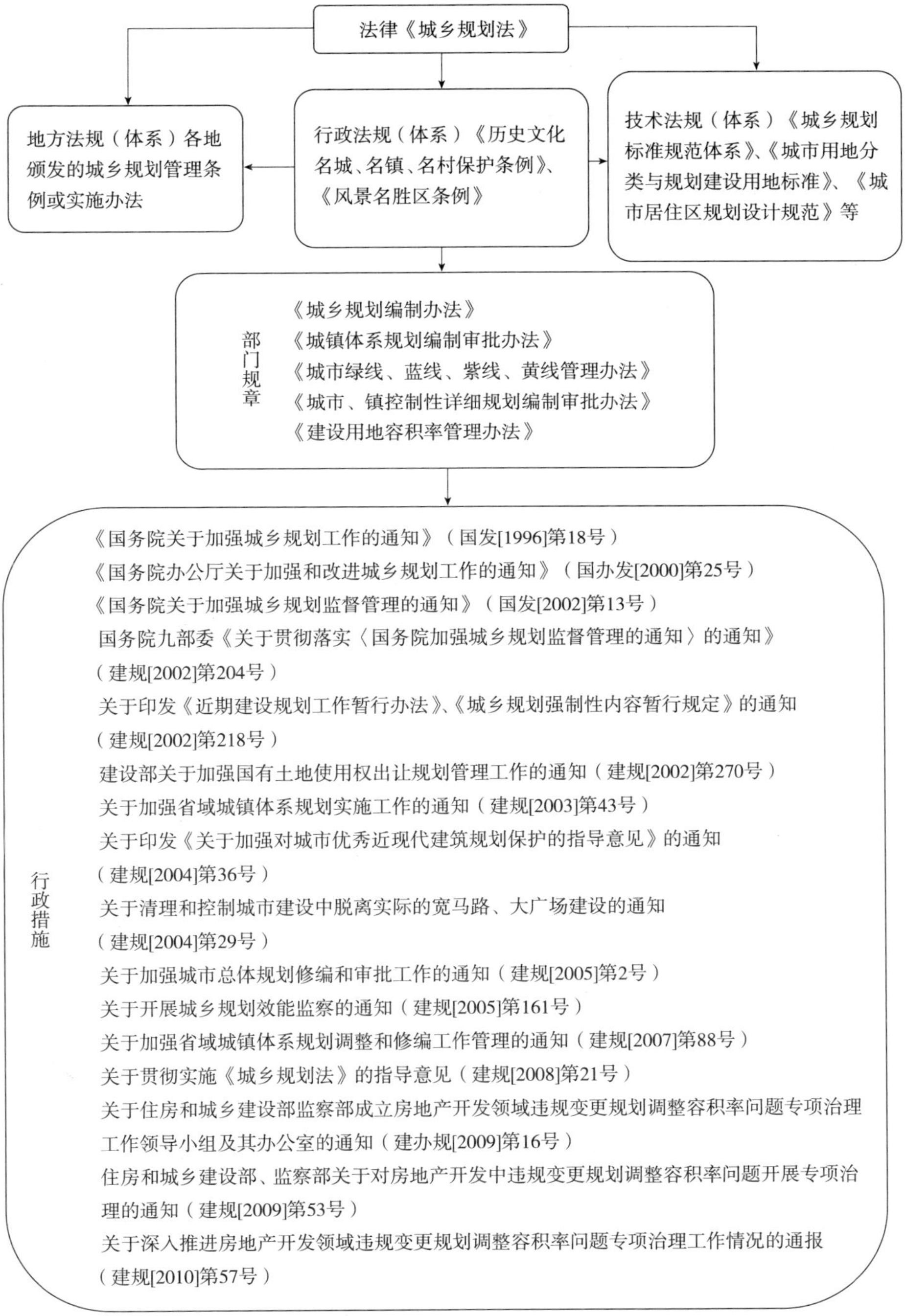

图 3-2　以《城乡规划法》为基础的法规体系框架

目前，我国城乡规划法规体系基本框架初步构建，这些法律法规和技术规范独立存在，各自界定了其适用范围，涵盖了城市规划的各个领域，专业性极强。作为城市规划基础法律的城乡规划法立法体现了以下五大原则：①规划符合多数人的意志；②规划的制定有效约束个人意志；③规划许可公开、公平；④规划许可遵循信赖保护原则；⑤规划有利于建立利益均衡机制。

1.2 规划编制体系

改革开放30年，中国城市规划架构了覆盖各个空间层面的规划编制体系[①]。2008年1月1日《城乡规划法》正式实施，对城乡规划体系重新进行了梳理，确定了法定规划为城镇体系规划、城市规划、镇规划、乡规划和村规划（图3-3）。城市人民政府城乡规划主管部门根据城市总体规划的要求，组织编制城市的控制性详细规划，明确控制性详细规划是建设项目规划许可的依据。

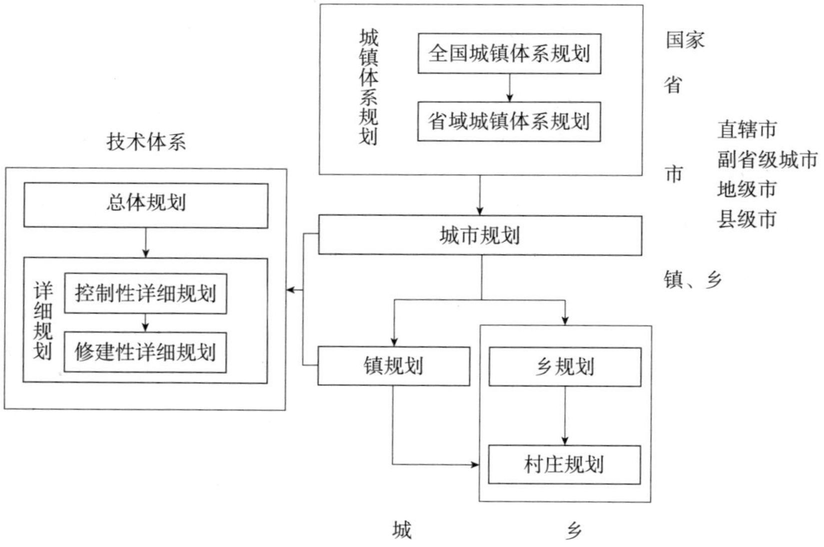

图3-3 法定规划技术体系

1.3 相关制度体系

由于城市规划工作的综合性和涉及范围的广泛性，城市的规划、建设、管理、

① 张京祥．论中国城市规划的制度环境及其创新[J].城市规划，2001（09），21-25.

运营已不是一个封闭的技术质量提高过程，它的发展受到来自社会经济生活中内外各种制度力量的推动、干扰和影响，而这种影响往往是决定性的，因此不仅要以城市规划法规体系为规范，还要在整个社会法制体系和制度环境下进行。与城市规划相关的制度环境与城市规划法规体系共同构成了中国城市规划的法制环境。

1.3.1　政府运行制度

我国政府正在向行为规范、运转协调、公共透明、廉洁高效的行政管理体制目标转变。政府进行大部制改革就是要改变原来的政府运行体制，即原来政府权力体系的纵向性不支持横向的平行调节，而以城市经济生活为核心的各种交互联系在城市内部、城市之间以及各个层次的区域之间广泛协作。在原来自上而下的行政体制下，合并政府职能，改变政府体制，将垂直的线性管理体系转变为网络状的协作体系将有利于城市规划的协调。

1.3.2　财政税收体制

财税制度在我国城市建设中占据重要地位，1994 分税制实施后，土地财政成为政府部门发展经济，进行城市建设的最重要、最直接的经济来源之一。由于城市建设需要大量的资金，而且城市规划存在着“有多少钱办多少事”的情况，因此城乡的发展确实要依靠国家健全的财税体制改革，保障地方的发展积极性和发展权益。

1.3.3　权威决策制度

受到传统城市规划“人治”的影响，目前对城市规划的重视程度和实施力度与领导者的决策有着重大关系。如果一个城市的领导班子重视本地规划建设，会对城市规划的科学性、合理性更为关注，出现所谓的“书记规划”、“市长规划”，但城市规划本身固有的技术理性属性、规范管理属性与领导感官判断决策可能出现偏差。因此加强城市规划的法制建设，改变政府的权威决策体制，保障公民的公共参与权是城市规划的发展方向和出路。

2　稽查执法机构

2.1　国家层面

国家城乡规划违法违规的稽查管理工作由住房和城乡建设部承担。2005 年，经中编办批准，建设部成立了稽查办公室，为依照公务员法管理的事业单位，编制 32 人。负责对城乡规划、建筑市场、房地产市场和风景名胜区四个方面违法违规行为的稽查及派驻城乡规划督察员工作。同年 3 月，建设部再次调整稽查办的业务范围，在原有四个方面的基础上，增加了住房保障、住房公积金、标准定额、工程质量安全、建筑节能、城市建设、历史文化名城、村镇建设等内容，覆盖了住房城乡建设的所有工作领域。稽查办公室设 5 个处室，其中稽查一处负责城乡规划、村镇建设和历史文化名城稽查业务，城乡规划督察员管理处负责部派城乡规划督察员管理工作。具体主要职责是：①组织对住房保障、城乡规划、标准定额、房地产市场、建筑市场、城市建设、村镇建设、工程质量安全、建筑节能、住房公积金、历史文化名城和风景名胜区等方面违法违规行为的专案稽查，提出处理意见；②组织或参与对住房保障、城乡规划、标准定额、房地产市场、建筑市场、城市建设、村镇建设、工程质量安全、建筑节能、住房公积金、历史文化名城和风景名胜区等方面违法违规行为的专项稽查，提出改进工作意见；③会同有关司局负责城乡规划督察员制度实施，组织住房和城乡建设部派驻城乡规划督察员监督检查国务院审批的城市总体规划、历史文化名城保护规划、省域城镇体系规划和国家级风景名胜区规划实施情况；④拟订住房和城乡建设部派驻城乡规划督察员管理制度，负责住房和城乡建设部派驻城乡规划督察员的日常管理工作，指导地方住房和城乡建设行政部门派出城乡规划督察员工作；⑤建立并管理建设稽查监督举报系统，受理举报投诉；⑥建立建设稽查统计系统，定期公布建设稽查工作情况；⑦拟订建设稽查规则和稽查特派员管理制度，负责稽查特派员的日常管理工作；⑧指导地方住房和城乡建设行政部门的稽查工作；⑨承办住房和城乡建设部交办的其他事项。

按照《建设领域违法违规行为稽查工作管理办法》（建稽 [2010] 第 4 号）的规定，部稽查办在稽查工作中，应履行下列职责：①受理公民、法人或其他组织对违法违规行为的举报；②按照规定权限对建设活动进行检查，依法制止违法违规行为；③查清违法违规事实、分析原因、及时报告稽查情况，提出处理意见、建议；④督促省级住房和城乡建设主管部门落实转发的稽查报告提出的处理意见；⑤及时制止稽查工作中发现的有可能危及公共安全等违法违规行为，并责成当地住房和城乡建设主管部门处理；⑥接受省级住房和城乡建设主管部门申请，对其交送的重要违法违规线索直接进行稽查；⑦依法或根据授权履行的其他职责。

2.2 省、市（区）层面

省、市（区）层面规划违法违规的稽查管理工作由各省、自治区和直辖市住房城乡建设厅（委员会）承担。住房城乡建设厅（委员会）按照当地具体情况设置行政执法/稽查执法局、稽查办公室、稽查总/大队等，名称不一，其中规划稽查作为部分重要业务。2012年底全国有省级稽查执法机构30个，其中，河北、四川等26个省、自治区设立了综合性的稽查执法机构，北京、天津等4个直辖市分别按部门成立了建设工程、房地产、城乡规划等专门的稽查执法机构①。其中80%以上为行政单位或参照公务员法管理的事业单位，安徽省建设稽查局、河南省住房和城乡建设执法监察总队、广东省住房和城乡建设厅执法监察局为副厅级，其余为县局级。官网公布的稽查执法机构工作职责不一，比较全面的工作职责如下：①负责指导和监督全省（区）各级建设行政主管部门的稽查工作；②制定全省（区）建设稽查工作中长期规划并组织实施；③负责在全省范围内对国家和省有关建设法律、法规和规章的贯彻执行情况进行稽查，负责依法对城乡规划、村镇规划、建筑市场、房地产市场、勘察设计市场、市政公用市场等方面的重大违法违规行为进行稽查；④负责对国家和省重点工程、省管工程等工程项目违法违规行为进行稽查；⑤组织对全省（区）建设行业违法违规行为的重大案件进行专案稽查，代表建设厅按规定直接进行处罚；⑥会同机关处室在全省（区）建设行业中开展专项执法活动，并对违法违规行为进行专项稽查；⑦建立建设稽查监督举报系统，受理投诉举报；⑧制定建设稽查规则和管理制度，建立建设稽查统计系统。

以四川省建设监察总队②为例，系四川省省编委2001年批准成立的正县级行政执法机构（川编发[2001]第54号）。根据《四川省建设监察规定》（四川省人民政府令[2005]第192号）规定和《四川省住房和城乡建设厅关于委托四川省建设监察总队具体实施行政处罚的通知》（川建发[2010]第37号），四川省省建设监察总队依法履行工作职能包括：①宣传贯彻住房和城乡建设管理法律法规和方针政策，检查住房和城乡建设管理法律、法规和规章的执行情况；②受理对违反住房和城乡建设管理法律、法规和规章行为的投诉、举报；依法纠正和查处违反住房和城乡建设管理法律、法规和规章的行为；制定住房和城乡建设监察规章制度、目标、程序及行政执法人员的考核标准并监督执行；制订住房和城乡建设行政执法人员的培训计划，协同有关部门做好建设监察岗位培训工作；指导全省住房和城乡建设行政执法工作，开展行政执法人员资格审查工作；承办省住房和城乡建设厅委托的行政执法工作。受省住房和城乡建设厅的委托，四川省建设监察总队执法范围设定对以下违

① 王早生在第六届省级建设稽查执法机构联席会议上的讲话，住房和城乡建设部官方网站，2012.12.10。

② 四川省住房和城乡建设厅官方网站。

法行为具体实施行政处罚：①违反住房保障管理法律、法规和规章的行为；②违反城乡规划管理法律、法规和规章的行为；③违反工程建设、建筑业和房屋装饰装修业管理法律、法规和规章的行为；④违反住宅与房地产业管理法律、法规和规章的行为；⑤违反城市建设、村镇建设和市政公用事业管理法律、法规和规章的行为；⑥违反勘察设计咨询业管理法律、法规和规章的行为；⑦违反风景名胜事业管理法律、法规和规章的行为；⑧省住房和城乡建设厅委托的其他事项。目前，四川省已经形成了较为完善的省、市、县三级稽查执法体系，并不断修正《四川省建设监察规定》、《四川省建设监察执法队伍绩效考核办法》（川建建监发 [2008] 第 139 号）规范城乡规划建设监察管理。

2.3 地方层面

目前，我国地方城市（包括部分直辖市）的城乡规划稽查执法主要包括规划行政主管部门和城市管理行政执法部门 2 类主体、4 种模式。

2.3.1 规划建设行政主管部门主体

维护城乡规划的严肃性、科学性和权威性，核心问题是加强城乡规划执行，包括按程序执行和按国家批准的规划执行。我国法定规划执行的主体是城乡规划行政主管部门，按照规划建设机构设置分为 2 种模式。

2.3.1.1 建设规划合为一体模式——城建局

全国大多数中小城市和县城采用这一模式，建设和规划合为一体，承担行政管辖区域内的规划和建设管理工作。以四川省为例，德阳、泸州、广安、内江、广元、巴中、达州、南充、遂宁、资阳、眉山、攀枝花、自贡、宜宾、乐山、雅安、甘孜、阿坝、凉山州等即为此种模式，执法队伍隶属城建局。浙江临海也属于这种类型。

2.3.1.2 建设规划分设模式——建委（建设局）、规划局

一些省会城市和大城市随着体制改革的不断深入，规划和建设相对剥离，分设建委（建设局）和规划局，各自行使机构改革“三定方案”赋予的管理职责，执法队伍归属建设局或规划局的情况都存在，只是名称不一致，级别也有差别。如有些城市称为监督处或城管办，履行批后监管职能，负责违法违建的查处工作，负责验线项目的扎口管理；有些城市称为城管行政执法局或市政管理局二级局，由建委（建设局）副局长兼任城管执法局局长。

2.3.2 城市管理行政执法局（综合执法局）主体

《中华人民共和国行政处罚法》第十六条规定：“国务院或者经国务院授权的省、

自治区、直辖市人民政府可以决定一个行政机关行使有关行政机关的行政处罚权，但限制人身自由的行政处罚权只能由公安机关行使”。国务院贯彻实行行政处罚权确立的相对集中行政处罚权制度高度重视，先后在23个省、自治区的79个城市和3个直辖市开展试点。2002年8月22日国务院下发了《国务院关于进一步推进相对集中行政处罚权工作的决定》（国发[2002]第17号）文件，国务院授权省、自治区、直辖市人民政府在本行政区域内有计划、有步骤地开展性对集中行政处罚权工作。集中行政处罚权制度是指将若干行政机关的行政处罚权集中起来，交由一个行政机关统一行使；行政处罚权相对集中以后，有关行政机关不再行使已经统一由一个行政机关行使的行政处罚权。目的是解决城市管理领域长期存在的多头执法、职权交叉重复和行政执法机构臃肿等问题，提高城管行政执法的水平和效率。

按照国发[2002]第17号文件的规定，在城市管理领域可以相对集中行政处罚权的范围主要包括：“市容环境卫生管理方面法律、法规、规章规定的行政处罚权，强制拆除不符合城市管理标准、环境卫生标准的建筑物或者设施；城乡规划管理方面法律、法规、规章规定的行政处罚权；城市绿化管理方面法律、法规、规章规定的行政处罚权；市政管理方面法律、法规、规章规定的行政处罚权；环境保护管理方面法律、法规、规章规定的部分行政处罚权；工商行政管理方面法律、法规、规章规定的对无照商贩的行政处罚权；公安交通管理方面法律、法规、规章规定的对侵占道路行为的行政处罚权；省、自治区、直辖市人民政府决定调整的城市管理领域的其他行政处罚权。同时，该文件还规定：“省、自治区、直辖市人民政府要按照《国务院办公厅关于继续做好相对集中行政处罚权试点工作的通知》规定，规范集中行使”行政处罚权的行政机关的设置，不得将集中行使行政处罚权的行政机关作为政府一个部门的内设机构或下设机构，也不得将某个部门的上级业务主管部门确定为集中行使行政处罚权的行政机关的上级主管部门。集中行使行政处罚权的机关应作为本级政府直接领导的一个独立的行政执法部门，依法独立旅行规定的职权，并承担相应的法律责任”。

从2002年起截至2005年底，深圳、中山、安庆、沈阳、舟山、厦门、嵊州、连云港、丽水、安丘、滕州、温岭、襄樊、镇江、淮南、安阳、成都、南昌、杭州、遵义、烟台、西宁、嘉兴、金华、北京、青岛、黄山、天门、株洲、张掖、乐山、眉山、雅安、南充、遂宁、广安、宜宾、自贡等全国近308个城市组建了城管行政执法局，开展相对集中行政处罚权工作，行使部分规划执法职权。目前，我国城市管理行政执法局（综合执法局）和城乡规划行政执法机构根据分工也分为两种模式。

2.3.2.1 分类行使模式

这种模式是城乡规划行政处罚权为综合执法局和规划部门的稽查执法队伍两个部门共同行使，综合行政执法局主要查处没有“两证一书”的规划违法行为，包括违规超占红线、临街破墙开店、施工临设占用人行道、拆除违法建设等；城乡规划部门稽查执法队伍，负责查处不按照“两证一书”进行建设的规划违法行为；或者按照面积分类，如200平方米以下由综合执法局处理，200平方米以上由规划部门稽查执法队伍处理等。

2.3.2.2 分工行使模式

这种模式是城乡规划行政执法全部由行政执法机构负责，规划部门负责对违法行为进行认定，具体的处罚执行工作又交由行政执法机构，如无锡，海口等地。

3 稽查执法特点

查处违法违规案件是规范市场秩序、维护法律法规严肃性和权威性，将市场各方主体行为纳入法制轨道、规避市场失灵的重要手段，由于经济社会发展的巨大差异和城乡规划本身的特殊性，稽查执法与其他领域的执法也存在很多的不同：

3.1 复杂性

复杂性是城乡规划稽查执法的一个显著特点，其具体表现为：城乡规划作为公众利益的代表，事实上将政府、企业、公民等各种集团、个体的利益交织在一起，违法违规案件的发生往往涉及多方面的利益，执法人员需要面对这些复杂的利益关系，并对其进行梳理，从复杂的情况中找出违法违规行为的关键所在，形成合乎法律法规、符合大多数利益、公平正义且有利于和谐稳定的行政决定。同时，相比其他执法部门，规划稽查执法所涉及的法律法规、部门规章是最多的，几乎涵盖城乡规划、环境保护、国土、水利、林业、测绘、道路、房地产等等与国计民生密切相关的行业和部门。

3.2 过程性

城乡规划稽查工作的重要特点是过程性，具体表现为：执法的过程中，按照导致出现违法违规行为的先后次序，调查工作往往会涉及很多的部门，如在前期的发改委和国土管理部门，以及在后期建设、销售过程中具体实施监管和审批手续的建设部门和房管部门；再者，违法违规案件的发生会出现不同的阶段，呈现不同的特征，在审批、建设、销售等诸多环节都有可能出现问题，这就要求各个相关部门齐抓共管、各司其职、共同行动，将违法违规行为消灭在萌芽状态，才能最大限度地减小社会公共财产与权益的损失。

3.3　专业性

城乡规划执法具有很强的专业性，具体表现为：城乡规划稽查涉及从自然条件到人文环境，从总体规划到工程建设施工，从规划建筑学到政策法规的掌握和解读等各个专业领域，执法人员必须具备相当的专业基础，才能够胜任规划稽查执法工作。

3.4　宽泛性

在执法的过程中，执法人员拥有的自由裁量权大是执法稽查工作的另一个特点，具体表现为：由于规划案件的复杂性、综合性以及我国人文经济和自然状况在地域上的巨大差异，现有的法律法规很难覆盖所有的违法违规行为，对所有的违法违规行为的处罚进行准确细致的限定也是非常困难的，因此《城乡规划法》中对于违法行为的处罚条款确定的极为宽泛，内容也不具体，在执法过程中，执法人员拥有比较大的自由裁量权，他们可以根据自己的经验和案件性质自由的制定处罚决定。这种执法模式虽然能够避免《城乡规划法》在地方上实施的“水土不服”，但也带来了稽查执法工作的混乱。

4　稽查执法问题

作为公共政策的城乡规划督察监检查制度与城乡规划的制定制度、实施制度、修改制度和规划公开制度和法律责任追究制度一并成为其中基本法律制度。城乡规划督察监检查制度是城乡规划的制定制度、实施制度、修改制度和规划公开制度得以顺利执行的重要保证[①]。通过行之有效的监督检查发现问题，通过追究法律责任手段解决问题，确保城市规划建设的有效实施，各种违法行为得以发现和改正，行为相对人受到处罚。尽管如此，现行的城市规划法规体系并不完善，在运行过程中显现很多问题，如体系庞杂、缺乏对地区差异性的考虑、内容矛盾、存在空白点、法

① 李道广．论城乡规划监督检查制度的完善和创新 [J]. 中国建设信息，2009（04）.

规出台连续性差等问题，尤其规划监督管理在保证城市建设秩序、保障公共利益和惩治违法行为等方面尤显软弱无力[①]。具体问题主要有以下 10 个方面：

4.1 监督主体缺位，上层依赖严重

2008 年 1 月 1 日正式实施的《中华人民共和国城乡规划法》第 51 条规定，县级以上人民政府及其城乡规划主管部门应当加强对城乡规划编制、审批、实施、修改的监督检查。监督的主要内容是：充分发挥行政监督检查和群众性监督的作用，对于各项进行中的建设活动进行定期或不定期的严格监督检查，及时制止和依法处理城市规划区内出现的违法占地和违法建设行为，保证城市总体规划实施的监督检查贯穿在建设项目从立项（选址）、定点、用地、直到建设申请、施工、竣工验收以及使用的全过程中。由于作为第一监督主体的地方各级人民政府及其城乡规划主管部门是城市规划的制定者和实施者，既是裁判员，又是运动员，那么法律中本条的规定实质上是自律。《城乡规划法》第 52 条规定，地方各级人民政府应当向本级人民代表大会常务委员会或者乡、镇人民代表大会报告城乡规划的实施情况，并接受监督。作为第二监督检查主体的地方人民代表大会对地方人民政府而言属于平行监督，往往依靠开会听取政府流于形式的汇报而举手通过，往往不能起到有效地监督作用。《城乡规划法》第 56 条规定，依照本法规定应当给予行政处罚，而有关城乡规划主管部门不给予行政处罚的，上级人民政府城乡规划主管部门有权责令其做出行政处罚决定或者建议有关人民政府责令其给予行政处罚。城市规划实施的监督检查主要有三种行政行为：行政检查、行政处罚和行政强制措施。《城乡规划法》强调中央对地方、上级对下级的监督检查；强调规划部门有权立即直接拆除违法建设，不需要通过法院来执行；强调住房与城乡建设部有权撤销任何一个地方违法做出的“一书两证”，这种上级监督的法律地位和权力，导致自上而下的监督代替了平行的监督和自下而上的监督，多元化的监督体制分工缺乏规范化，缺乏核心监督的力量。

4.2 行政等级制约，监查行政依赖

我国的监督权受制于执行权，虽然《城乡规划法》确定、强化监督检查制度，目的是去除靠行政处分强化监督检查主体的责任，对人民政府政府和城乡规划行政主管部门的违法行为进行威慑。但事实上一方面目前现行的行政体制，对于高于其

① 周建军．制度创新背景下的城市规划．城市规划，2007（11）．

行政级别的特殊军队、武警、大型国企等特殊部门、对于平行的行政部门、对于无隶属关系的下级行政部门而言，城乡规划主管部门权力显然不够分量或力不能及，导致专有的监督部门缺乏应有的地位和独立性，造成部分环节的弱监和虚监。另一方面监督检查一般被认为是城乡规划行政主管部门的部门职责，县级以上人民政府的职责往往被忽略，做好城乡规划监督检查，城乡规划部门需要寻求领导的支持，监督检查环境的好坏、违法违规处理的与否取决于领导的态度和支持力度，而且城市行政任命制下的规划局长不得不对市长（县长）言听计从，按领导旨意办事，维护刚性的城市规划靠可以被随意摆布的软性管制约束，城乡规划的实施又怎能不变脸、变色、变味、变调？

4.3 执法主体模糊，人员身份不清

城市规划实施不仅体现在有公正的程序，程序的执行也要有良好的管理机制，但目前我国部分城市的这两种执法模式形成的综合执法与城乡规划法体现的精神不一致，在实践中也存在一些问题：一是一个城市中存在两个行政执法机关、两支规划执法队伍分别行使规划处罚权，导致行政处罚权的分割、机构设置的重复和企业、居民的无所适从。城市规划是系统工程，具有全局性、综合性、战略性和技术性，必须实行集中统一的管理模式；城市规划管理权力尤其是行政处罚权的分割违背国家机构设置“精简、效率、统一”的原则；两个执法机关的权限和职责界定不清，导致企业、居民往往无法区分，对违法违规行为的多头处理难以适应，也会出现两个执法机关新的扯皮和推诿；二是与城乡规划法的精神不一致，合法性受到质疑。《国务院关于进一步推进相对集中行政处罚权工作的决定》（国发 [2002] 第 17 号）文件针对行政处罚的实施机关规定：“国务院或者经国务院授权的省、自治区、直辖市人民政府可以决定一个行政机关行使有关行政机关的行政处罚权，但限制人身自由的行政处罚权只能由公安机关行使；”针对处罚效力规定：“行政处罚权相对集中后，有关部门如果仍然行使已被调整出的行政处罚权，所做出的行政处罚决定一律无效，并依法追究该部门直接负责的主管人员和其他直接责任人的法律责任”。也就是说按照国发 [2002] 第 17 号文件精神，城市规划局或建设局继续行使对城乡规划违法违规行为的处罚决定是无效的，如果地方按照国发 [2002] 第 17 号文件设立了综合执法机构，城市规划局或建设局则不能行使城乡规划违法的行政处罚权。但按照《中华人民共和国城乡规划法》的规定：城市规划管理工作包括城乡规划违法违规行为的行政处罚权应由城市规划行政主管部门负责行使，理所当然城乡规划主管部门应

成为城乡规划违法违规行为执法主体。在《城乡规划法》和国务院行政规范性文件之间产生法律冲突背景下，无法确定哪个部门是行政执法的合法主体。同时这种“双轨”体制导致部分行政执法部门为了降低执法成本，采用“以罚代管”的方式处理规划违法违规行为，破坏了城乡规划的刚性；三是按照《行政处罚法》规定，行政机关依照法律、法规或者规章的规定，可以在其法定权限内委托符合本法规定条件的组织实施行政处罚。受委托组织必须符合以下条件：①依法成立的管理公共事务的事业组织；②具有熟悉有关法律、法规、规章和业务的工作人员；③对违法行为需要进行技术检查或者技术鉴定的，应当有条件组织进行相应的技术检查或者技术鉴定。应该说城乡规划是政府调控城市空间资源、指导城乡发展与建设、维护社会公平、保障公共安全和公众利益的重要公共政策之一，但其具有天然的技术属性和空间特征，综合执法局的设置实质上忽略了城乡规划的技术属性之内隐含的科学性。

目前，城乡规划稽查从住房和城乡建设部到省住房和城乡建设厅及地方稽查体制亟待理顺，住房和城乡建设部稽查办公室为事业单位参公管理，许多省住房和城乡建设厅稽查办（总队）参照此设立机构，地方稽查人员的身份问题成为提高稽查质量、稳定队伍的重要制约因素。

4.4 执法程序复杂，执行周期较长

虽然《中华人民共和国城乡规划法》赋予规划执法部门强制执行权，但仍需按照行政执法程序进行，由于法律、法规规定的行政复议、行政诉讼的周期长，最快也需要半个月的时间才能完成所需程序，在某些地方甚至平均需要三个月的时间，在具体执法过程中，如果按照法定程序违法建设行为往往得不到及时遏制。大部分违法建设在接到举报或者巡查发现时已经基本完成，而违法建设的查处和拆除，其时效性非常强，一旦建成并投入使用，拆除则要数月，重大积案可能数年之久[①]。

《行政处罚法》、《行政复议法》、《行政诉讼法》、《行政许可法》等都是程序法，如不按法定程序执法即违法。因此城乡规划执法必须按法定程序进行，但从调查取证、告知、听证到处罚决定送达，有许多现实问题影响执法效率[②]。个别行政相对人法律意识淡薄，受利益所驱运用各种方法躲避执法人员或者与之对抗，对调查取证极不配合，采取回避不见面，调查笔录不签字，送达的行政处罚文书不签收等手段，使行政执法程序不能有效进行。

① 单文奇．违法建设的复杂成因即有效治理 [J]. 城乡建设，2012（7）.
② 田建春．建立一支高效、文明的规划执法队伍 [J]. 城市规划管理，1998，3：23-24.

执法实施强制拆除时，拆违工具一直停留在“榔头式”时代，这些原始工具已无法拆除现代钢筋混凝土结构的建筑物，且拆除时间长，措施不多，导致执法周期延长，极易引发现场矛盾的冲突，在一定程度上影响执法效果，提高执法成本。

4.5 缺乏制度保障，执法手段单一

根据相关法律法规的设定，城乡规划行政执法只能做出责令停止建设、限期改正、限期拆除、罚款等处罚决定，具体执行处罚的部门由县级以上政府根据当地实际情况指定。由于缺乏具体的政策指导和制度保障，规划稽查执法工作受体制、拆除经费、执法人手等方面的限制，规划稽查执法队伍的执法装备的科技水平不高，专业人员技术技术水平低，调查取证手段欠缺，执行手段落后，措施不多，导致执行成本高、难度大，而行政处罚的执行过去通过地方法院强制执行间接予以保证。依据《行政强制法》第 13 条规定“法律没有做出行政机关强制执行的，做出行政决定的行政机关应当申请人民法院强制执行。”而《城乡规划法》第 68 条已经明确赋予行政机关对违法建筑的强制拆除权，《行政强制法》第 44 条规定了行政机关对违法建筑的强制拆除程序，因此地方法院已很少受理强制拆除，导致城乡规划主管部门无力采取强制执法手段，执法效力不佳，执法力度疲软。

很多规划违法违规行为背景复杂，部分违法建设者拒不配合执法人员正常的查处，同时由于违法建设拆除对被执行人损失较大，被执行人抵触情绪强烈，拒不配合执法人员的正常查处，执法人员遭人谩骂、殴打的现象时有发生，严重威胁执法人员的人身安全，暴力抗法时有发生，导致依法行政难落实，存在较大的执法风险。

4.6 涉及问题复杂，缺少部门协同

我国典型的政府权力的纵向管治性与城乡规划的平行协调性存在天然的本质性矛盾。对于违法建设问题，既是规划问题，又涉及国土资源和房屋管理、建设行政管理等领域，对违法违规行为的调查往往涉及发展、国土、规划、建设、房管乃至工商、银行等多部门，需要各部门密切协作，协同配合。但现状却是规划稽查部门与其他行政部门之间的联动配合没有相关法律法规的确定和规范，规划编制、建设施工、监管三个环节脱节，在很多地方各个部门各行其是，互不沟通，如果发生跨部门的案件则更加复杂。这种局面导致违法建设不能被及时有效制止，也给案件的调查取证带来很大的困难。为了能够将稽查工作顺利实施下去，有些规划稽查工作人员不得已而采用“公事私办”的方法，依靠与其他部门工作人员的私人交情来推

动本部门的工作。

虽然当前一些地方已经开始尝试多个部门在规划稽查领域的协同合作，如北京市近期推行的“制止和查处违法用地和违法建设联动工作机制”，江苏、四川省施行的“相对集中行政处罚权”等，都取得了较好的成效，提高了规划稽查的工作效率和力度，但由于缺乏法律法规层面的保障，这种联动协作机制还是缺乏稳定性和制度性。

4.7 遗留问题较多，执法难度加大

近些年我国城市扩张速度过快，一些城市发展不均衡，管理不规范，政府管理体制的调整赶不上城市发展的速度，遗留的发展和管理的“死角”面多、量广，旧病未除，新病又至，导致违法现象很难根治，加大了执法难度。

4.8 执法力量不足，执法成本较高

我国城乡规划领域普遍执法力量不足，执法队伍人手少，部分地方雇用临时人员、又违背国家行政法规，面临两难的境地，而且基本的编制和运作经费缺乏保障。同时城乡规划执法成本较高，如北京市每个城市管理案件执法成本平均为70元，每年又有不断上涨趋势。

4.9 岗位要求较高，人员良莠不齐

城乡规划稽查管理是业务与综合素质要求均较高的岗位，总体看来，规划稽查队伍整体素质较好，但人员相互之间也有明显差距：一是部分人员缺乏规划相关专业知识，面对规划稽查执法这一具备高度专业性的工作力不从心，纵然有足够的热情和责任心也很难很好地完成工作；二是部分人员责任意识差，缺乏爱岗敬业精神，长期在“铁饭碗”、“大锅饭”的机制下，工作懒散，不求上进；三是部分人员适应能力差，缺乏勤奋好学、只争朝夕的精神，不愿学习新知识，掌握新技能，难以适应新形势；四是极少数人员法纪观念淡薄，对规划违法违规行为，“睁一只眼、闭一只眼”，做“老好人”，不愿意得罪人。这些人员素质的差异也在一定程度上增加了规划稽查工作的难度。

4.10 跟踪管理不足，处罚偏重追惩

城乡规划建设实施时间长，由于稽查执法部门对城市建设施工现场跟踪管理不

到位，违法违规建设经常上演“人在停建，人走又建”，“白天停建，夜晚施工”的猫捉老鼠游戏，最终导致“生米煮成熟饭”的违法事实，这使得规划管理执法工作常常陷入困境，局面尴尬，惩戒也不得不针对即成的违法事实，行政处罚偏重追惩，不能起到有效的遏制作用。

5 规划督察制度

5.1 规划督察制度背景

21 世纪初，随着工业化、城镇化的快速发展，我国城乡面貌发生了显著变化，城乡规划和建设在为经济社会发展做出重要贡献的同时，也出现了一些问题，即在城乡规划建设领域，存在着盲目扩大城市规模、“形象工程”屡禁不止、自然生态和历史文化资源破坏严重等问题，暴露出中央政府及其城乡规划主管部门缺乏对地方城乡规划实施的有效监督，特别是缺乏“事前”和“事中”的监督和处置机制。2002 年《国务院关于加强城乡规划监督管理的通知》(国发 [2002] 第 13 号)提出“要加强和完善城乡规划的法制建设，建立和完善城乡规划管理监督制度，形成完善的行政检查、行政纠正和行政责任追究机制，强化对城乡规划实施情况的督查工作”2004 年国务院颁布《全面推进依法行政实施纲要》(国发 [2004] 第 10 号)，提出创新层级监督机制、强化上级行政机关对下级行政机关的监督。2005 年温家宝总理在政府工作报告中进一步提出了要“加强政府执行力建设”。为了实现监督关口前移，保障中央政策的正确实施，确保建设项目选址符合城乡规划要求，维护国务院审批城市总体规划的权威性、严肃性，保护公共利益和不可再生资源，建设部 2005 年出台了《建立派驻城乡规划督察员制度的指导意见》(建规 [2005] 第 81 号)，标志着我国城乡规划督察员制度建设正式开始。2006 年《国务院办公厅转发建设部关于加强城市总体规划工作意见的通知》(国办发 [2006] 第 12 号)提出“完善监督检查机制，要在总结试点经验的基础上，全面推广城市规划督察员制度”，标志着我国督察制度建设迈入了新阶段。2006 年开始，住房和城乡建设部稽查办开始正式向地方派驻督察员进行试点。我国目前施行规划督察员制度，充分吸收英国、法国、德国的经验，是中央政府和省级政府对地方政府城乡规划建设领域实施的层级监督 ①。

城乡规划实施的监督检查是城市规划实施管理的一项不可忽视的重要组成部

① 汤洪源 . 中英规划督察制度之比较与借鉴 [J]. 城市规划，2011，(7).

分，也是保障城乡规划工作科学性与严肃性的重要手段。规划阶段，由于城市的复杂性，存在大量的不确定因素，因此应把握宏观的、战略性的方向、目标，而许多具体的问题实在实施阶段中逐步暴露。因此，科学的对策是前粗后严，加强审批后实施的监督[①]规划督察是对城市规划的编制、审批、实施管理工作进行全面督察，目的是强化城乡规划工作的事前和事中监督，形成快速反馈和及时处置的督察机制。规划督察应成为解决这些冲突的一种公正的、专业的和主要的力量，“公正”指的是规划督察建立在“价值中立”的立场上；“专业”指的是规划督察是“规划对规划的督察”，避免“门外汉”监督规划的尴尬。针对城乡规划的执行阻滞，规划督察不是被动的事后介入，需要“积极的事前监督与事后评估相结合”。

5.2 规划督察途径原则

5.2.1 督查途径

城乡规划督察通过 4 个途径来实现：其一是自查，即“城乡规划主管部门应当加强对城乡规划编制、审批、实施、修改的监督检查（城乡规划法第 51 条）”，也就是说城乡规划主管部门对其自己负责的规划的编制、审批、实施、修改等进行自查；其二是接受本级权力机关的监督检查，向同级的“人民代表大会报告城乡规划的实施情况，并接受监督（城乡规划法第 52 条）”，由于人民代表大会的工作特点，不能对城乡规划实施严格的监督检查，趋于形式主义；其三是“查他”，主要是城乡规划主管部门对城乡规划的实施情况进行监督检查，对辖区内的依法批准的规划的落实或实施情况进行督察；其四，对渎职、失职的督察，主要是通过上诉到上级人民政府或上级城乡规划管理机关，由其核实后，给予纠正、惩罚、补救、补偿措施。

5.2.2 督查原则

大英百科全书中城市规划的含义包括三个方面：第一是专门的工程技术；第二是一种政府执法强制性行为；第三是一种民众的文明运动。隐含着技术性角度城市规划实施管理的客观性、科学性，其评价标准应是高效的，政府管理角度是合法的，民众角度是公正的。因此，县级以上人民政府城乡规划主管部门实施行政监督监察权，其基本原则应是公正、高效，严格遵循依法行政的原则。

公正。城乡规划的最高理念是尊重自然生态、尊重地方文化传统、尊重普通人和弱势群体的利益。城市规划每一个细节都是各种各样利益集团争夺的焦点，规划督察必须站在国家利益的角度、长远利益的角度和普通人利益的角度。

① 陈秉钊．变革时代多变的城市总体规划剖析和对策 [J]. 城市规划，2002，(2)．

高效。我国正处于快速的城市化过程中，必须用快速的工作效率来应对。规划督察工作应该是高效的检查，要体现规划的效能做到了解信息快，信息处理快，上情下达纠正错误行为快。

合法。城乡规划所具有的力量就在于法治，规划本身也具有约束政府行为的法律功能。具体体现在：①监督检查的内容合法。即监督监察的内容必须是城乡规划法律、法规中规定要求当事人遵守或执行的行为。如城乡规划编制和审批，城乡规划修改，规划实施中的行政许可等，内容与程序是否核发；②监督检查的程序合法。即按照法律、法规的要求和程序进行有关监督检查工作。如城市规划监督检查人员旅行监督检查职责时，应当出示统一制发的城乡规划监督检查证件；城乡规划监督检查人员提出建议或处理意见要依法并符合法定程序等。对于违反法律规定进行监督检查的，被检查的单位和个人有权拒绝接受和进行举报；③监督检查采取的措施合法，即只能采取城乡规划法律、法规允许采取的措施，采取的措施超出城乡规划法律、法规允许的范围，给当事人造成财产损失的，要依法赔偿；构成犯罪的，要依法追究刑事责任。

5.3 规划督察具体内容

城乡规划督察突出城乡规划的科学性、严肃性和权威性，住房和城乡建设部督察员主要围绕以下内容开展规划督察工作[①]。

一察需国务院审批的城市总体规划、历史文化名城保护规划和国家重点风景名胜区总体规划的编制、报批和调整是否符合法定权限和程序；

二察详细规划、专项规划等的编制、审批和实施，是否符合城市总体规划强制性内容、国家历史文化名城保护规划和国家重点风景名胜区总体规划；

三察重点建设项目和公共财政的行政许可，是否符合法定程序、城市总体规划强制性内容、国家历史文化名城保护规划和国家重点风景名胜区总体规划；

四察国家历史文化名城保护规划和国家重点风景名胜区总体规划、《城市规划编制办法》、《城市绿线管理办法》、《城市紫线管理办法》、《城市蓝线管理办法》、《城市黄线管理办法》的执行情况。

五察群众举报以及媒体反映的城乡规划重大问题。对这类案件，举报一件核查一件，落实一件，切实保障社会公众利益。

六察城市规划执法行政不作为。不作为是不履行法定规划管理职责的行为，是

① 王铁宏．规划督察重点突出五项内容[J]．中国信息教育，2008，（6）．

规划管理权利的非法萎缩，导致规划效力被人为削弱[①]。但不作为是违法行为、侵权行为，具有隐蔽性和消极性的特点。

具体针对历史文化名城和历史文化街区保护规划专项而言，《城市紫线管理办法》规定：国务院建设行政主管部门，省、自治区人民政府建设行政主管部门和直辖市人民政府城乡规划行政主管部门根据需要可以向有关城市派出规划监督员，对城市紫线的执行情况进行监督。明确督察员承担以下职能：

一是参与保护规划的专家论证，就保护规划方案的科学合理性向派出机关报告；

二是参与城市紫线范围内建设项目立项的专家论证，了解公示情况，可以对建设项目的可行性提出意见，并向派出机关报告；

三是对城市紫线范围内各项建设审批的可行性提出意见，并向派出机关报告；

四是接受公众的投诉，进行调查，向有关行政主管部门提出处理建议，并向派出机关报告。

5.4 督察员制度实施现状

从 2006 年起到 2013 年 5 月，住房和城乡建设部稽查办公室分 7 批 116 名督察员派驻到由国务院审批城市总体规划城市（108 个）中除了四个直辖市的 103 个城市，实地督察城乡规划的执行情况。

国务院审批总体规划城市一览表 **表 3–1**

省份	个数	国务院审批总体规划城市
北京	1	北京
天津	1	天津
河北	6	石家庄、唐山、邯郸、张家口、保定、秦皇岛
山西	2	太原、大同
内蒙古	2	呼和浩特、包头
辽宁	10	沈阳、大连、鞍山、抚顺、本溪、阜新、锦州、丹东、辽阳、盘锦
吉林	2	长春、吉林

① 文超祥 . 论城市规划执法行政不作为 [J]. 城市规划，2001，（11）.

续表

省份	个数	国务院审批总体规划城市
黑龙江	8	哈尔滨、齐齐哈尔、大庆、伊春、鸡西、牡丹江、鹤岗、佳木斯
上海	1	上海
江苏	9	南京、徐州、无锡、苏州、常州、南通、扬州、镇江、泰州
浙江	6	杭州、宁波、温州、台州、嘉兴、绍兴
安徽	4	合肥、淮南、淮北、马鞍山
福建	2	福州、厦门
江西	1	南昌
山东	11	济南、青岛、淄博、烟台、枣庄、潍坊、泰安、临沂、东营、威海、德州
河南	8	郑州、洛阳、平顶山、新乡、开封、焦作、安阳、南阳
湖北	4	武汉、襄樊、荆州、黄石
陕西	1	西安
甘肃	1	兰州
湖南	4	长沙、衡阳、株洲、湘潭
广东	10	广州、深圳、汕头、湛江、珠海、东莞、佛山、江门、惠州、中山
广西	3	南宁、柳州、桂林
海南	1	海口
重庆	1	重庆
四川	1	成都
贵州	1	贵阳
云南	1	昆明
西藏	1	拉萨
宁夏	1	银川
青海	1	西宁
新疆	1	乌鲁木齐

国内建立规划督察员制度的基本目标在于强化中央政府对地方城乡规划从编制到实施的层级监督，重点是建立快速反馈和及时处置的督察机制，以保证城乡规划和有关法律法规的有效实施。城乡规划督察员在坚持“到位不越位、监督不包办”的核心工作原则下，重点对以城市总体规划、历史文化名城保护规划和国家重点风景名胜区总体规划为核心的法定规划的编制报批和调整是否符合法定权限和程序以及其中强制性内容的执行情况进行有效监督检查，并能够及时对群众举报和投诉以及媒体反映的城乡规划重大问题做出反应。国内城乡规划督察工作始终强调工作主体的主动性，重点在于对规划相关行政行为的审查，并把公众申诉作为重要的信息渠道。

5.5 督察员制度存在问题

5.5.1 督察员制度法律地位缺失

我国的城乡规划督察员制度没有在规划法律制度里明确规定，更没有建立独立的组织承担有关职责。从国家法律体系来看，可以从《宪法》第 111 条第 2 款和《地方各级人民代表大会和地方各级人民政府组织法》第 66 条找到国家机关行使职权的根本依据。《城乡规划法》、《历史文化名城名镇名村保护条例》、《风景名胜区条例》等一系列法律法规中则明确了中央政府部门行使具体规划管理职权的法律依据。还有行政规范性文件也提出加强规划建设的监督。尽管如此，上述法律法规以及行政规范性文件都没有对规划督察员制度的设立做出明确规定。目前设立城乡规划督察员制度的直接依据是《建设部关于建立派驻城乡规划督察员制度的指导意见》（建规 [2005] 第 81 号）和《建设部关于开展派出城市规划督察员试点工作的通知》（建稽 [2006] 第 187 号）2 部文件。由于这 2 部建设部文件仅具有部门规章的规范效力，因此规划督察组织机构、权限、工作程序均缺乏法律规定，督察员的法律身份、住房和城乡建设部与规划督察员之间的法律关系、承担责任的义务主体等均不明确，一旦发生争议将无法可依。

5.5.2 督察员制度运作柔性模式

我国城乡规划督察员制度，属于封闭式的层级监督模式，以主动介入规划审批过程为重点，却缺乏具有法律约束力的机制和手段，更没有争议处理或举报信息反馈制度。规划督察员制度的主体范围限于上下级政府和行政部门，手段更多体现为非正式的柔性方式，对地方政府和规划主管部门没有法律约束力及强制约束力，规划督察效果更多依赖于规划督察员个人的工作能力。现阶段，规划督察员制度完全在体制内运行，凭一己之力应对规划实施的“异化”，已经遇到非常多的阻力和问题。

第一，利益制衡有限。地方政府在考虑是否上项目、规划主管部门在审批规划项目时，常常需要依靠规划督察员顶住来自强势单位的压力，避免被动违规，规划督察员亦可借此帮助地方政府提高依法行政的执行力。但是，规划督察员制度封闭式的运作形式，缺少体制内外的信息传递和利益表达双向互动机制，很容易失去借内外合力打击、遏制违法行为的机会，也不利于获得社会的支持和认同。

第二，功能配置存在缺失。现行制度下规划督察员不介入规划纠纷的解决，不能很好地实现化解矛盾在基层的作用。例如在规划行为中，政府以及各利益相关人之间不可避免地存在一些利害冲突，现有行政复议、行政诉讼等正式法律渠道解决规划纠纷的能力有限，受到许多法律上的限制，利用率不高。规划纠纷解决不及时，容易导致重大经济问题和社会不稳定。现行规划督察员制度具有专业技术和权威优势，却没有设置争议解决这一功能，有回避矛盾之嫌。

第三，监督易流于形式化，缺乏彻底性。有些涉嫌违法违规的项目，背后隐藏的极有可能是涉及政府相关部门与开发商的非法利益勾结。规划督察员对于发现的项目腐败苗头，既没有精力更缺乏权限和手段去进一步深挖，往往辄止，不能彻底解决，这样实际上是放纵了违法行为。

5.5.3　督察员人事管理机制不明

目前住房和城乡建设部派驻的规划督察员，法律身份尚待明确，更无法进行职业化管理和约束。督察员的推荐和选拔都来自于建设系统，主要是从事过规划管理工作的离退休及已退出现职岗位的人士，基本属于发挥个人余热性质。这种状况在制度建设之初，可以作为权宜之计发挥很好的优势，但是从长远发展来看，内部缺乏激励与考核机制，外部制度不能对其进行任何干预约束，不利于建立“公正、法治、廉洁、高效、专业”的督察员队伍。

第四章　国内外城乡规划管理借鉴

1　国外城乡规划管理借鉴

国际上一些发达国家和地区城乡规划管理最突出的是对法制建设高度重视，根据不同社会发展时期对城市土地资源管理工作的需要，不断出台相应的法律、法规，并逐步形成了系列化、完整化的规划管理法律制度，从制定有关法律开始，以法制来约束和指导管理工作[①]。同时一些国家和地区明确规定了城乡规划领域的刑事责任，使得城乡规划管理更加严格规范。

1.1　日本

1.1.1　健全法律作为实施保障

日本为了保证国土规划的正确制定和顺利实施制定了一系列的国土规划法，包括1953年制订的离岛振兴法、1965年制订的山村振兴法、国土综合开发法、国土利用关系法、振兴产业关系法、振兴欠发达地区关系法、社会基础设施建设关系法等全国性的法律和大地区开发与大都市圈、特殊地区法（山村、自然条件恶劣地区、岛屿、产业萧条地区等）等针对地方性的法规，明确规定了中央与地方的义务和权限、财政与金融筹措等，既有权威性，又具有操作性。

1.1.2　土地区划成为管制基础

土地使用区划是日本城市土地使用规划体系的核心部分城市土地使用规划分为地域划分，分区制度和街区规划三个基本层面，土地使用分区的目的是为了避免用地混杂所造成的相互干扰、维护地区形态特征和确保城市环境质量。其中城镇化促进地域划分为12类土地使用分区，包括7类居住地区、2类商业地区和3类工业地区。在不同的土地使用分区，依据城乡规划法和建筑标准法，对于建筑物的用途、容量、高度和形态等方面进行相应的管制。

① 日韩土地管理法律制度。来源：城乡规划网，http：//info.upla.cn/html/2009/05-31/1390082.shtml.

1.1.2 违法制裁措施极为严厉

日本对土地违法行为者，以行政、经济和刑罚等多种手段相结合的方式进行严厉制裁。如日本制定的《国土调查法》和《国土利用计划法》中规定：未得到许可签订土地买卖合同者，判处3年以下徒刑或百万日元以下的罚款；不提出申请签订土地买卖合同者，判处6个月以下徒刑或30万日元以下的罚款等。这些严厉的制裁措施，大大减少了国土资源管理的中的违法行为，提高了国土资源管理的效力，保证了国土资源的有序开发和合理利用[①]。

1.2 英国

1.2.1 政府主导的规划管理体系

英国是世界上第一个建立完整的城乡规划体系的国家，英国规划体系由开发规划和开发控制两大部分组成[②]。开发规划包括国家、区域和地方三个层面。中央层面负责制定国家规划政策，对地区层面规划形成指导。地区层面负责制定的区域规划必须符合中央层面规划规定并对地方层面规划形成制约，地方层面负责制定的发展规划须与各上级规划相协调。开发控制是为了确保开发计划能够符合规划要求而规定的法律条款和控制程序。开发控制的核心内容是对开发项目的规划审批，行使这一职权的是地方规划机构。规划管理方面与城乡规划体系一致，也是由中央、地区和地方三级组成，英国设立了从中央到地方独立的城乡规划管理机构，无论是机构设置还是人员配备以及立法，都是在政府的主导下进行的，这使得规划编制顺利、实施有效。中央政府由副首相、规划事务大臣、议员为首组成城乡规划管理机构，负责制定国家规划政策，以及督查和干预地方政府的规划编制和规划管理；各大区的区域规划团体统称“政府办公室”，归副首相办公室管理。

1.2.2 健全的法律法规作为保障

英国是最早开展城乡规划立法的国家，规划法是其规划体系的核心[③]。自1909年第一部规划法实施以来，它先后颁布了以《城乡规划法》为核心的20多部法规，并以《城乡规划法》为基础先后制定了《用途分类规则》、《一般开发规则》等多项附属法规，就规划编制和实施等内容做出详细规定。

---

① 日本、韩国土地管理法律制度.来源：城乡规划网，http：//info.upla.cn/html/2009/05-31/139008_2.shtml.

② 张险峰.英国城乡规划督察制度的新发展[J].国外城乡规划，2006 VOL.21，NO.3.

③ 廖玉姣，李佑静，沈红霞.英国城乡规划实践及其启示[J].河南科技大学学报，2011（2），80-82.

英国规划法律法规 表 4–1

核心法	《城乡规划法》	1990
从属法规	《城乡规划（用途类别）条例》	1987
	《城乡规划（环境影响评价）条例》	1988
	《城乡规划（发展规划）条例》	1991
	《城乡规划（听证程序）条例》	1992
	《城乡规划上诉（监察员决定）（听证程序）条例》	1992
	《城乡规划（一般许可开发）条例》	1995
	《城乡规划（用途一般开发程序）条例》	1995
	《城乡规划（环境评价和许可开发）条例》	1995
	《城乡规划（建筑特拆除）条例》	1995
专项法	《规划（历史保护建筑和地区）法》	1990
相关法	《环境法》	1995
	《保护（自然栖息地）条例》	1994

资料来源：王伊倜，苏腾．国内学者关于国外规划法的研究观点综述．北京规划建设，2008（2）．

1.2.3 规划督察制度的有效实施

为保证国家政策的执行，维护公众的合法权益，英国以《城乡规划法》为依据建立了城乡规划督察员制度。英国副首相办公室下设城乡规划督察员组织作为其执行机构，向地方派驻督察员，代表中央政府对城乡规划实施情况进行监督。英国规划督察制度是英国规划申述制度下的特殊产物，是一种政府主导的规划救济手段，有严格的职业规划和工作程序，是保证开发过程公平、公正、公开的有力工具。英国规划督察工作被定义为“在发展和建设过程中，考虑到由于土地利用、自然资源与环境保护之间的矛盾，产生各种冲突是必然的，因此规划督察应当成为解决各种冲突和矛盾的一种公正的、专业的和主要的力量”。

规划督察工作目标是以训练有素的专业队伍提供高效、实用、便捷和高速而同时又是高质量的规划申诉受理、地方规划审查及其他相关咨询等专业服务，工作业务领域覆盖了城乡规划、交通、环境、住房以及联合执法等多方面①。规划督察的主要职责包括：处理“地方规划框架”事宜，以及其他在规划、住房、环境和联合立法等方面的社会性工作；对副首相办公室直接受理的规划申诉个案展开调查，并

① 李明．中英规划督察制度比较研究 [A]. 中国城市规划学会．生态文明视角下的城乡规划——2008 中国城乡规划年会论文集 [C]. 大连：大连出版社，2008，09.

提交报告。服务群体除上述法定机构和地方政府，还为政府其他部门提供类似服务，尤其是帮助环境、食品与乡村事务部解决有关通道、路权和环境等的申诉；帮助交通部解决高速公路秩序方面的申诉以及其他相关工作，也包括开发者、土地所有者、利益集团及相关公众，覆盖面甚广。规划督察不能参与地方规划议题，而只涉足规划申诉事宜，英格兰和威尔士的所有规划申诉都由规划督察办理。规划督察机构的设置为行政裁决提供了一种救济渠道：如果开发方 / 公众等各种利益群体对审批结果不满意，可以向规划督察提出申诉，要求改变结果。裁决后如果当事人仍有异议，可以上诉至最高法院，但最高法院仅对程序的合法性进行审查，而不对裁决结果本身下结论，因此规划督察的裁决可以看作是最终结论。英国规划督察工作正由 2004 年以前被动受理规划申诉转向主动针对地方发展规划程序正义与实质正确的审查与规划申诉受理并重。

英国的规划督察员分为三级、规划督察员、高级规划督察员和首席规划督察员。作为督察员，一方面要能够在没有监督管理的情况下长期独立工作；另一方面，必须自信并具备控制、组织调查和质询的能力，在涉及公众质询和检查时能够把握大方向。对于受理的申诉，督察员负责组织公众调查、听证和实地查看，有严格的操作规程和制度。在做出裁决前，督察员要充分考虑所有书面和口头证据，同时还应考虑已经公布的国家政策，以保证裁决的合理性。从 20 世纪 90 年代开始，"开发规划"、"国家规划政策指南" 成为清晰阐明公共利益的主要工具，是规划督察处理申诉案件的主要依据。[①]

1.2.4 违法违规的处罚极其严厉

政府将城乡用地作为整体纳入规划控制，如 1947 年《城乡规划法》规定，在没有得到地方政府批准的前提下土地所有者无权开发其所拥有的土地。英国用地规划的实施主要通过规划许可证制度实现，这种规定适用于包括乡村在内的一切土地开发建设活动。[②] 对于没有取得规划许可的开发，英国的地方政府可以视情形，要求开发者补办许可申请或采取执法行动。如果地方当局认为这种开发破坏了规划，则发出 "执法通知书"，明确规定停工、全部拆除或部分拆除所涉及的建筑物。如果开发者没有按照规划许可的条件进行建设，政府则发出 "违规建设纠正通知书"，以要求违规者遵守规划许可的条件。开发者可以对"执法通知书"上诉，但不能对"违规建设纠正通知书" 提出上述。如果上述被驳回后开发者仍不遵从政府的执法决定，

① 张险峰 . 英国城乡规划督察制度的新发展 [J]. 国外城乡规划，2006 VOL.21，NO.3.

② 廖玉姣，李佑静，沈红霞 . 英国城乡规划实践及其启示 [J]. 河南科技大学学报，2011（2）：80-82.

则是触犯法律的行为[①]。

在英国《英国公共法，1971》和以《城乡规划（强制执行通告和起诉）法，1981》为主的城乡规划法规定违法开发有 3 种情形可能构成犯罪[②]：

1.2.4.1 违反“强制执行通告”。以上法律规定，规划局可以依法对违法开发行为人发出“强制执行通告”，要求其停止并拆除已建设的违法建设，如果违法开发行为人在强制执行通告生效后，仍然拒不执行该通告，则构成犯罪。

1.2.4.2 违反“中止通告”。有关法律要求强制执行通告必须经过 28 天的起诉期后或者在规划局胜诉后才能生效并产生强制作用，因此，为防止违法行为的继续进行，规划局可以在此期限内发出“终止通告”，责令停止违法开发行为。此通告即时生效，该违法开发行为人必须马上停止一切开发行为，否则构成犯罪。

1.2.4.3 违反“禁令”。由于“中止通告”针对的违法开发行为人是私人机构，因此当违法开发行为人是政府机构时，法院可以依据规划局的申请对违法行为人发出“禁令”，禁止其违法开发行为。违法开发行为人如果没有立即执行该禁令，就构成藐视法院罪。

1.3 爱尔兰

1.3.1 健全城市规划立法系统

爱尔兰城市规划立法系统始建于 1934，其标志是 1934 年实行的《城市和地区规划法》[③]。随着时间的推移,若干部规划相关法律相继产生。如 1963 年颁布的《地方政府规划和开发法》是城市开发控制的基本法律。1969 年的《住宅法》和 1974 年的《道路和公路法》则是制约城市规划法的法律。通过一系列法律的明确规定，形成了较为完整的城市规划法律体系，确保各级规划部门能够有效地进行综合开发控制工作。

1.3.2 高效民主规划实施体制

爱尔兰《地方政府规划和开发法》规定，每一地方规划局必须在三年之内完成开发规划，完成后至少每五年修订一次。此外，城市还必须根据本地的具体情况变猴子转向规划，作为本地区的补充规划目标。与西欧其他国家不同，爱尔兰的城市

---

① 肖莹光，赵民 . 英国城乡规划许可制度及其借鉴 [J]. 国外城乡规划，2005（4）.

② 郑文武，魏清泉 . 提倡设立城乡规划的刑事责任制——一些国家和地区城乡规划实践的启示 [J]. 城乡规划，2007（3）.

③ 郝娟 . 爱尔兰城市规划体系 [J]. 国外城市规划，1994（4）: 32-35.

开发规划无须任何其他政府权力机构批准，地方规划部门有权审核批准城市开发规划，与此同时，根据立法规定，任何政府权力机构对规划的审核批准都没有决策权，在保证了规划审批的高效性的同时也在一定程度上避免了专权。此外，爱尔兰城市规划强调民主性和透明性。城市开发规划在实施之前，必须全部公开展出，提交给当地市民讨论三个月，规划部门在此期间专门雇佣听取意见的雇员，负责收集整理各方面的评论意见。

1.3.3 追究违法行为刑事责任

爱尔兰追究违法建设行为刑事责任的法律依据是《地方政府规划和开发法1963》(《Local Government (Planning and Development) Act，1963》)，按照该法的有关规定由于违法行为而导致刑事责任的情形有两种：

1.3.3.1 不执行强制执行通告(Enforcement Notice)。爱尔兰地方政府规划和开发法 1963 规定，如果开发项目既不属于豁免开发许可证范围之内，又未经许可，就完成开发则为违法开发行为。为此开发者必须支付一定数额的罚金给政府，但如果违法开发行为严重损害周围环境，规划部门就有权发出强制执行通告。通告命令开发者立即中止开发活动、拆除所有非法的建筑物和构筑物，恢复土地开发前的状态。如果开发者不执行该通告则构成此犯罪。

1.3.3.2 执行警告通告(Warning Notice)。警告通告发布之后，当开发者不执行强制执行通告内容或交纳罚金后，继续违法开发或在其被强制拆除的开发项目用地范围内从事开发活动时，就可以发出警告通告。警告通告的处罚比强制执行通告的更为严厉，对非法开发者处以加倍的罚金和 6 个月的监禁。

1.4 新加坡

新加坡实施系统的管理体系(图 4-1)，城市管理呈现以下特点：

1.4.1 建管分离的管制基础

规划、建设和管理相分离“建管分离”是城市管理的一个重要原则，新加坡在这方面做得十分成功。新加坡的城乡规划、建设、管理分别由不同的相互独立的部门承担：城市的总体规划由城市重建局负责，它为城市的建设和管理制定宏观的框架；城市建筑的单体设计和建设是由建屋发展局负责；城市管理职能则主要是由市镇理事会行使，同时还有园林部门和卫生部门共同参与。各部门之间除了定期进行交流外，一般相互不干涉各自的职权范围，权责明确，便于城市管理规范化进行。

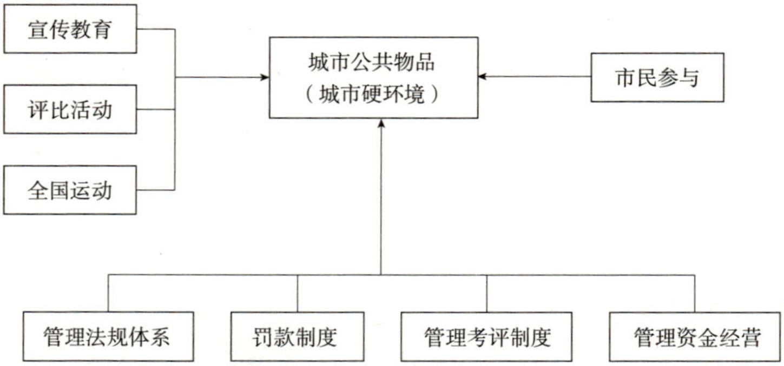

图 4-1 新加坡城市管理框架

1.4.2 法制化城市管理机制

新加坡城市管理方法中最根本的是建立了一整套严格、具体、周密、切合实际、操作性强、没有回旋余地的法律体系。国家对城市中建筑物、广告牌、园林绿化等城市管理硬环境的方方面面都做了具体的规定。完备的法规体系是新加坡法制化城市管理的基础。其特点：①完整性。政府对城市管理的各个方面都进行全面立法，做到了“无事不立法”，使城市执法人员的每项工作都有法可依；②操作性强。城市管理法规对规定的内容、制定办法以及惩罚都进行了详细而具体的规定，既避免执法随意性，又增加了可操作性。

1.4.3 严格的罚款制度保障

城市管理的执法力度很大，“严”字当头，新加坡采用的罚款与坐牢双管的原则使得不管是有钱还是有权的人都难逃法网①，良好的城市环境很大程度上是依赖于渗透到城市管理方方面面的罚款制度，它在培养国民良好的行为，使城市管理富于经济色彩以及增加城市管理经费等方面都起到了很大作用。其特点：①罚款名目繁多，几乎涉及所有公共领域；②罚款数额大；③执行罚款严格。政府对于执行罚款给予高度重视，通常派专人进行监督。在新加坡，《规划条例 1990》规定违法开发构成犯罪的可能情形主要有 2 种：一是没有取得规划许可或者违反规划许可批准的条件。这种情况可以被处以不超过 3000 新加坡元的罚金。如果违法行为有持续现象的，对该罪行持续的每一天，另处罚金 100 新加坡元；二是任何人拒绝接受或者故意阻碍规划部门依据规划条例行使现场检查权利，违法开发行为人可能被处以不超过 200 新加坡元的罚金或者不超过 3 个月的监禁，也可能被并处以上的罚金或

① 毛大庆 . 新加坡城市规划纵览 [J]. 国际瞭望，2006（6）：78-80.

监禁。新加坡规划法第四章“执行”中 26 条规定如果在信息通知书下达 21 天后还未能遵守，就会被认为是违法行为，会受到不超过 5000 新加坡元的罚款或者不超过 6 个月的监禁,或者罚款与监禁并处。27 条规定任何人故意阻碍主管部门的行为，或者不提供相关信息，会被认为是违法行为，并且会受到不超过 5000 元的罚款或者不超过 6 个月的监禁或者罚款和监禁并处。30 条规定如果没能遵守执行通知书的要求，接受执行通知书的人会被认为是违法的。这种情况下的违法者会受到不超过 200000 新元的罚款或不超过 12 个月的监禁或者罚款与监禁并处；并且如果违法行为被判决后，继续违法，则每天处以不超过 10000 新元的罚款。保障上述制度实施的是拥有一支素质精良的法纪监督稽查队伍和遍及社会各阶层的群众监控网络。

1.4.4　全面具体的考评制度

可操作的城市管理考评制度和建立一套完备的、操作性强的考评体系也是新加坡城市管理的一个有效方法。通过对马林百列市考评体系的调查发现，其考评项目非常体系化，对每项指标都有十分具体的评分标准，从而减少了考评中的人为主观评判程度，硬化了考评工作。其考评项目主要分为城市硬件设施的维护管理和城市的清洁管理两大类，包括建筑物、公共电器、卫生、电梯、娱乐设施、开敞空间等方面。

1.4.5　广泛宣传教育与沟通

新加坡政府认为法制化的管理只能“治标”，要真正“治本”需要从根本上减少城市环境的破坏行为，这就要依赖于广泛的宣传教育及与城市管理相关单位及个人的有效沟通。新加坡城市管理的主要负责机构——市镇理事会，把居民、城市管理中的承包商、基层领袖和政府部门都看作是自己的合作伙伴，始终保持着有效的沟通。市镇理事会定期与建屋局、环境发展部等相关的政府部门举行会谈，通过宣传海报、布条、教育手册以及主办大型的活动对其居民进行城市管理方面的宣传教育，使他们从思想上认识到遵守各项法律规章、维护城市环境的重要性。同时还通过与基层领袖的定期会面以了解居民的问题和需求。此外，市镇理事会还定期与建筑、清洁和维修承包商会面，特别是重视与最基层的清洁员工进行定期交流。

1.5　美国

1.5.1　规划内容全面

在美国，规划作为一个系统工程，内容充实、完整、周密、系统，城乡规划主要包括的内容有：土地利用规划、住宅建设规划、交通设施规划、城市开放空间、公共安全规划、社区建设规划和环境保护规划。美国城市规划政策逻辑严密，不同层次的政策之间层层推进。在大的政策背景层面，规划分析明确了经济发展、人口增长、公平和住房分配、环境管制、大都市区内部结构等整体目标，并为长远政策的分析奠定基础。美国城乡规划的特点是内容广泛、结构严密，总揽了市政、产业、社会事业、房产开发、人居环境、社区建设、公共服务等各个方面。旧金山市在城乡规划中还要求制定城市空间形态规划，即城市设计，讲究城市的轴线和尊重地形地貌。

以美国土地利用规划为例，空间规划和开发导则是规划的 2 个最核心的内容，从总体到局部，从长期到短期，规划政策逐步细化[①]。开发导则是确保规划实施的策划安排，它由 2 个部分组成：决策指导和行动手段。前者包括一些常见类型的土地使用政策以及处理住房、交通、游憩、娱乐和供水污水系统关系的相关要求，包括政策说明、资本预算、资本改善方案和其他在公共领域和私人领域的执法和立法行动方面的指导。后者是指导体系的重要组成部分，是政府在活动、发展以及环境营造过程中，为了公共利益所进行的最直接最果断的干涉。行动手段有多种类型，其中公共投资是最主要的一种形式，主要包括投资建设公共建筑、学校、娱乐设施、游憩设施、公路、公交、供水和排污设施等公共设施以及推动市区重建等。这些公共投资对于营造市环境、提高服务供给水平、提高人居质量均有直接贡献。

1.5.2 管理形式多样

美国是联邦制的国家，在建国之前先有了 13 个州（state），然后通过州之间的协议，在 13 个州之上成立了联邦政府（Federal Government），赋予了军事、外交、邮政、洲际范围等有限的权限，而城市和住宅等领域的权限并没有由州政府赋予联邦政府，因此，在这些方面联邦政府没有可以直接参与的法律基础，这样，联邦政府参与城乡规划相关活动的手段主要就是一些间接性的财政方式，如联邦补助金等。另外，由各州政府决定，在它的属下设置了各种地方政府（local government）。地方政府没有固定的自治权力，只有由州授予的权力，也就是说，地方政府权力的来源只能是州宪法和法律的授权以及州宪法和法律所规定的自治权。因此，各州的地方政府在法律性质、区域大小、人口多少、职能和组织上存在着很多的分歧，同一的名称在不同的州可能有不同的意义和内容，即使在同一个州内，地方政府之间也可能存在分歧，这是美国地方政府制度的一个重要特征。

在美国的地方政府中，县（county）是存在最广的地方政府机构。除了在新英格兰地区（New England）是由镇来承担县政府的职能外，其余各州都有县的建制。

---

① 温雅，房予，陈晓越．城乡规划新体系下国外规划管理的再认识及经验借鉴 [A]. 中国城市规划学会．生态文明视角下的城乡规划——2008 中国城市规划年会论文集 [C]. 大连：大连出版社，2008，09.

在所有的地方上的正式的分支机构。县范围内的市、镇均由县政府管辖，但县政府只是行政管理的工具，没有制定政策的权力。但自治市（municipality）是一种独特的地方组织机构，它同样是州政府的“创造物”，但它同时具有立法、行政和司法三种权力。一般而言，城市管理机构的组织形式有多种形式，如：议会一市长制、委员会制和议会一行政官制等。但就具体的城市而言，各类与城乡规划相关的机构有着确定的地位，从事着确定的工作。

1.5.3 行政体系严密

美国的行政体系由立法机构、规划委员会、规划部门、区划管理机构和上述委员会组成相对封闭、相互制约的严密系统。

1.5.3.1 立法机构。立法机构在城市中是作为决策者而起作用的，它决定是否成立规划委员会，决定规划委员会的成员构成，对规划委员会划拨资金，并对规划委员会的行动予以支持等。通过规划委员会的介绍和建议，立法机构将规划转变为政治决定而付诸行动。

1.5.3.2 规划委员会。规划委员会是一个规划评审、监督机构，属非政府组织，大量的规划通过该机构得到执行。它通常由一组经城市的行政长官提名并由立法机构批准的个人所组成，包括社区内房地产商、银行家、商会等方面的领导人物以及律师、建筑师、医生、劳工代表等。建立规划委员会的目的在于及时提供市民的意见和想法，对规划内容和决策提供多方面的协调，并对规划机构进行监督。

1.5.3.3 规划部门。州政府、县市政府设置规划局，作为政府职能部门，负责规划管理。规划部门的主要职责在于编制综合规划并依法编制区划法规和土地细分管理的条款。在规划实施过程中,规划部门在政府其他部门的协作下负责道路、教育、市政公用设施以及所有的建设和工程行为的管理。

1.5.3.4 区划管理机构。美国为了应对大城市种类繁多的建设，专门设立了区划管理机构。其职责在于对具体的申请案提供区划条例的解释，并在授权的情况下可对区划条例作适当的修正。如果对于区划管理机构的决定不满则可以向规划委员会、立法机构、上诉委员会和相应的法庭上诉。

1.5.3.5 上诉委员会。其产生源于地方政府事务日益复杂化以及区划条例的解释和区划变动的需要。上诉委员会的控制权限和设置与规划委员会相类似，受理针对规划委员会和区划管理机构所做出的决定而提出的上诉。

1.5.4 法律体系完善

美国建立完善的法律体系作为规划实施的基本保障，建立“规划落实规划”的法理依据。从 19 世纪 20 年代开始，美国联邦政府陆续出台了《州分区规划授权法案标准》与《城市规划授权法案标准》(1922)、《国家环境政策法案》(1969)、《土地开发规范》(1975)等法规[①]。其中 20 年代的两部法案做为美国城市规划的法律依据和基础，环境政策法案则将环境规划的概念引入到传统规划中，而土地开发规范则在一定程度上弥补了 20 年代两部法案的不足。这些法案在起到引导和约束地方规划行为的同时也充分调动了地方的积极性。

20 世纪 80 年代美国联邦政府几乎完全退出了对区域规划的资助。在康涅狄格州、佛罗里达州、佐治亚州、肯塔基州、弗吉尼亚州等一批州的州政府取代联邦政府，为区域规划机构提供资助[②]。其中，佛罗里达州于 1972 年实施了环境土地与水资源管理法案，佐治亚州于 1989 年实施了佐治亚规划法，依据这些法令，他们都强化了区域规划机构在州域发展管理体系中的权力与职责。有关法规要求佛罗里达州的区域规划理事会编制区域政策规划，审查具区域影响的建设项目，并建立解决区域争端的协调与仲裁程序。根据佐治亚州的新法案的规定，区域规划机构被重新定位为“区域开发中心”,其依法赋予的权力与佛罗里达州区域理事会类似。1989 年，马萨诸塞州通过并实施一项特别法从而组建了康科德规划委员会，该法规成为美国当时最先进的区域规划特别法。该法赋予康科德规划委员会广泛的权力，包括在具有全州意义的区域内进行规划、协调发展。

1.5.5 违法处罚严厉

《纽约建筑法典》行政条款第二章执行第 203 条刑事处罚规定：

刑事处罚和监禁。除了本法典和其他法律的特殊情况以外，违背本法典、1968 年建筑法典、区划决议将被处以如下范围内的刑事处罚：对于违法本法典、1968 年建筑法典或其他由本部门执行的法律法规的每一个人，如果被行政专员或者法典认为是迅速而危险的违法行为，将被处以不超过 25000 美元的罚款或是不超过一年的监禁或是罚款和监禁并处；对于违法本法典、1968 年建筑法典或其他由本部门执行的法律法规的每一个人，如果被行政专员或者法典认为是一般的违法行为，将被处以不超过 10000 美元的罚款或是不超过 15 天的监禁或是罚款和监禁并处；对于违法本法典或其他由本部门执行的法律法规的每一个人，如果被行政专员或者法典认为是较轻的违法行为，将被处以不超过 500 美元的罚款。

继续违法。继续违法的每一天会被看作另外一起违法行为。

---

① 孙晖，梁江．美国的城市规划法规体系 [J]. 国外城市规划，2000，(1)：19-24.

② 温雅，房予，陈晓越．城乡规划新体系下国外规划管理的再认识及经验借鉴 [A]. 中国城市规划学会．生态文明视角下的城乡规划——2008 中国城市规划年会论文集 [C]. 大连：大连出版社，2008，09.

2　国内执法经验借鉴

2.1　香港

在香港对违反城乡规划与建设追究刑事责任的法律依据主要有《城乡规划条例》和《建筑物条例》。根据以上条例的相关规定追究刑事责任的方式有处以罚金或者监禁，处罚严厉。

2.1.1　城乡规划领域的刑事责任

按照香港《2004 年城乡规划修订条例》（Town Planning Amendment Ordinance 2004）的有关规定，在规划领域由于违法行为而导致刑事责任的情形有 3 种：

不履行义务（Refusal of Duty）。根据规定任何人在城乡规划上诉委员会通知书送达后，不履行该通知书所规定的义务，有以下行为的即构成犯罪：拒绝出席聆讯会拒绝提交；资料或者证据拒绝宣誓作证拒绝遵守；上诉委员会依法做出的命令。以上行为的当事人将被罚 5 万港币。

违例发展（Unauthorized Development）。未取得合法批准违反发展审批地区的图则进行建设（包括违反从规划内容上较为详细的规划层次位于发展审批地区的图则以下的分区计划大纲图则）行为即为犯罪。如属第一次犯罪可被罚 50 万港币，如属第二次以上的每次可被罚 100 万港币。

违反强制执行规定（Violation of Enforcement）。发生于发展审批地区内的土地上的违例发展行为，在规划当局发出强制执行通知书后，有这些情形的即构成犯罪：没有中止违例行为；没有采用安全措施；没有恢复原状。以上行为如属第一次犯罪，可罚 50 万元港币。如果违法行为有持续现象的，在该罪行持续的每一天，另处罚金 5 万元港币。如属第二次以上的，每次可被罚 100 万元港币。如果违法行为有持续现象的，在该罪行持续的每一天另处罚金 10 万元港币。

另外，规划当局发出强制执行通知书有 3 种，分别对应于以上 3 种违反强制执行规定的违例行为：执行管制通知书（Enforcement Notice），此通知书是命令该项违例发展，必须在指定日期前取得城乡规划委员会批准的规划许可，否则便必须于指定日期前终止该发展项目；即时停止通知书（Stop Notice），规划当局也可向一些对环境和公众安全引起严重影响的违例发展发出通知，命令即时终止该违例发展；恢复原状通知书（Reinstatement Notice），此通知书的目的是命令违例发展的负责人，于指定日期前按政府或者规划当局的指示，重新整理该地盘以恢复该土地原本的面貌，通常工程包括清理杂物、种植适当的植物和整理水渠等。

2.1.2 建筑领域的刑事责任

在香港建筑领域，追究刑事责任的法律依据是香港《2004 年建筑物条例》（Buildings Ordinance 2004），第 40 条主要规定了有关违反条例时应该如何处罚的程序。按照规定由于违法行为，而导致刑事责任的情形有 4 种：

未经香港建筑事务监督（Building Authority）同意而擅自建设，对此类行为可处罚金 10 万港币及监禁 2 年。如果违法行为有持续现象的，在该罪行持续的每一天另处罚金 5000 港币；

未经香港建筑事务监督的许可，擅自进入新建筑物，根据该条例新建筑物（newbuilding）是指，今后建成的任何建筑物及任何以体积计不少于一半是重新兴建的现有建筑物，或任何曾予改动，而其程度致使主墙的表面面积不少于一半需要重新建造的现有建筑物，对此类行为的处罚与第一种情形一样；

不接受香港建筑事务监督的停工命令，对此类行为可处罚金 5 万港币及监禁 1 年，如果违法行为有持续现象的在该罪行持续的，每一天另处罚金 5000 港币；

不提供资料并进行失实陈述，对此类行为可处罚金 25 万港币及监禁 3 年。

2.2 泸州

四川省泸州市城建监察支队隶属于泸州市规划建设局，是全额拨款事业单位，成立于 2001 年，经过多年探索，其成功经验体现在以下几个方面。

2.2.1 突出重点，建立联合执法协作机制

按照《中华人民共和国城乡规划法》的要求，支队进一步规范和落实了行政处罚的实施方式、手段和程序，积极探索建立城乡规划、建设、公安、法制部门等多部门配合的城监执法联合协作机制，加大对违法建设的查处力度。采取拉网式专项检查和日常巡视检查相结合的方式，及时查处违法建设行为。加强在建工程的规范化监管，重点抓好放线、基础验收、主体工程、竣工验收等重点环节的监督检查。重点对住改非、非改住案件的查处。

2.2.2 严格制度，建立有效执法考核机制

在长期的实践中泸州市城建监察支队建立一套行之有效的监督考核机制：一是通过对外发放征求意见表、召开座谈会，公开举报电话等方式接受开发企业和全体市民的监督；二是制定《月考评实施细则》，按照月考评实施细则的规定，坚

持每月对各个大队案件的办理情况、职能履行情况、文明执法情况进行综合考评；三是认真落实《行政执法责任过错追究制》，规范执法，对执行的法律、法规、规章逐条进行梳理；四是将行政执法责任制具体化到工作的每一个环节，如执法文书的填写、卷宗管理、法定职责的履行情况、文明执法、案件办理的质量等方面；五是制订了《队容队风纪律规定》、《过错责任追究制度》、《依法行政目标考核细则》、《行政效能目标考核实施细则》等57项管理制度。

2.2.3 强化素质，坚持定期教育学习培训

支队坚持把强化城建监察执法人员素质教育放在第一位，不断加强业务知识和法律法规专题培训，坚持集中学习和自觉学习相结合，注重提高城建监察执法人员的素质和执法水平,规范行政执法行为。坚持利用每星期一的例会专门组织学习《城乡规划法》、《四川省〈城乡规划法〉实施办法》、《行政处罚法》、《行政复议法》等相关的法律知识。按照“依法行政、文明执法”的要求，认真组织执法演练，使执法人员在法律法规适用、执法技巧、语言表达能力等方面得到训练和提高。请法院等司法部门的同志讲解具体执法中应注意的问题，深入学习如何收集合法的证据、资料，如何规范记录询问笔录，如何采集和留存易灭失的现场勘验、照片、视频资料等。

2.2.4 以人为本，营造和谐执法制度环境

一是深入宣传，发动市民广泛参与。支队通过简报、板报、专栏、知识竞赛、公益广告、上街宣传等方式大力宣传城乡规划建设管理相关法律、法规；二是建立了快速信访投诉处理机制，设立公开举报电话和投诉信箱。针对群众投诉的热点、难点问题，建立了规范化、程序化的信访投诉处理模式，把好案件处理和答复口径两个关口，抓好接待、交办、查办、督办、回访、反馈6个环节，对群众提出的问题，及时协调处理，积极维护城乡规划建设秩序，及时制止、纠正各类违法建设行为；三是更新观念，积极推进城建监察进社区、到物管活动，坚持每个中队每月至少2次到所辖区域的社区、物管处联系工作，及时沟通、互动，将违建、违规行为在源头上予以有效控制。

2.3 南京

南京市市委、市政府高度重视集中拆违工作，统一部署，具体要求，认真组织疏理确定拆违菜单，细化目标任务分解，及时成立了拆违指挥部，强化领导、全区动员、条块联动，形成了拆违控违的工作机制。以江宁区为例，健全机制，明确责任，

建立违法建设管控长效机制，确保拆违工作的高效有序进行[①]。

2.3.1 健全违建管控组织网络

江宁区成立了违法建设管控工作领导小组，建立了区、街道（园区）、村（社区）三级管控组织网络。由区长担任组长，分管纪检、城建、城管工作的区领导任副组长，相关部门和各街道、园区主要领导为成员。领导小组下设办公室，办公地点设在区城市管理（行政执法）局。13 个街道（园区）成立了管控工作领导小组，建立了不少于 30 人的违建管控执法队伍。各村（社区）也都成立了违建信息查报员队伍，全区共有违建信息查报员 1933 人，同时在各街道、村社区的主要路口公示违建管控人员名单和联系电话以及三级违建举报电话，汤山街道还对举报属实的给予一次 500 元的奖励。

2.3.2 明确违建管控工作责任

根据《关于进一步加强违法建设管控的意见》（江宁委发 [2010] 第 34 号），进一步明确村（社区）、街道（园区）、区三级管控责任体系，各级行政一把手为第一责任人，分管负责同志为直接负责人，负责各行政区域的无缝隙管控。责任区域与考核机制挂钩，区政府、街道园区、村社区三级，层层签订责任状，区设立个人风险抵押金和集体管控保证金，集体管控保证金。区违法建设管控工作领导小组办公室将每月考核情况以书面形式报区财政局，按奖惩标准进行扣除，并上报区违法建设管控工作领导小组，通报至各街道（园区）。

2.3.3 完善违建管控工作机制

完善巡查上报机制。切实加大违法建设巡查力度，信息查报员每天在所辖地区进行巡查，第一时间发现问题，第一时间制止违法行为，将违法建设消灭在萌芽状态。

建立督查机制。区城市管理（行政执法）局每周两次对街道（园区）违法建设管控情况进行督查，督查情况及时反馈各街道（园区），各街道（园区）必须在限定的时间内查处解决。

建立问责机制。区两办为了加强对违建管控的问责，出台相应管理办法，规定凡在本辖区、本部门责任范围内发生新的违法建设不能及时依法处理的，追究主要领导和直接责任人员的责任。

建立联动机制。全区建立各职能部门对违法建设的联合管理，区住建局负责全区小区内改变房屋结构、违规装饰装修的查处，实施对物业管理公司控制违法

① 资料来源：南京市江宁区行政管理执法局，http：//www.jnum.gov.cn/wjjk/79624.htm，2011.08.05.

建设的监督考核工作；积极配合区城市管理（行政执法）局，做好违法建设案件资料的提供和案件办理工作；区建工局负责全区有资质的违法建设施工单位的查处工作。区规划局负责对违法建设程度进行定性。国土分局负责在核发国有土地使用证时查验选址意见书和建设用地规划许可证；负责全区违法用地建设案件的查处工作。公安部门负责做好强拆工作人员安全保障工作，防止发生群体事件和恶性抗拆事件。区委政法委、法制办、司法局、信访局等部门负责做好违法建设拆除的稳定保障工作。纪检监察机关负责对移送的违建案件积极介入，快速查处，加大执法监察力度。区法院负责违法建设管控重大行政决策和行政处罚行为的研究论证，依法审理拆除违建引发的行政诉讼案件和相关刑事案件，做好矛盾化解工作，全力维护城市管理合法秩序。自来水、供电、燃气等企业不得为违法建设供水、供气、供电。

完善违建管控台账。全区各街道园区，在建立信息资料台账的基础上，对辖区每户居民的房屋情况进行全面清查登记，并通过拍照、摄影等手段，对在建户户主、所属村居、占地面积、房屋现状、持有手续、查处情况等各类信息，统一编号，造册登记，做到“一户一档一图”，真正从源头上构建监控的防范体系。

2.3.4　加大违建的拆除力度

对新出现的违建做到发现早、拆除快、损失小，在建违建必须在 3 日内处置完毕，对面积较大、拆除难度较大的要在 20 日内完成行政执法程序，并拆除到位。

2.3.5　进一步加大宣传力度

以较大的密度、相当的广度、强大的力度做好宣传、报道，营造舆论氛围。一是加大法律法规的宣传力度，提高市民的法制意识和法制观念，形成“知法必依，违法必究”的浓厚氛围；二是加大管控工作的宣传报道力度，在区属新闻媒体开辟专门的栏目，形成强大的舆论声势；三是公布街道、区的违建举报、投诉电话，保证举报机制畅通，接受广大群众和社会舆论的举报；四要深入开展内容丰富、形式多样的宣传教育活动，通过星级文明户、文明社区评选等一系列活动，使老百姓深刻认识违法建设的危害，取得他们对违法建设查处工作的理解和支持。

2.3.6　加强管控队伍建设

强化执法队伍建设，加强对执法队员事业心、责任心的教育，提升执法队员的自身素质和依法管理、依法查处的能力，实现从查控不力、敷衍塞责到大胆办案、依法办案的转变，严厉打击和遏制违法违规行为。

2.4 其他城市

国内其他城市对违法违规的监查管理都探索了极为宝贵的经验，如杭州规定擅自拆除历史建筑可按市价三倍处罚[①]，提高违法成本。烟台市区严查违法建设从全面清查摸底工作开始[②]，包括非法占用、使用土地；违反城市规划，侵占城区道路、广场、绿地、河道、地下工程、通信设施、高压供电走廊以及压占城市地下管线进行建设的；在近期规划控制区内进行违法违章建设的；占用居住区的通道、绿地、公共场地违法违章搭建的等等。北京市围绕违规销售、违法建设等热点难点问题，积极寻求住房和城乡建设部及市高法、市法制办等部门支持，定期召开疑难案件协调会议，搭建会商平台，突破性地推动了多起影响范围广、案情复杂且企业拒不配合、查处执行难等大案要案的查处，破解立法滞后、违规行为认定难和查处难的现实困境[③]。河北省出台《建设行政相对人违法行为记录管理暂行办法》（冀建法 [2007] 第155号），《办法》要求省内各级建设行政部门按照职能分工，对在建设领域内从事各类有关活动的单位和个人，违反有关建设管理方面法律、法规、规章或者强制性标准和执业行为规范规定的行为，全面记入记录信息系统，动用社会舆论力量，向社会公开曝光。

---

① 资料来源：http：//www.e23.cn 2007-8-21 今日早报。

② 资料来源：http：//www.e23.cn 2007-8-6 烟台晚报。

③ 资料来源：住房和城乡建设部稽查办．北京市住房城乡建设委员会创新五种方式全面提升稽查执法效能，住房和城乡建设部官方网站，2010.08.17．

第五章　城乡规划稽查执法工作程序与建议

1　城乡规划稽查执法工作程序

地方层面城乡规划稽查执法的一般程序主要是发现违法行为予以立案、现场调查、组织询问、形成调查报告、集体研判、领导审批后做出行政处罚决定、送达行政处罚决定、督促处罚决定执行、结案等。本章主要研究住房和城乡建设部城乡规划稽查执法工作程序和方法，按照《建设领域违法违规行为稽查工作管理办法》（建稽 [2010] 第 4 号）规定，稽查程序按照立案前研究分析、立案、稽查、撰写稽查报告、督办、结案和归档等程序开展六个阶段展开。住房和城乡建设部稽查执法案件一般通过受理公民、法人或其他组织的举报、直接检查、住房和城乡建设部有关业务司局以及相关单位移送等途径，或者发现违法违规线索，认为有必要查处的，报经部领导批准后，开展稽查工作。有些案件或转省级住房和城乡建设主管部门稽查，部稽查办跟踪督办。由于稽查工作非常复杂，本章将稽查细分为两个阶段——调查取证阶段和分析研判阶段，省级稽查执法机构程序与住房和城乡建设部稽查办基本一致，具体流程如图 5–1 所示。

1.1　研究分析阶段

开展稽查工作前，分析案情，并与部有关单位沟通情况，制订工作方案，明确稽查重点、时间、地点、方式和程序等。对于案情复杂，涉及其他相关部门的，应主动与其沟通协调。也可根据需要确定是否商请有关部门参加或邀请相关专家参与稽查工作，建立联合查处机制。

这一阶段应准备相关材料，主要包括相关法律法规资料和 Internet 网络等途径公开的案件发生地的《城乡（市）规划实施条例（办法）》、地级市的《规划实施办法》，以及涉及规划管理的规定等。涉及该地区《总体规划》、《控制性详细规划》以及项目的详细规划等规划资料在当地管理部门索取，如果案发所在地是历史文化名城、名镇、名村则需要查找当地《历史文化名城名镇名村规划》。

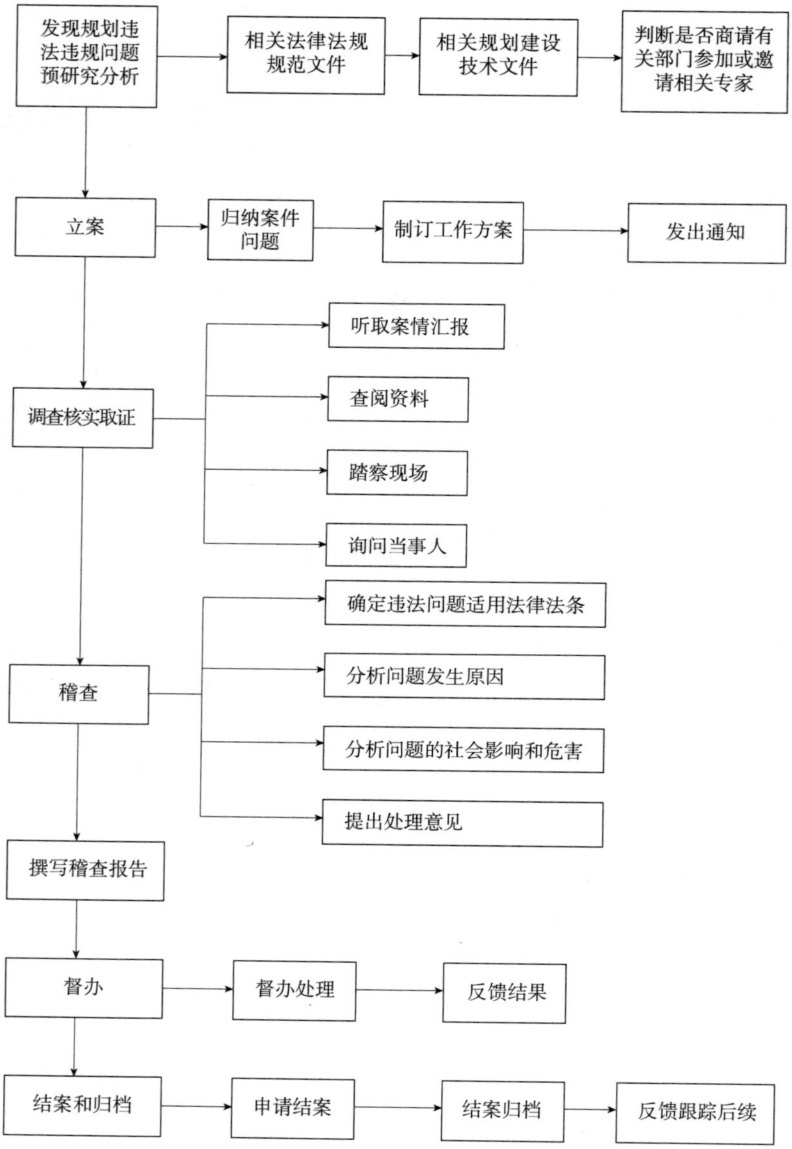

图 5-1 城乡规划稽查执法流程图

1.2 立案阶段

依据各种途径反映的主要问题表现分析规划违法违规案件的性质，找出问题的关键，以此为依据制订工作方案；

依据举报或发现的内容和分析结果，安排调查工作时间、确定重点核查内容，并通知相关部门协助开展工作。

1.3　调查取证阶段

在了解情况阶段，办案人员应注意以下事项：

（1）带着问题调研，对中间程序不清楚的要详细询问；

（2）案件发生过程的内容要有证据支撑；

（3）注意各项许可发放的时间节点。

在查阅资料阶段，需要查阅的文档资料如下：

（1）企业经营许可、相关资质等；

（2）项目的立项、用地、建设用地规划许可证；

（3）建设工程规划许可证；

（4）建筑工程施工许可证；

（5）检查质量安全监督手续、竣工验收等审批手续是否完备、审批内容是否合法、证件是否存在伪造、证件审批要件是否齐全、证件时间顺序是否合理。

在查看现场阶段，主要查看工程现场的施工的进度、规模、现状、沙盘、销售情况、五证上墙的情况。

询问当事人时应注意以下事项：

（1）熟悉案情，在询问的时候做到心中有数；

（2）找出需要通过询问当事人和证人弄清的主要问题，这样就可以确定询问当事人和证人时记录的重点是什么；

（3）抓住主要情节，简繁相济；

（4）记录要符合规格要求，由于办理案件过程中的各种记录材料都是案件卷宗的重要组成部分，因而都必须符合办案工作的材料要求。

1.4　分析研判阶段

对复杂案件要注重调查核实取证：

根据违法违规问题的表现和调查结果确定违法问题适用的法律法条，从而给违法违规问题定性，这是处理案件的关键；

分析案件发生的原因，找出问题发生的背景、原因及目的，这是处理案件的一个重要依据；

基于现场的调研和对案件性质的判定，结合办案人员的经验对案件所产生的社会影响及危害进行分析；

在上述分析的基础上，以事实为依据，以法律为准绳，客观公正的提出处理意见。

1.5 撰写稽查报告

稽查报告一般包括案件基本情况、调查核实情况（包括存在问题和发现的其他情况）、调查结论和处理建议以及其他需要说明的问题等方面内容：①案件基本情况，即对案件基本情况的描述，主要包括对项目的位置、建设时间、竣工时间、建设规模、现状、参建各方主体等做全面的描述，达到能够根据文字描述即对项目有直观的了解；②调查核实情况，包括项目审批情况、举报问题的核实情况及存在问题的分析。项目审批情况需要审查从立项到取得土地、取得用地规划许可、建设工程规划许可到竣工的审批流程，尤其关注中间有过变更的情况，需要详细描述、认真分析；举报问题的核实情况要逐项核实，逐项说明；根据相关的法律法规和审批文件与实际调查结果的对照，指出项目存在的问题；③依据相关法律法规的规定和对案件的定性提出处理意见；④附属需要说明的问题。稽查报告中，前三个方面的内容是常规必须具备的，第四个方面根据具体情况确定，应该具体问题具体分析。

稽查报告形成后应经相关部门集体研判，形成较为成熟的意见，再报经领导批准同意后形成正式反馈报告。稽查工作结束后，一般应在 10 个工作日内完成稽查报告，并附必要的稽查取证材料。

按照《建设领域违法违规行为稽查工作管理办法》（建稽 [2010] 第 4 号）规定，对被稽查对象的处罚和处分，实行分工负责制度和处罚结果报告制度。法律、法规规定由住房和城乡建设部做出行政处罚和行政处分决定的，由住房和城乡建设部实施。法律、法规规定由地方人民政府住房和城乡建设主管部门及其有关部门做出行政处罚和行政处分决定的，由地方人民政府住房和城乡建设主管部门及其有关部门实施，并将处理结果报告上级住房和城乡建设主管部门。涉及国务院其他有关部门和地方人民政府职责的问题，移交国务院有关部门和地方人民政府处理。

1.6 督办阶段

稽查报告以部办公厅函转发给省级住房和城乡建设主管部门。稽查报告转发给省级住房和城乡建设主管部门后，部稽查办应要求其做好处理意见的落实工作，跟踪案件核查进展情况，并督促地方尽快妥善处理，按照规定的时间回复处理结果。部稽查办转由省级住房和城乡建设主管部门查办的案件，原则上要求在收到转办函之日起 30 个工作日内，回复调查处理意见，特殊情况可提前或适当延长。

1.7　结案和归档阶段

对于稽查报告中有明确处理意见的案件，撰写结案申请书，将督办情况和处理意见落实情况报部领导批准后，方可结案。

案件处理完成之后，稽查人员应将稽查的线索、立案材料、取证材料、凭证、稽查报告、督办结果等材料，根据档案管理规定，分类整理、立卷、归档和保存。

2　加强城乡规划稽查执法的建议

2.1　理顺城乡规划稽查体制，建立部门联动执法机制

城乡规划稽查从理论角度应为公务员管理，因此，从上至下理顺体制至关重要，包括明确稽查范围和权限，统一标识、着装、装备和行政执法编码，明确执法机构级别，执法人员编制标准、执法人员身份、经费、形式及待遇。制定完善的法律法规，切实保障规划建设行政执法人员的生命财产安全，切实维护当事人的合法权益。

建立部内的联动执法机制，部内的一些司局实施联动，如规划司的“城市总体规划实施评估”应该跟稽查工作结合，与住房和城乡建设部管理的如历史文化名城、园林城市、国家重点风景名胜区等称号授予结合，如果地方侵犯了紫线、绿线等强制性内容，可以撤销这些称号。

建立部和省厅之间的联动执法机制，一方面根据案情，分级负责查处；一方面，对省厅无法查处或查处不到位的，由部进行查处。统筹规划、建设、房管、土地等各个职能部门的力量，相关职能部门加强配合，综合治理违法建设。利用相关部门资源全面摸清的违法建设信息，完善违法建设治理规则，根据城乡发展、公共设施改造和新农村建设的进度，逐步地推进违法建设治理工作。城管、国土、规划、建设、公安等相关职能部门配合，建立信息交流网络，共享建设项目、企业生产等信息。对能够通过强制拆除整改到位的案例坚决做到拆除整改到位，对无法通过强制拆除整改到位的案例，根据科学测算的成本及相关规定，倍加违法成本，使守约成本为零或负数。

2.2 强化案件警示震慑力量，建立完善预警监督制度

加强与有关人民政府、执纪执法机关、组织人事部门、国有资产监管机构以及新闻媒体的信息交流，形成对市场行为、权力运行制约和监督的工作合力；充分利用各类市场诚信信息平台和新闻媒体，对市场主体的违法违规行为公开曝光，充分发挥违法违规警示震慑机制的治本功能。

定期对群众投诉举报和稽查案件进行统计分析，及时发现违法违规苗头和规律，对问题多发地区、领域和环节，分别采取约谈、告诫、督导检查等方式进行预警。

在全面掌握现有违法建设的基础上，加大对新增违法建设的处置力度。对新增违法建设，“无条件拆除”并限“恢复原状”或按照市场价没收非法所得。对此要宣传要到位，实施要彻底，控制要严格，增加违法建设的成本。当发现违法建设，处罚部门既对违法者进行处罚，也对违法建设的单位、土地所有者、个人追究责任，严防以罚代管。

2.3 充分发挥社会力量作用，形成社会长效约束机制

进一步加强规划公示的力度，扩大公示范围，充分利用群众力量、行政力量对违法建设现象进行监督。形成社会共同治理违法建设的合力，形成势不可挡的强大推进态势，震慑具有从众心理而进行的违法建设的主体，遏制违法建设蔓延势头。

建立群众违法举报奖励机制，建立行政违法控制考核机制。

2.4 建立规范快速应对机制，违法处理公平公正公开

规范快速应对机制包括城市规划审批机制和违法处理机制。完善、细化正规建设审批标准，优化审批部门内部资源，加快申报建设审批的进程，缩短审批的时间，适应城市发展的快速需求。违法处理的程序控制是一面“双刃剑”，既对违法建设主体是一种控制、制约，同时对行政执法主体同样是一种限制和制约，应对违法案件的快速、突发这一特殊性，必须建立违法处置的快速应对机制，同时程序应该更加的规范和理性。行政部门定期公布查获的违法建设的资料和采取的整治措施，并注明执法依据、时限等，公开接受社会监督。

有侥幸通过违法建设赚了钱的，就有更多的人蜂拥跟进，因此公正、公开执法可以有效控制违法建设。公正是“同样情况同样处理，不同情况不同处理”。公开

包括违法信息公开、违法处理意见公开。违法信息公开可以对很多违法建设主体起到震慑的作用，公众关注的目光，对违法建设者、阻挠拆除违法建设的人是一种压力。治理违法建设的规则应该更加的公开透明，因为“阳光是最好的防腐剂”。

2.5 充分利用现代信息技术，提高人员装备技术水平

随着遥感技术、地理信息系统技术和GPS技术（统称3S技术）的飞速发展，采用3S技术对城市进行高精度、高频次、全覆盖的遥感动态检测的技术方案已经成熟，具备足够的能力支撑规划稽查执法在重点区域进行实时监控。规划稽查信息系统依托3S技术和互联网络技术，整合线上举报、实地巡查、立案调查、公文流转、结案等一整套规划稽查执法工作相关环节，将能够在以下方面改善规划稽查执法工作：

（1）促进阳光执法，杜绝规划稽查执法的不规范操作。规划、建设、国土、公检法司等各个与稽查执法相关部门依据各自的权限和角色在网络系统中领取任务、收发公文。一线执法人员配备手持式网络终端，深入案件现场传回违法实况的照片与视频资料，并向系统报告初步的判断，内业工作人员依据现场状况，参考信息网络系统所存储的全套法律法规知识库的相关内容，进入立案程序，制定调查计划，并将公文发送至归口部门。整个数据流转过程全部透明并被系统实时记录监控，每一个有权限的人员都能够随时查看案件的办理进度及其相关资料，从而杜绝规划稽查过程可能发生的不规范操作。

（2）便于召开联席会议，参会人员无须聚集到一处，只需有一台能够连接到Internet的终端设备就能够随时参与会议，节约了工作人员的时间。

（3）运用3S技术定时获取指定区域的用地类型变更图，系统自动对其进行分析处理，将可能出现违法建设的“热点”报告给系统用户，供规划稽查执法的人员决策参考，制定调查工作计划。

（4）在监察网络管理制度上，做到巡查制度、协管制度、举报制度和奖罚制度的有机结合，形成强势监察的良好局面。

（5）公开地方审批系统，住房与城乡建设部有权进入系统进行查询和监督。建立覆盖全国的规划稽查信息系统网络，对社会逐步公开规划信息和审批信息。

提高稽查执法人员素质水平，提升城乡规划及相关领域的专业技能，熟悉行业法律法规，掌握常用的法律条文和政策规定；培养处理和应对复杂局面、处理应急事件和化解问题矛盾的能力。作风方面，坚持原则、遵守纪律，讲求实效，忠于职守，

爱岗敬业，服务人民群众。队伍建设方面，完善内部考核机制，依法公开稽查执法工作信息，逐步开展稽查执法绩效评价工作，进一步规范稽查执法行为，防止滥用稽查执法权力，提高稽查执法工作效能。

2.6 完善稽查执法规章制度，纳入地方政府考核机制

国家应出台相应的法律、法规，并逐步形成系列化、完整化的规划管理法律制度，从制定有关法律开始，以法制来约束和指导管理工作。一方面通过规章制度设立，加大对政府、部门引发的城乡规划违法违规问题及其监管、执法不力的行政问责。把依法实施城乡规划、杜绝违法违规建设纳入领导任期内目标考核，建立实施城乡规划的长效机制和良好秩序，对擅自变更规划，不依法执行规划的领导实行问责，尤其是浪费公共资源给国家造成损失的，由规划部门报送纪检监察部门追究违纪责任。另一方面逐步推进城乡规划领域的刑事责任，设立直接的对城乡规划违法开发行为追究刑事责任的制度。

进一步落实城乡规划督察制度，确保规划督察员的被动申诉受理转向主动针对地方发展规划程序正义与实质正确的审查与规划申诉受理并重，建立快速反馈和及时处置的督察机制，以保证城乡规划和有关法律法规的有效实施。

3 城乡规划稽查执法概念理解

《城乡规划》第 64 条规定了下列行为的法律责任：未取得建设工程规划许可证或者未按照建设工程规划许可证的规定进行建设的，由县级以上地方人民政府城乡规划主管部门责令停止建设；尚可采取改正措施消除对规划实施的影响的，限期改正，处建设工程造价 5% 以上 10% 以下的罚款；无法采取改正措施消除影响的，限期拆除，不能拆除的，没收实物或者违法收入，可以并处建设工程造价 10% 以下的罚款。在具体城乡规划管理和稽查执法过程中有些概念并未清晰界定，本文根据调研情况加入本人的理解进行梳理。

3.1 对尚可采取改正措施消除影响的违法认定和处罚

城乡规划违法违规行为对城乡规划实施影响有物化的，也有精神层面的，国内大多数城市对采取改正措施消除对城乡规划实施影响的认定较为原则，同时满足以下条件的违法行为，可以认定为属于可以采取改正措施消除对城乡规划实施影响的

情形：①处于城乡规划确定的建设用地范围内，且不影响控制性详细规划实施的；②不危害公共卫生、公共安全，不影响基础设施和公共服务设施正常运行的；③不违反风景名胜区和历史文化名城名镇名村名街保护规划要求的；④没有引起相邻纠纷、不良社会影响的，或者经过改正后可以消除的；⑤城市、县人民政府规定的其他条件。

《榆林市城市规划违法案件处罚办法》（榆政发 [2011] 第 63 号）文件中认定采取改正措施消除对规划实施影响的规定较为详细，也给出具体的裁量，具体包括：①未办理规划审批手续，即总平面图和建筑单体未经规划批准，但符合该地块的控制性详细规划，按建设工程造价 10% 处以罚款；②办理了建设用地规划许可证件，但未办理建设工程规划许可证件的，且未按照批准的建设用地总平面图进行建设的，按建设工程造价的 9% 处以罚款；依照规划批准的建设用地总平面图进行建设的，按建设工程造价的 7% 处以罚款；③未按照建设工程规划许可规定进行建设，增加建筑面积不超过建设工程规划许可证规定面积 10% 的，按建设工程造价的 5% ～ 7% 处以罚款（不可分割部分）；增加建筑面积超过建设工程规划许可证规定面积 10% 的，按建设工程造价的 8% ～ 10% 处以罚款（不可分割部分）；④擅自改变建筑位置，没有增加建筑面积，且不涉及地界、退让道路红线、消防、日照、绿化要求，不影响相邻关系，可以消除对城市规划实施影响的，按建设工程造价的 5% 处以罚款。

《城乡规划法》中对尚可采取改正措施消除对规划实施的影响的违法违规建设的处置是限期改正，并处建设工程造价 5% 以上 10% 以下的罚款，罚款实际上是主罚项，但计算罚款的基数——建设工程造价并未有明确界定，我国各地对此也有所理解不同：有的城市认定为整体工程总造价，有的认定为违章部分的工程造价。在目前房地产价格中工程造价所占比重日益降低的情况下，无论采用哪种造价作为基数，罚款额度规定过低是普遍的共识，无法起到警示和惩戒作用，因此各地罚款额度有上升趋势，对罚款金额大致有三种做法：①以整体土建工程总造价作为基数，大致通过工程承包合同价格、工程中标价格、市场价格、城市定额管理站公布工程造价等四种方式确定，比例在 5% ～ 10% 之间选择，大部分为 5% 或 10%；②以违章部分的土建工程造价作为基数，比例变化额度，在 5% ～ 10% 之间确定，大部分为 10%；③以市场价格计算的违法所得的全部收入作为罚款额度，目的是让违法行为相对人无利可图，采取这种作法的城市越来越多。从案例分析调研的结果显示，部分违法行为相对人确实出于违法成本较低、获利丰厚的目的进行违法违规建设，因此提高违法成本可以有效抑制此类违法行为的发生。

3.2 对无法采取改正措施消除影响的违法建设认定和处罚

调查案例过程中，对无法采取改正措施消除影响的违法建设认定，多数城市界定范围以城市规划强制性条文规定为基础内容，初步归纳总结，属于以下任意一种的违法建设行为，即认定为无法采取改正措施消除对城乡规划实施影响的情形：①侵占城乡现状或规划道路红线内用地，禁建区、城市公共绿地、居住小区绿地等各类绿地，以及市政设施和公共服务设施用地的；②占用防洪设施、河湖水面、堤岸及其规定保护地带的；③侵占交通、电信、电力、煤气、自来水和污水等线路用地后期安全保护用地的；④侵占消防、救护、地下防空等紧急通道的；⑤侵占单位、居民小区、环卫等通道、出入口，影响通行的；⑥位于机场、国家储备库、危险品等易燃易爆仓库、军事用地安全控制区范围内的；⑦阻碍无线电微波通道、有碍永久性测量标志或者其他有碍国家安全和国防设施的；⑧侵占风景区、历史文物保护区、历史建设保护区范围内的；⑨超过批准使用期限，逾期未拆除临时建筑的；⑩位于滑坡地段或有地质灾难隐患区域的；⑪不符合国家和省、自治州、市、县有关标准、规范和规定的；⑫其他严重影响城市规划、城市景观或者对生产、生活造成严重危害的。

按照《城乡规划法》的规定，对无法采取改正措施消除影响且不能拆除的违法建设，没收实物或者违法收入的处罚是主罚项，并处罚款是附罚项。在实施主罚项之后，一般考虑违法建设行为对规划实施的影响程度以及各方面的客观原因，正确行使自由裁量权。此类违法行为处理如果采取没收实物的方式，大致分两种情况：一是整体建筑物均是违法建设，这类案件处罚较为简单，没收整体建筑物作为国有财产，归当地房产局管理，采用出租、出售方式，收入上缴国家财政；二是部分违法，如加层、建筑基地局部扩大面积，早期对此类违法行为的处罚认识是从底部开始计算合法面积，顶部超出及附属加建的建筑部分属于违章部分，但后期运营过程中出现断水断电、产权争议、管理使用等颇多问题等，对违法违规相对人的影响和警诫作用并不明显，后期对此类违法行为的处罚认识发生本质性转变，即从顶部开始计算合法面积，超出的底部建筑面积记为违法建筑面积，予以没收。一般底部为商业用途，售价较高，方便使用，这种处罚对违法建设行为相对人影响较大，警戒作用明显。

3.3 “多批少建”建设行为的认定

“多批少建”建设行为主要发生在西部和中小城市，建筑层数降低是较为普遍的现象，应该属于《城乡规划法规划法》第 64 条规定的“尚可采取改正措施消除对规划实施的影响的”的违法建设行为。建设项目未按规划要求建设绿地或配建公共服务设施、市政设施的在实际规划管理过程中多数城市纳入到尚可采取改正措施消除对规划实施的影响的，一般责令限期改正，并处建设工程造价 5% 以上 10% 以下的罚款，基数建设工程造价的解释和超建有所区别，有的采用实施后现基建工程总造价，有的采用规划工程总造价。

3.4 针对违法建设的不同阶段应采取的行政措施和行政处罚

城乡规划管理加强批后管理和事后监督，强化过程监管、过程执法和过程处罚，将违法现象从源头控制，不能以罚款的行政处罚代替限期整改、限期拆除的行政强制，降低社会影响和财富损失，因此针对建设过程不同阶段应采取的行政措施：①针对正在实施的违法建设，县级以上人民政府城乡规划执法部门应及时向当事人发出“责令”停止建设通知书。当事人不停止建设的，建设工程所在地城乡规划执法部门应依法定程序采取查封现场等措施；②针对已经实施但尚可采取改正措施消除对规划实施影响的违法建设，县级以上人民政府城乡规划执法部门应向当事人发出“责令限期整改通知书”，并监督其限期整改；③针对已经实施且无法采取改正措施消除影响，可以拆除的违法建设，应先做出限期拆除的行政处罚，并监督其限期拆除。当事人逾期不拆除的，建设工程所在地城乡规划执法部门应依法定程序采取强制拆除等措施；④针对已经实施且无法采取改正措施消除影响，并不能拆除的，处以没收实物或者违法收入以及罚款的处罚。

3.5 既有建筑物（构筑物）的规划管理

我国城市化水平已经超过 50%，改革开放后的大量既有建设物面临更新、改造和维护，也需要科学规范管理。目前，国内部分城市如杭州、惠州、江门、太仓等专门针对现有建筑物临时改变使用功能等方面进行规划管理。政策角度杭州市相对较为全面，《杭州市现有建筑物临时改变使用功能规划管理规定（试行）》[①]第

① 杭州市现有建筑物临时改变使用功能规划管理规定（试行）[EB/OL]. 中国杭州政府门户网站，2008-08-06. http：//www.hangzhou.gov.cn.

七条规定有下列情形之一的，不得改变建筑物使用功能：①不符合城市规划和景观设计要求，不符合《杭州市城市规划管理条例》、《杭州市城市规划管理技术规定》的；②不符合公共安全、建筑结构安全及使用要求，不符合消防、环境、卫生、物业管理等相关规定的；③属于规划配套服务设施[①]，如农贸市场、邮政电信、医疗、文化、体育、教育、民防等，改变功能后无法满足配套要求的；④属于文物古迹、历史建筑、纪念性建筑、标志性建筑、具有地方特色和传统风格的建筑物，改变使用功能不符合保护要求和影响城市景观的；⑤鉴定为危房的建筑物；位于已经公布的拆迁范围内的建筑物，纳入城市近期建设改造范围内的建筑物；⑥建筑物土地和房屋产权与他人共有，未经共有人同意的；建筑物使用公约或业主公约已有约定，申请改变使用功能不符合约定的；⑦改变使用功能后，对相邻土地、建筑物造成影响；影响相关利害关系人合法权益的；⑧建筑物局部临时改变使用功能时，改变部分不能满足独立使用要求的，或造成建筑物剩余部分使用不便的；⑨其他法律法规规定不得改变的。

2009年调研发现，《四川省规划条例（代拟稿）》规定了对既有建筑物（构筑物）的针对既有建筑物的规划管理内容相对完整，但相关内容在《四川省城乡规划条例》（2011年9月29日经四川省第十一届人民代表大会常务委员会第25次会议）中并没有得到体现。既有建筑物（构筑物）的规划管理需要根据地方的具体条件科学界定，《四川省规划条例（代拟稿）》提出了一个可借鉴的思路和方法。

针对现有建筑用途改变，《四川省规划条例（代拟稿）》第50条规定：房屋建筑所有权人应当按照城乡规划许可、建筑工程设计规定、房屋所有权载明的使用性质使用房屋，不得擅自将住宅改造为商业用房，或将非住宅改造为住宅，改变房屋使用用途。同时《四川省规划条例（代拟稿）》第51条给出改变既有建筑使用用途的途径，即在符合城乡规划、满足建筑设计规范的前提下，不涉及增加用地范围、增大建筑面积，需改变既有房屋建筑使用用途的，申请人应当持审核合格的建筑设计方案总平面图或施工图设计文件向市、县（区）建设、房地产主管部门提出变更申请。其中更改方案涉及扩建或增加建筑面积、影响城乡规划和建筑空间布局的，应当报市、县城乡规划主管部门批准，同时应当满足以下条件：①扩建或增加建筑面积涉及的用地必须在已合法取得的土地使用权范围内；②不得有侵占市政道路、公共通道、消防通道、地下管线或相邻

① 本款所述城市规划配套设施包括商业建筑、办公建筑及其他公共建筑配套的机动车、非机动车库。

权益人利益的行为；③划拨国有土地使用权的房屋建筑改变使用性质的应当报土地主管部门批准。

针对底层住宅改为商业经营的途径，《四川省规划条例（代拟稿）》第52条给予相关规定，即禁止将底层住宅擅自改造为商业经营店铺，特殊情况下，房屋所有权人提出变更申请的，变动方案应当经所在小区或楼栋2/3以上业主签字同意并不得有下列行为的情形：①影响破坏城乡规划；②涉及房屋建筑墙、梁、柱、板等主体结构的拆该；③降低房屋建筑地面地坪标高、变动基础结构；④影响小区内部交通通行；⑤变更使用用途的住宅不得变更登记为商业用房。并规定工商登记机关对使用性质不符、未经批准改变房屋使用性质的经营场所，不予办理工商登记。

针对既有建筑的限制行为，《四川省省规划条例（代拟稿）》第53条规定：既有建筑未经批准，房屋所有权人或使用人不得有下列违反城乡规划的行为：①在建筑物屋顶修建花台（池）、观景台等附属设施，超过原房屋建筑设计标准增大荷载；②设置高耸构筑物、冷却塔、广告牌、大型锅炉、通信接收设施；③城乡规划禁止的其他情形。同时规定：县级以上人民政府应当对违反城乡规划的既有建筑物进行清理，凡影响城乡规划实施、危害公共利益和公众安全、影响市容市貌的违法建筑，应当依法限期强制拆除。

3.6　自由裁量权的理解与认定

由于城乡规划管理具有的特有技术性、专业性因素很多，面对复杂的社会现实和高速发展的城市建设，对于新出现的各种情况以及层出不穷的专业技术知识，不可能制定完全周密的、详尽的、切实可行与时俱进的法律规范，现存的法律、法规和规范存在一定的局限性或漏洞，规划管理机关必须行使自由裁量权来处理法律规范没有明确规定的情况，自由裁量权的正确使用可以有效克服法律的局限性，促进行政效率的提高。因此调动自由裁量权高效灵活的积极因素，抑制它容易被滥用的消极因素，使行政权的行使符合我国依法行政的要求，符合依法治国、建设社会主义法治国家的要求。

行政机关行使自由裁量权时，只要具备法律的依据，就具备合法性征的前提和基础。但是法律一旦授予行政机关自由裁量权之后，其本身并不能控制自由裁量权的滥用。《城乡规划法》试图建立完善规划监督机制，通过严格的行政程序，如加强制约行政自由裁量权的监督检查（滥用组织编制权、规避法定程序、规避实施规划的责任、法人违法建设[①]），起到有效制约公权力滥用或膨胀的目的。自由裁量权的监督方面，《行政诉讼法》第5条规定了人民法院审查具体行政行为合法性的原则，人民法院通过行政诉讼依法对被诉行政机关的具体行政行使司法审查权，但审查的主要内容是具体行政行为的合法性而不是不适当性。因此未来城乡规划立法应尽量做到明确、具体，减少弹性，尤其涉及公民合法权益的条款，向行政判例制度发展[②]。

我国城市发展阶段不同，经济发展水平差异大，城市建设观念、执法水平更是如此，因此自由裁量权的地方释义与规定至关重要，各地也进行了广泛的实践和理论探索，根据网络查询，省级层面专门针对城乡规划建设与管理福建省出台具体的《福建省建设厅行政处罚自由裁量权标准（试行）》及《福建省建设厅行政处罚自由裁量权标准实施办法（试行）》（闽建法[2008]第90号），陕西省发布《陕西省住房和城乡建设厅规范行政处罚自由裁量权工作实施方案》（陕建发[2011]第49号），要求省内各城市积极开展行政处罚裁量权规范工作，按照裁量权法定、目的正当、过罚相当、同事同罚和最小损害原则，对法律、法规和规章规定的建设行政处罚的种类和幅度，依照过罚相当的原则，细化、量化为若干裁量阶次和量罚标准。地方层面，福州、厦门、成都、沈阳、石家庄、合肥、青岛、马鞍山、本溪、昆山、晋城、衡阳、姜堰、睢宁、邢台、靖江、姜堰、株洲、宿迁、海宁、滁州、凯里、桐乡、茂名、张家口等城市根据地方实际纷纷出台了自由裁量权实施办法、执行标准或基准制度，规范地方城乡规划实施与行政管理。

3.7 刑事责任制度的设立

从立法的角度看，一些发达国家和地区明确规定了城乡规划领域的刑事责任，这是与这些国家和地区的历史、文化和法律发展以及社会经济和政治的状况相适应的，也使得这些国家和地区的城乡规划管理更加严格规范。我国在城市建设领域方面规定了有关的刑事责任，并且也有了相关的司法实践，多从设计、施工、监理的质量安全和腐败案件角度，但没有设立直接的对城乡规划违法开发行为、违规行政审批方面追究刑事责任的制度。法治国家的建设背景下，城乡规划管理各项法律法

---

① 石楠．城乡规划讲解[EB/OL]，百度文库，http：//wenku.baidu.com/view/c7f6c935eefdc8d376ee32d6.html.

② 于航兵，张洙杰，柳红卫．城市规划管理中的自由裁量权[J]．青岛理工大学学报．青岛理工大学学报，2010（3）．

规逐步完善过程中，在我国提倡设立城乡规划的刑事责任是可行的，也是迫切需要的。

从犯罪最本质的特征来看，刑罚必须基于违法行为本身，即违法行为是否具有严重的社会危害性。因此城乡规划刑事责任制度的真正建立还有赖于对违法开发行为社会危害性的分析，即违法违规行为给社会造成或可能造成的损害的实质属性。应该看到城乡规划违法的社会危害性既有物质层面对城市造成的损失，也涉及社会层面给社会带来的不利影响，这需要国家权威性的分析鉴定机构给出合理合法的结论。一些发达国家和地区对社会危害性的分析侧重于社会影响，因此处罚极为严厉，经过多年的实践也鲜有违法违规行为出现。

第二篇
实证研究

第七章　案例分析

本次研究所收集的案例共计 75 件，涵盖了规划稽查执法领域最常见的主要案件类型，对规划稽查执法工作具有较高的参考价值。通过对这些案例进行细致的梳理和分析，本书依据案件违法性质的不同，将这些案件划分为五大类型，分别是违反详细规划、违反总体规划、违反历史文化名城保护规划、不办证（缺证）或证件过期、行政错误作为。由于很多案件同时涉及多种违法行为，因此在对案件进行进一步归纳统计时，本书首先将每个案例涉及的所有违法行为都罗列出来，然后将每个违法行为都作为一个单独的统计对象计入相应的违法类型中，这样的统计方法能够更加直观地反映出规划违法违规行为在数量上的分布特征，同时也便于制作统计图表。

在对规划违法违规案件的危害程度的统计方面，本书将危害程度划分为“严重”、“比较严重”和“一般”三个等级。

“严重”的划分标准为：未取得建设用地规划许可证和建设工程规划许可证或者违反上述许可证的规定进行建设，严重影响城乡规划的案件即为具有严重危害程度。例如擅自违规建设、伪造授权书、涉及逃避巨额土地出让金，擅自占用市政规划道路与绿地，严重影响道路改造及景观改造的实施，以及超越资质进行开发建设等。其处理结果一般为责令停建、限期拆除或者没收违法建筑，并视其执行情况处以罚款。

“比较严重”的划分标准为：影响城市规划、尚可采用改正措施的案件即为具有较为严重危害程度。例如擅自增加层高、建筑面积以及未经批准擅自开工等。其处理结果一般是限期改正，并处以罚款。

“一般”的划分标准为：对城乡规划影响较小，尚未具体实施危害城乡规划的行为。例如私自搭建临时建筑，擅自增加层高及建筑面积但未影响到建筑质量安全的。经过执法部门告知后及时制止的案件即为一般危害程度。

1 违反详细规划

1.1 主要违规表现

违反详细规划的主要表现较为多样，包括擅自修订规划方案、未经批准擅自开工、擅自占用市政道路及绿地等。这里以旧城改造为例，详述违反详细规划的表现形式，其他具体详细违规表现见表 1–1 所示。旧城改造项目往往是违反详细规划案件的“重灾区”。旧城改造项目由于政府财力有限，一般地方政府往往委托开发商来进行。由于对现状情况调查的不够准确，考虑的相关因素简单化，缺乏准确的财务核算，没有约束条件，政府时常被开发商牵着鼻子走，过分迁就开发商。开发商为追求高效益和高回报，对规划条件屡次变更，导致违反规划问题（提高容积率、降低绿地率）的出现。

另外不容忽视的是，在违反详细规划案件过程中，也常常伴随其他违法行为，如超资质开发、设计单位违规设计等。《城市房地产开发经营管理条例》（国务院令 [1998] 第 248 号）第 9 条规定：“房地产开发企业应当按照核定的资质等级，承担相应的房地产开发项目。”该《条例》第 35 条规定：“违反本条例规定，未取得资质等级证书或者超越资质等级从事房地产开发经营的，由县级以上地方人民政府房地产开发主管部门责令限期改正，处 5 万元以上 10 万元以下的罚款；逾期不改正的，由工商行政管理部门吊销营业执照。”《房地产开发企业资质管理规定》（建设部令 [2000] 第 77 号）第 18 条规定：“二级资质或二级资质以下的房地产开发企业可以承担建筑面积 25 万平方米以下的开发建设项目，承担业务的具体范围由省、自治区、直辖市人民政府建设行政主管部门确定。各级资质等级企业应当在规定的业务范围内从事房地产开发经营业务，不得越级承担任务。”该《规定》第 20 条规定：“企业超越资质等级从事房地产开发经营的，由县级以上地方人民政府房地产开发主管部门责令限期改正，处 5 万元以上 10 万元以下的罚款；逾期不改正的，由原资质审批部门吊销资质证书，并提请工商行政管理部门吊销营业执照。”因此涉及超资质开发项目，可根据《城市房地产开发经营管理条例》第 35 条规定或《房地产开发企业资质管理规定》第 20 条规定对其处以罚款并责令限期改正。

1.2 主要违规原因

违反详细规划案件主要原因有五方面：一是利益驱动，这是根本原因。房价高，而违法建设成本低廉，违法建设收入可观，均驱使开发企业违反规划进行违法建设，我国东部地区出现提高层高，加层、封闭入户花园、阳台偷面积的现象；二是规划前期审批中对容积率、绿地率、小户型比例等指标控制较为严格，更为关键的是设计变更图纸审批时间长，难度大，造成大部分开发企业干脆不申报；三是地方监管部门工作执行不够规范，规划跟踪管理不到位，个别执法人员的专业素质不高，缺乏责任心，没有将问题及早发现予以制止，待到发现时已无法进行整改，有的甚至违规给所住居民办理房改相关产权证，导致问题更难解决；四是进行违法建设处理时，为避免资源浪费和维护稳定，多采取罚款进行处罚，处罚手段单一，开发商往往存在侥幸心理，认为只要付给规划行政主管部门少量的赔偿金政府就会默认，违法成本低，造成其他开发企业和单位互相效仿。这种情形下房管部门如果签发了预售许可，有时会起到“助纣为虐”的作用，致使一些违法建筑已经卖出，为了保护群众利益，维护社会稳定，城乡规划行政主管部门不得不使之合法化。为了配合超建，建设单位还会和设计单位用一些配合的设计手段，如采用两套图纸，报批一套，建设一套，图纸的经济技术指标数字小于实际图面内容，给项目长胖，欺骗政府，达到违法建设目的；五是符合程序的政府许可调整、修改规划往往与行政执法者或有关领导利益相关，涉及深层次的行贿受贿问题，但隐蔽较深，往往很难发现，主要有以下三种情形：①土地出让后，企业申请，规划部门修改（或经市里相关会议同意），再核发用地许可证。②土地出让后，核发了用地规划许可，后规划部门造假，同号替换用地规划许可，增加容积率。③土地出让后，且发放了用地规划许可证，分期建设中，建设工程规划许可提高容积率。违反详细规划，调整容积率表面上往往“依法办事”，操作流程完全合法，调整规划均由开发企业向基层的规划部门提出，基层再向城市规划部门呈报，政府（规划委员会）通过会议形式，集体研究决定。但是在事前开发商和主管官员早就私下达成了交易，利用领导身份施加压力，会议成为民主、集体研究的幌子。其他如以政府相关部门人员作为专家，有选择的选取专家或和专家打招呼，专家论证走过场；公示地点选择无人经过的工地、偏僻角落，公示时间不够或选择节假日等时间；听证会真正利害相关人不予参与或参与极少，变相规避公开公示问题屡见不鲜，因此对此类案件应纠察细节；六是开发商往往利用政策、规范的空子调整详细规划，变更容积率。建设时超建，利用通常允许的误差范围超建面积。目前我国大部分地区规划审批和验收时，存在面积计算标准不一致的问题，规划建设审批时，依据《建筑工程建筑面积计算规范》（GB/T 50353-2005）及其他相关技术规范，而验收时为避免重复测量，规划验收的面积采用房地产测绘面积，即依据《房地产测量规范》（GB/T 17986.1–2000）作为面积计算依据，两者之间存在计算误差（表 7–1）。各地对验收测量面积与许可证允许建设面积均有一个允许或默许的误差比例（1% ～ 3%），不算违规超建面积，对于一些成片建设的小区，面积比较大，这种误差范围内的违规累加所带来的利益不可小觑。

《建筑工程建筑面积计算规范》与《房地产测量规范》比较　　表 7–1

序号	项目	建筑工程建筑面积计算规范（建筑面积）	房地产测量规范（建筑面积）
1	层高（平层）	层高≥ 2.2 全计 层高≤ 2.2 半计	层高≥ 2.2 全计 层高≤ 2.2 不计
2	净高（坡面）	坡屋面≥ 2.1 全计 坡屋面 1.2 ～ 2.1 半计 坡屋面≤ 1.2 不计	层高≥ 2.2 全计 层高≤ 2.2 不计
3	阳台	半计	封闭全计 不封闭半计
4	墙面抹灰	不计	全计
5	室外楼梯	有盖半计 无盖不计	有盖全计 无盖半计
6	设备管道夹层	不计	全计
7	自动扶梯、自动人行道	不计	全计
8	雨篷	宽度≥ 2.1 半计 宽度≤ 2.1 不计	有柱全计 无柱不计

1.3 违规处罚方式

《城市规划法》第 40 条规定："在城市规划区内，未取得建设工程规划许可证或者违反建设工程规划许可证规定进行建设，严重影响城市规划的，由县级以上城市人民政府城市规划行政主管部门责令停止建设，限期拆除或没收违法建筑物、构筑物或者其他设施；影响城市规划，尚可采取改正措施的，由县级以上地方人民政府城市规划行政主管部门责令限期改正，并处罚款。"各地根据《城市规划法》或《城乡规划法》编制相关实施办法，但处罚的程度差异较大，以四川省为例，《四川省〈城市规划法〉实施办法》（1995）第35条规定："（一）在城市规划区内，有下列行为之一，影响城市规划，尚可采取改正措施的，由县以上地方人民政府城市规划行政主管部门责令限期改正，并处违法工程造价5%~20%的罚款……（二）改变建设工程规划许可证确定的内容进行建设的；（三）买卖、转让建设工程规划许可证进行建设的；（四）利用失效的建设工程规划许可证进行建设的；……"。该《办法》第36条规定："在城市规划区内违反规划规定进行建设，严重影响城市规划的，由县以上人民政府城市规划行政主管部门责令停止建设，限期拆除或没收违法建筑物、构筑物或者其他设施。违法建设单位在接到处罚通知后仍继续施工的，由县以上人民政府责成有关部门强制执行或由城市规划行政主管部门申请人民法院执行。"

从以上规定看出，对违反规划的建设，可根据不同性质进行处理。严重影响城市规划的，要拆除或没收；可采取改正措施的，处以罚款并补办完善手续。以常见的一种违规形式擅自加层为例，在处理案件过程中，需考虑以下几个因素：一是原基础、主体设计和施工能否满足加层的要求，加层是否会导致安全和质量问题；二是加层是否会超过限高标准；三是加层是否会造成容积率标准不符合强制性标准要求；四是加层是否会严重影响市容市貌。只有满足上述要求，开发商的加层行为才符合"尚可采取改正措施的"范畴，才能补办完善手续，否则加层部分应予拆除。

根据调查的23个违反详细规划的案件归类整理见表7–2。

违反详细规划案件统计表　　表7–2

序号	案件名	违法内容	违法类型	危害程度	违法主体	处罚结果
1	某省步行街案	部分电梯口被强行封闭，绿地率达不到标准	B–3–4、B–3–5、B–3–7、B–3–9	严重	企业	罚款
2	某市信访案	增加建筑面积，楼房质量存在严重问题，挡光	A–1–1、B–3–3、B–3–6、B–3–10、B–3–12	较为严重	企业	吊销开发资质、责令赔偿
3	某县挡光案	详规与周边地块无法衔接	B–3–6	一般	政府	无
4	某市拆迁安置案	擅自修改规划方案，建筑不符规范	B–3–3、B–3–10	较为严重	企业	责令赔偿

续表

序号	案件名	违法内容	违法类型	危害程度	违法主体	处罚结果
5	某市占用绿地案	圈占绿地	B-3-9	一般	政府	拆除
6	某县违规案	未经批准擅自开工、超越规划许可	B-3-6、B-3-11、B-3-12	较为严重	企业	罚款、没收违法所得、警告、记过
7	某市违法建设案	占用绿地建住宅	B-3-12	一般	企业	警告、拆除
8	某市 ×× 公司违法建设案	擅自扩建超建对法律裁定视而不见	A-1-1、B-3-3	严重	企业	拆除
9	某市 ×× 房地产公司违法建设案	增加建筑层数	B-3-11	较为严重	企业	罚款
10	某市 ×× 公寓违规建设案	违规增加建筑面积	B-3-3	一般	企业	罚款
11	某市 ×× 项目违规建设案	违规增加建筑层数	A-1-1、B-3-10	一般	企业	罚款
12	某市村民违法建设拆迁案	违规建设占压道路红线	A-1-1、B-3-8、B-3-10、B-3-12	严重	个人	拆除
13	某市超规划建设案	增加建筑层数，超越资质进行开发建设	B-3-11	严重	个人	罚款、警告
14	某市 ×× 小区擅自调整规划设计案	擅自调整规划设计方案	B-3-1、B-3-5、B-3-12	较为严重	政府	警告
15	某市 ×× 房地产擅自增建半地下车库案	违规增建车库增加建筑面积	A-1-1、B-3-3、B-3-11	较为严重	企业	罚款
16	某市 ×× 房地产公司违规建设案	擅自改变层高增加建筑面积	B-3-3、B-3-10	较为严重	企业	罚款
17	某县旧城改造违法规划案	擅自改变层高增加建筑面积	B-3-3、B-3-11、B-3-12	较为严重	企业	没收违法所得、责令整改
18	某市 ×× 房地产公司违反规划案	占用规划市政道路而和绿地违法建设	B-3-1、B-3-2、B-3-7、B-3-8、B-3-11	严重	企业	拆除、罚款、警告

续表

序号	案件名	违法内容	违法类型	危害程度	违法主体	处罚结果
19	某市××房地产公司违规建设案	占用规划市政道路而和绿地违建严重影响道路改造及景观改造的实施	B-3-1、B-3-3、B-3-4、B-3-8	严重	企业	拆除、没收违法所得
20	某市××公司违规建设案	违规加层交罚款后继续施工拒到指定地点接受调查，仍强行施工	B-3-11	严重	企业	罚款
21	某市××生态园违反规划建设案	搭建临时建筑用作农贸市场	B-3-12	一般	企业	拆除
22	某市××道路违规建设商住楼案	改变位置致使加油站修理车间与商业楼的实际间距很小	B-3-2、B-3-6、B-3-12	较为严重	企业	罚款
23	某市××住宅小区项目违规开发建设案	擅自超规模建设，伪造授权书，涉及逃避土地出让金额巨大，行政行为随意性大造成极其恶劣的影响	B-3-3	严重	企业	罚款、警告
24	某市××小区违规案	手续不全，增加建筑高度	A-2-6、B-3-10	严重	企业	罚款
25	某市××开发公司违规案	未按程序核发手续、随意	A-2-2、A-2-4、A-2-6、B-3-3、B-3-5、B-3-7	严重	企业	罚款
26	某市××改造项目违规案	未办任何手续开工建设修改规划	A-1-4、B-3-3、B-3-5	严重	企业	追究刑事责任
27	某市××商业中心项目违建案	调整规划程序合法技术不合理	B-3-2、B-3-8	严重	企业、政府	—
28	某市××花园项目违规案	未办开工许可证，擅自调整规划	A-2-3、B-3-5、B-3-10	严重	企业	罚款

注：“违法违规案件类型”中的编号与附表中的内容相对应，例如 A-1-1 违法类型为“程序违法”，违法内容为“不办证”，主要体现为“私搭乱建、违规加层”。后续表与之相同。

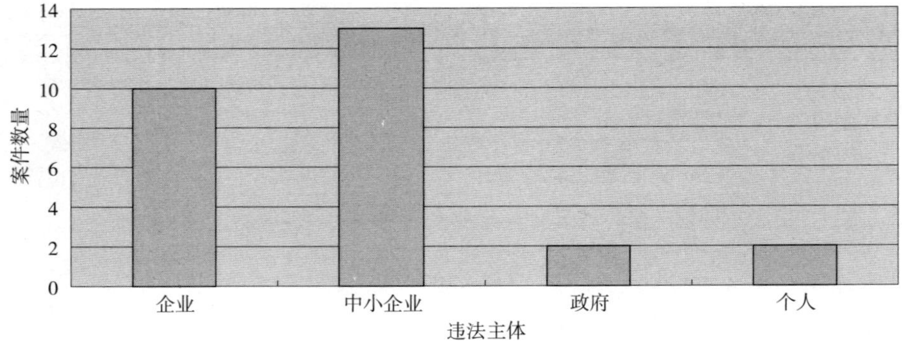

图 7-1 违反详细规划的违法主体统计图

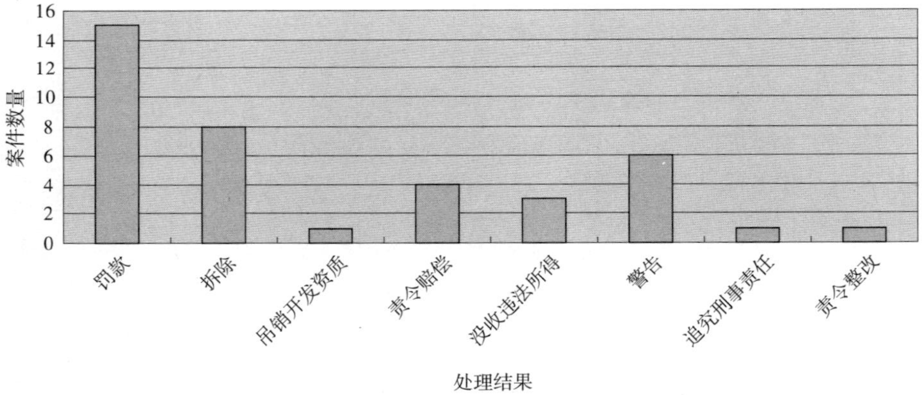

图 7-2 违反详细规划的处理结果统计图

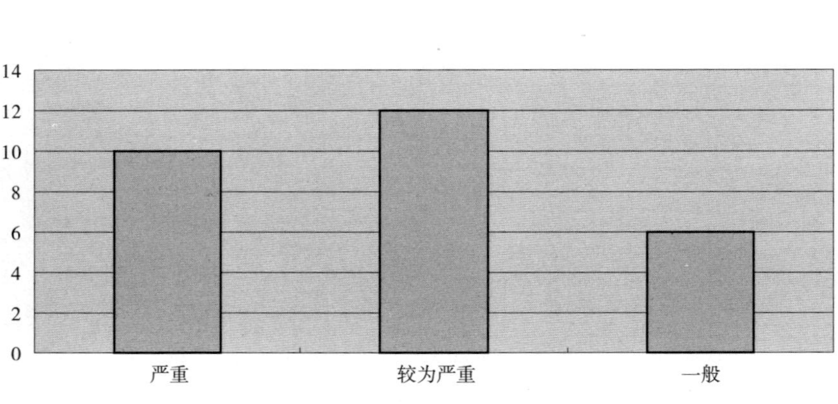

图 7-3 违反详细规划的危害程度统计图

统计数据显示，违反详细规划的主体主要是企业，其中以中小型企业的数量最多，以政府为主导的违法行为最少。个人违反详细规划的案例很少，这与实际调研的结果并不一致，尤其是在老城区或者城乡结合部，居民为了改善生活条件或者争取更多利益而擅自加层或者侵占绿地的行为多有发生。究其原因，分析认为主要是由于个人违法违规建设所涉及的金额往往很小，社会影响不大，基本已在基层稽查执法单位处理，作为部稽查办的角度，可接触的较少，因此在收集案例的时候没有对此给予过多地关注。

从对违反详细规划案件的处罚结果方面来看，罚款、拆除、没收和警告是最主要的处罚手段，其中拆除和没收是最难以实施的处罚方式，对于危害程度特别严重的案件，少量还会追究违法案件主体的刑事责任。

2 违反总体规划

违反总体规划的往往涉及强制性内容，而政府和公众一般是违法的主体，但违法的内容和范围政府及其主管部门涉及改变城市用地性质，主要有：公益性项目变成商业项目；绿地变更为商业、住宅用地；在风景区违反规划审批建设项目；普通公众在水源保护区等擅自建房；开发商占用小区绿地建设；城乡结合部个人占用绿化带。

近年来，多发的违反总体规划案件是将处于较好区位条件的绿地调整至郊外或偏远区域,以所谓的“占补平衡”来置换绿地。受利益驱动因素的影响,由于城市拆迁、特别是旧城区拆迁难度越来越大，而城市中心区用地又寸土寸金，于是一些地方政府把目标瞄准了绿地，通过占用城市中心的公园绿地来减少拆迁成本。但对于此类绿地而言，“量”的概念重要，“址”的概念也很重要，位于城市中心的绿地往往担负着基本休闲场地、应急避难等功能，无法单纯的以同量不同区位的绿地代替。这类案件因主要是政府推动，容易涉及腐败案件，建议对此类案件严查。

兼容型建设用地的调整包括工业用地变为商业和住宅用地、商业用地变为住宅用地、住宅变商业用地等，这种调整虽然不涉及强制性内容，但建设用地性质调整往往与原住民利益密切相关，商业用地较住宅用地单位面积的土地出让金较高，土地使用年限也较短，随着商业租售和住宅买卖市场的变化，一些开发商将原有商业用地变更为住宅用地，以获取更高利润，更快回笼资金。还有一些开发商则希望利益均得,既希望获得 70 年的土地,又希望以商业用房可以注册公司等好处吸引买卖。住宅变商业主要表现是部分临街住宅一层擅自在房屋上开门开窗，将住宅变更为部分商业用途。这类调整通常会涉及开发商利益，因此也是规划稽查的重要内容——即详查为什么调整，谁主导这种调整。

在城郊边缘区，由于道路红线的变化（总体规划规定）会引发一些限制居民建房的问题。按照总体规划严格控制道路红线是规划行政主管部门的职责，应广泛宣传，取得公众的理解。

违反城市总体规划还涉及违规修编总体规划，借修编总体规划的机会对建设用地规模、建设用地性质进行调整，使这些调整合法化、程序化，但这类调整由于不针对具体项目进行，隐蔽性较强，往往换一届领导就编制一轮规划，扩大建设用地，名义上冠冕堂皇，这类案件也是稽查的重点。

违反总体规划的案件归类整理见表 7–3：

违反总体规划案件统计表 表 7–3

序号	案件名	违法内容	违法类型	危害程度	违法主体	处罚结果
1	某省某县某居民案	居民自行在自家土地上违规建设	B–2–4	一般	个人	拆除
2	某市某居民建房手续案	居民申请建房位置处在红线范围内	B–2–2、B–2–4	一般	个人	告知
3	某市某住宅小区案	政府委托企业实施建设，周边利害关系人对调整问题提出异议，政府将组织重新论证	B–2–5	一般	政府	暂停开工
4	某市某县老年社区项目强行更改为国际会议中心	无	B–2–5	无	无	无
5	某市某水库周边违法建设拆除案	市民、开发商借新城开发建设之际在水库周边违法建设	B–2–3	一般	政府、企业、个人	告知、拆除
6	某市客运码头改造项目违法案件	项目的绿地率、建筑高度、建筑体量均严重违反了总规	B–1–1、B–2–4	严重	政府	暂停开工
7	某市某住宅小区建设项目违规案	违规建设	B–2–4	较为严重	中小企业	责令停工

表 7–3、图 7–4 显示，在违反总体规划案件中，违法主体主要是政府和个人。其中政府违规危害较重，个人违规较其他类型的违法行为而言危害较轻，对其进行的处罚一般是责令停工、拆除或者告知。

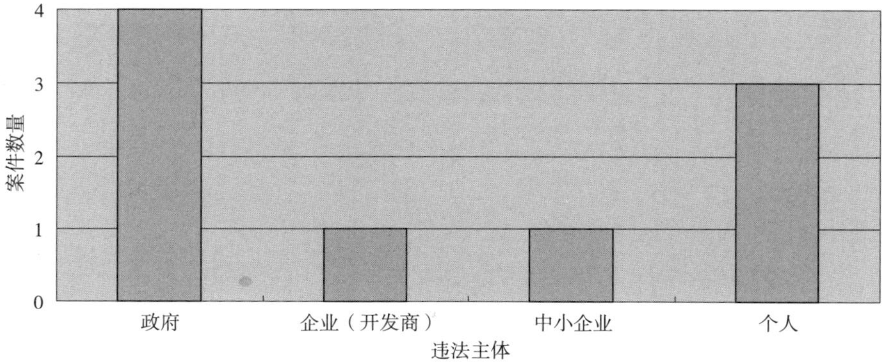

图 7-4　违反总体规划违法主体

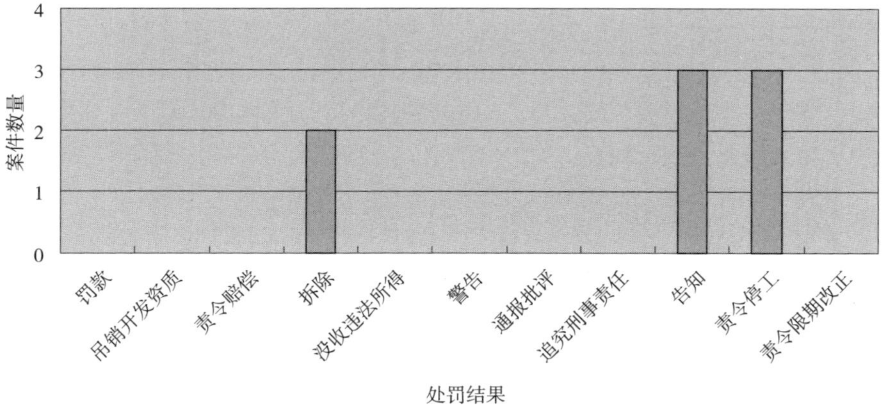

图 7-5　违反总体规划处罚结果

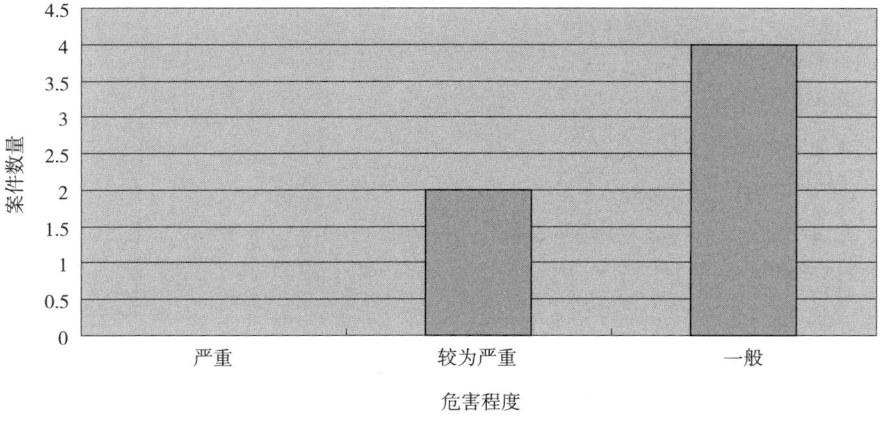

图 7-6　违反总体规划危害程度统计图

3 违反历史文化名城名镇名村保护规划

导致违反历史文化名城名镇名村保护规划案件的原因主要有以下几个方面：

（1）由于政府出台相关文件保护古城致使近年来古城内部建设停滞，现已无法满足住户需求，他们通过违法建设满足自身居住需要，此类案件要求规划执法部门引导居民改造，规定改造内容和重点，做深做细工作。

（2）经济利益的驱使。政府在古城保护实施后为百姓展现了一个较为完美的古城形象，古城建成后的美好前景，推动了古城地域的房价上升，很多群众想通过增加建筑面积获取更多的拆迁补偿也是违法建设增多的重要原因之一，对此类案件应重视事前的登记，严格执法，一经发现违法违规行为，严格处罚，加强监管，将违法违规行为消除在萌芽状态，同时通过广泛宣传，动员群众力量监督违法行为。

（3）群众对《城乡规划法》、《历史文化名城名镇名村保护条例》等法律法规不了解，不知道此类建设属违法建设，因此应加强规划宣传和规划公示，动员居民参与历史文化名城保护的行列。

违反历史文化名城名镇名村保护规划的案件归类整理见表 7–4。

违反历史文化名城名镇名村保护规划案件统计表 **表 7–4**

序号	案件名	违法内容	违法类型	危害程度	违法主体	处理结果
1	某市 ×× 老街风貌周年状况案	违规修复建设历史建筑，工程质量不合格	B–4–16、B–4–17	较为严重	政府	告知
2	某市 ×× 公司违法改造辛氏公馆案	企业违规建设不按更新整治规划方案建设，拒不执行执法部门的裁定	B–4–13	严重	企业	拆除
3	某市 ×× 居民违法违规建设案	个体违规建设	B–4–1	一般	个人	告知、拆除
4	某县 ×× 居民违法违规建设案	居民未办理建设用地规划许可进行违规建设，且无视裁决，继续建设	B–4–10、B–4–12、B–4–13	严重	个人	拆除
5	某市 ×× 重点保护区内违法建设案	违规建设影响周围重点保护区建筑风貌，拒不履行执法部门拆除裁定	B–4–13	严重	个人	罚款、拆除
6	某市军区某通信总站违法建设	军区违规建设在国家重点保护文物控制地内，且对当地政府沟通协商、裁决置之不理	B–4–6、B–4–13	严重	军队	告知

表 7-4、图 7-7 显示，违反历史文化名城保护规划的案件的违法主体主要是个人和政府，其造成的危害一般都很严重，对其进行的处罚一般是拆除、罚款或者告知。

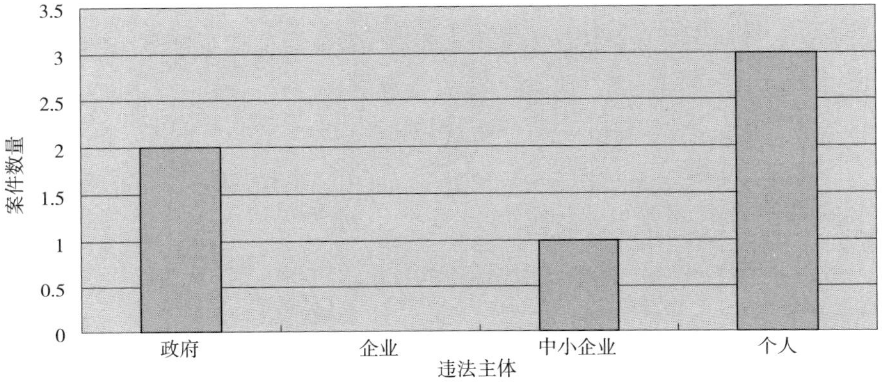

图 7-7 违反历史文化名城名镇名村保护规划的违法主体统计图

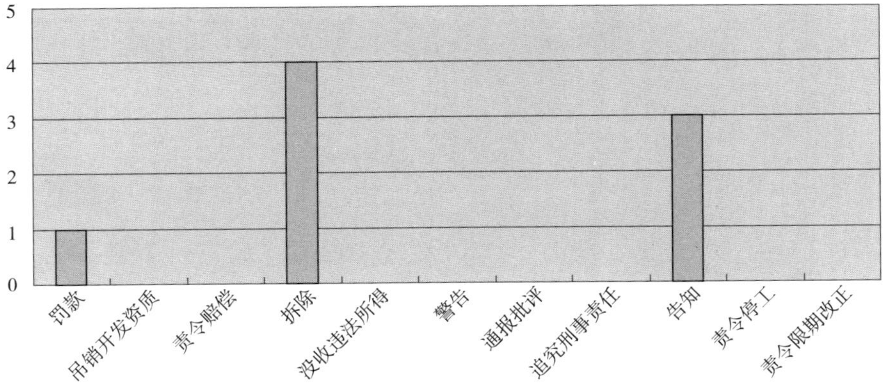

图 7-8 违反历史文化名城名镇名村保护规划的处罚结果统计图

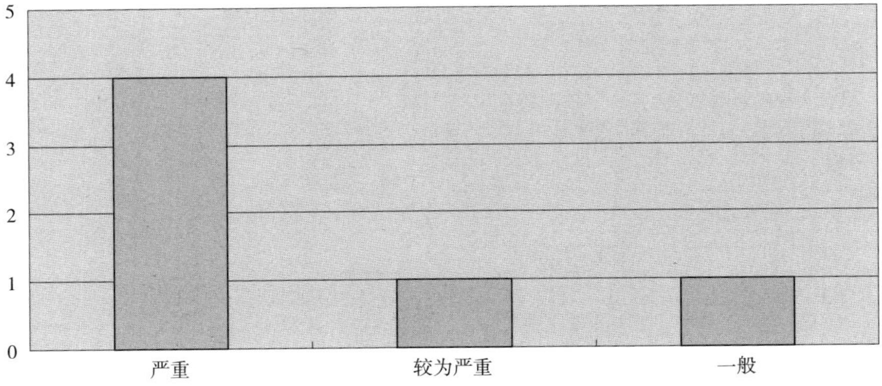

图 7-9 违反历史文化名城名镇名村保护规划的处罚结果统计图

4 程序违法——不办证、缺证或过期案

城乡规划违法违规程序违法类型中不办证、缺证或者证书过期类案件违法的主体主要分为三类：一类是普通公众，存在侥幸心理，进行量小、隐蔽性强的私搭乱建，这种违法相对处理难度较低，但量大面广；第二类是普通开发商，在取得部分手续后即进行违法建设；第三类是城市强权部门，依仗其特殊的权利和地位无视规划进行违法建设，处理难度较大。

对待普通民众的违法建设应加强宣传教育，同时制定详细的规章规定，规范哪些行为是合法的，居民可以进行适当的改造，如更换门窗等；哪些行为必须进行规划申请，办理手续。开发商不办或缺证案件一方面是和政府相关，对一些重大项目政府往往开绿灯，通过政府文件或办公会确定的先建设后办证，使开发商有恃无恐，违规进行建设；另一方面是开发商存在侥幸心理，希望既成事实后政府也没办法，只好承认现实，罚款后补证了之。此类情况前一种政府应带头守法，也要求开发商按照规划建设程序进行施工建设，后一种应加大处罚力度，消除开发商的侥幸心理，严格执法。强权部门包括部队 / 强势党政机关等，此类案件处理难度最大，需要国家 / 各级部门的配合和宣传。程序违法——不办证、缺证或过期案归类整理见表 7–5。

程序违法——不办证、缺证或过期案统计表 **表 7–5**

序号	案件名	违法内容	违法类型	危害程度	违法主体	处理结果
1	某市某镇 ×× 电梯厂案	未办理任何施工手续进行施工	A–1–2、A–2–7	较为严重	中小企业	罚款、责令停用
2	某省 ×× 墙体材料有限公司违规建厂房案	未办理任何施工手续进行施工，无视处罚决定并且拒交罚款	A–2–1	严重	中小企业	罚款
3	某市 ×× 房地产开发公司违规建设案	企业无手续违规建设	A–2–2、A–2–4	严重	企业	责令停工、没收、罚款
4	某市 ×× 房屋开发有限公司无手续开发建设	企业无手续违规建设	A–2–4、A–2–6	严重	企业	责令停工、罚款、警告、通报批评

续表

序号	案件名	违法内容	违法类型	危害程度	违法主体	处理结果
5	某县 ×× 铁路水电段违法建设案	居民违规占用公共绿地	A-2-2	一般	个人	拆除
6	某市 ×× 居民违法建设拆除案	未经批准违规建设房屋，拒不履行执法部门拆除裁定	A-1-3、A-2-1、A-2-2	较为严重	个人	告知、拆除
7	某市 ×× 区逾期临时建设拆除案	违规建设，拒不履行执法部门拆除裁定	A-1-2	严重	中小企业	责令限期改正、拆除
8	某市 ×× 彩印有限公司违法建设案	未申请规划许可证违法建设	A-2-2、A-2-6	一般	中小企业	罚款
9	某市建设住宅未取得建设规划许可证案	企业未取得规划许可进行建设	A-2-2	较为严重	中小企业	告知、拆除
10	某县 ×× 购物中心超规划、无施工许可建设案	无证施工，并且违反规划设计施工	A-2-2、A-2-4	较为严重	企业	罚款、警告
11	某市 ×× 住宅小区项目未办理手续开工建设案	无证施工，并且违反规划设计施工	A-2-2、A-2-4	较为严重	中小企业	责令限期改正、罚款、警告
12	某市 ×× 居民违法建设案	擅自扩建厂房，对法律裁定视而不见	A-1-2、A-1-3	严重	个人	告知、拆除
13	某市 ×× 居民违法建设案	擅自在国家已经征用的土地上修建房屋	A-1-2、A-1-3	较为严重	个人	告知、拆除
14	某市 ×× 水利开发有限公司违建案	企业违规建设，不履行执法部门拆除裁定	A-1-2、A-2-1、A-2-2	严重	中小企业	拆除
15	某市 ×× 房地产开发有限公司违法案	企业违规建设，不履行执法部门拆除裁定	A-2-2、A-2-4	严重	中小企业	拆除

续表

序号	案件名	违法内容	违法类型	危害程度	违法主体	处理结果
16	某市某县 ×× 楼盘项目违反规划建设案	未取得开工许可证进行施工，裁定罚款	A-2-2、A-2-4	较为严重	中小企业	罚款
17	某市 ×× 房地产开发公司违规案	无证擅自开工建设，不按规划设计施工，并且不按要求进行整改	A-2-2、A-2-4	严重	中小企业	拆除、罚款、没收违法所得
18	某市某区 ×× 房地产开发公司开发商场办公用地项目案	违规建设	A-2-1、A-2-2、A-2-4、B-3-8	一般	中小企业	拆除
19	某市 ×× 公寓项目违法建设案	企业规划手续过期，部分建筑违规建设占用人行道	A-2-2、A-2-4、B-3-10	较为严重	中小企业	拆除
20	某公司 ×× 路项目违法案	企业无证施工，拒不停工	A-2-2、A-2-6	严重	企业	责令停工
21	某市 ×× 小学违法建设案	当事人未经允许违规建设	A-2-1、A-2-2、A-2-4	严重	个人	拆除
22	某市 ×× 居民违法加层案	当事人未经允许违规建设	A-1-3、A-2-2、A-2-4、B-3-6	严重	个人	告知、拆除
23	某市多户违法建房案	违规建设房屋	A-1-2、A-1-3、A-2-1、A-2-2	严重	个人	告知、拆除、追究刑事责任
24	某市 ×× 居民违法建房案	下达停工通知书，当事人拒履行	A-1-3、A-2-1、A-2-2、A-2-4	严重	个人	拆除
25	某市某区 ×× 小区改造案	无证施工	A-2-1、A-2-2、A-2-4	一般	政府、企业	责令赔偿、告知、警告

续表

序号	案件名	违法内容	违法类型	危害程度	违法主体	处理结果
26	某市军区政治部违规建设案	无证建设	A-2-2	较为严重	政府	告知
27	某市 ×× 房地产开发公司侵占小区公共用地进行违法建设案	企业违规建设，相关部门责令限期自行拆除	B-3-12	一般	中小企业、个人	拆除
28	某市 ×× 小区项目违法违规案	无证建设，且违反详细规划，房屋质量不达标	A-2-1、A-2-4、A-2-5	无	企业	责令整改
29	某市 ×× 广场项目违法建设案	违规建设，对周围居民造成很大的不良影响	A-2-2、A-2-4、B-3-6	严重	中小企业	罚款、吊销资质、责令整改、通报批评
30	某市 ×× 商住建筑建设项目案	未取得开工许可证进行施工，施工过程中对周围建筑造成破坏	A-2-1、A-2-2、A-2-4	严重	企业	责令停工、整改、吊销资质

表 7-5、图 7-10 显示，涉及程序违法——不办证、缺证或者证书过期的案件为数众多，其违法主体主要是企业和个人。一般说来，单纯的程序违法造成的危害程度不是很严重，往往由于建设单位为了加快工期或违规建设或者一些重点工程急需上马而在缺少行政许可的情况下开工，往往经过补办手续后即可解决。本研究所

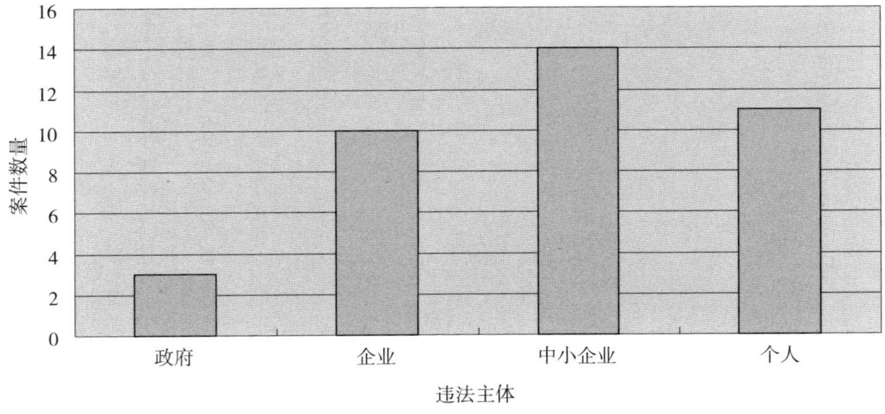

图 7-10 程序违法——不办证、缺证或者证书过期类案件违法主体统计图

收集的案例中，程序违法的案件往往伴随着其他危害比较严重的实体违法行为，例如强行建设、暴力抗法等造成恶劣影响的行为，所造成的危害程度也很严重，对其进行的处罚措施一般是罚款、拆除、通报批评、责令停工或者限期改正，对于违法违规情节特别严重者，甚至会追究刑事责任。

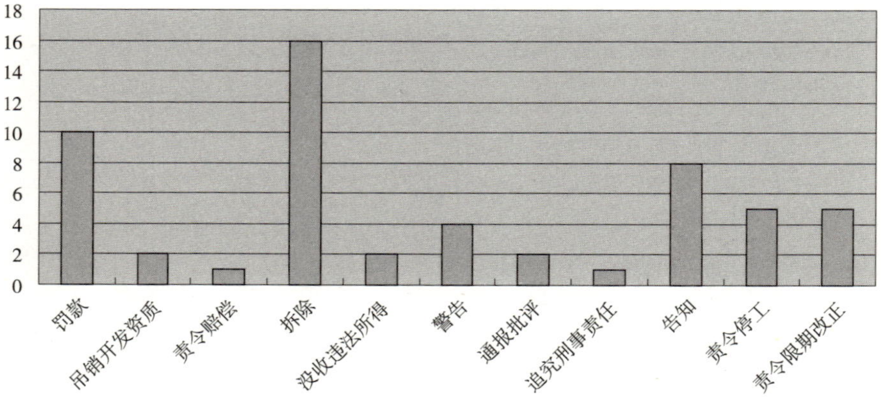

图 7-11 程序违法——不办证、缺证或者证书过期类案件处罚结果统计图

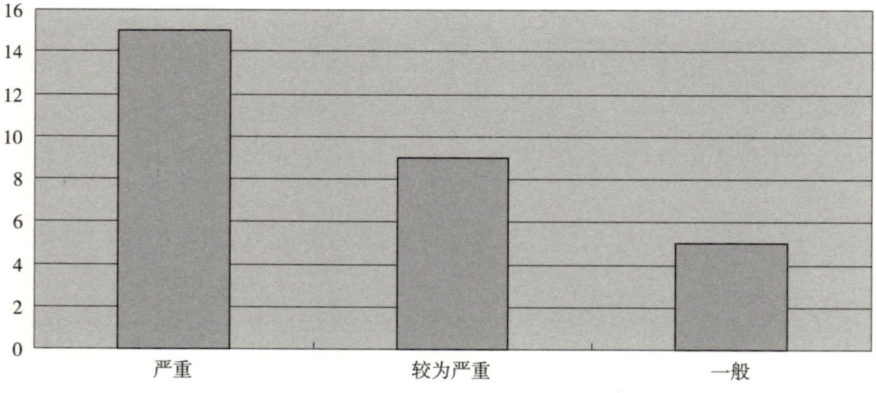

图 7-12 程序违法——不办证、缺证或者证书过期类案件危害程度统计图

5 程序违法——行政错误作为案

行政主管部门错误作为往往与腐败紧密相连，由于个人利益与开发商紧密相连，因此超出职能权限违法审批，给城市带来严重的灾难和影响。行政错误作为还体现

在不顾及相关部门的配合，在缺乏相关手续的情况下发放行政许可。程序违法中行政错误作为案归类整理见表 7–6。

行政错误作为案统计表　　　　表 7–6

序号	案件名	违法内容	违法类型	危害程度	违法主体	处理结果
1	某市××房产开发项目案	政府未编制控规，规划管理部门监管不到位；开发商未经许可擅自施工	A–2–4 A–3–4 A–7–5	严重	政府、企业	告知、责令停工、整改
2	某市××景观大道违规案	违规建设，相关部门违规发证	A–6–9 A–7–4 A–7–7 A–8–4 A–8–7	严重	政府、企业	追究刑事责任
3	某市××综合体项目违规审批案	企业违规建设，占用道路红线，相关部门违规发证	A–8–6 A–8–7	严重	政府、企业	追究刑事责任
4	某市××大厦及广场违规审批案	企业违规建设，相关部门违规发证	A–2–1 A–6–6 A–8–2 A–8–5 A–8–6	严重	政府、企业	通报批评

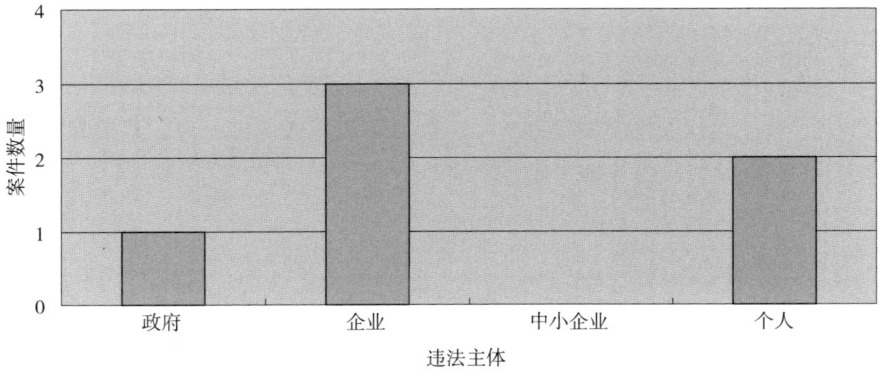

图 7–13　行政错误作为案违法主体统计图

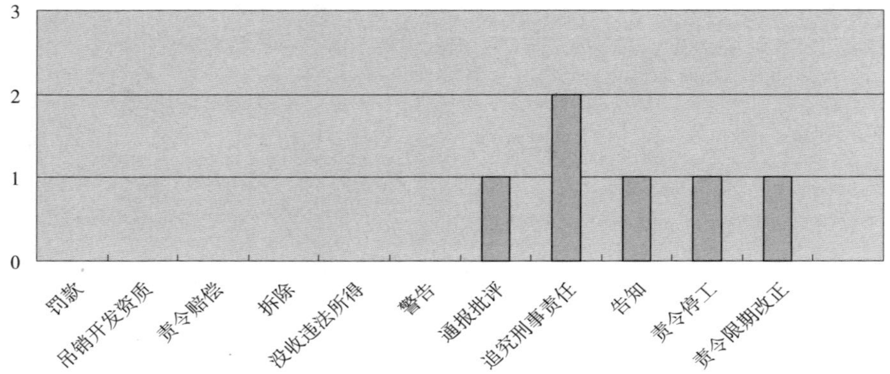

图 7–14 行政错误作为案处罚结果统计图

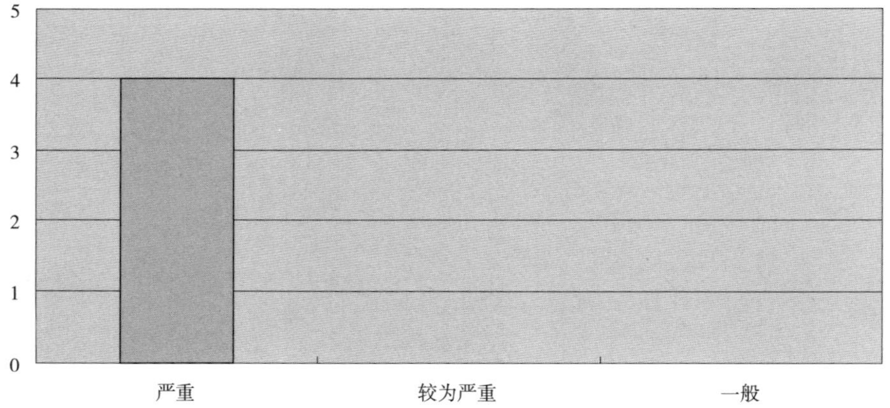

图 7–15 行政错误作为案危害程度统计图

表 7–6、图 7–13 显示，行政错误作为案件的违法主体主要是政府和企业，其危害都很严重，对其进行的处罚方式一般都会对当事人通报批评，并追究当事人的刑事责任，对建设项目责令停工或者限期改正。

6 案例综合分析

在不同类型的违法违规案件中，违法主体所占的比例如图 7–16 所示。从统计图上可以看出，在本书所收集的案例中，缺证、不办证或者证书过期的程序违法案件和违反详细规划的案件最为常见，行政错误案件和违反历史文化名城名镇名村保护规划的案件最为少见，在违反详细规划和程序违法缺证类的案件中，企业作为违法主体的数量最多，其次是政府和个人。

在对违法违规行为进行的处罚方式方面，拆除和罚款是最常见的处罚方式，但是由于拆除成本很高，具体实施过程中遇到的阻力很大；而罚款则被认为是最易于实施而且有效的处罚方式。

在各类违法行为的危害程度方面，行政错误作为的危害最大，其行为主体主要是政府和企业。

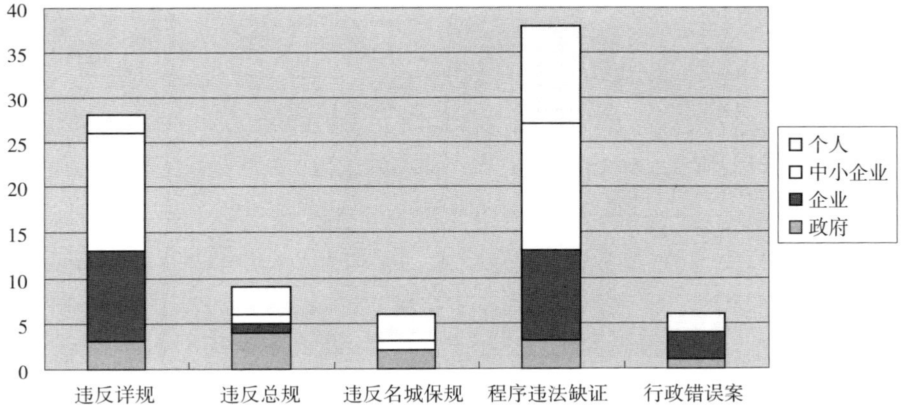

图 7-16 违法主体统计表

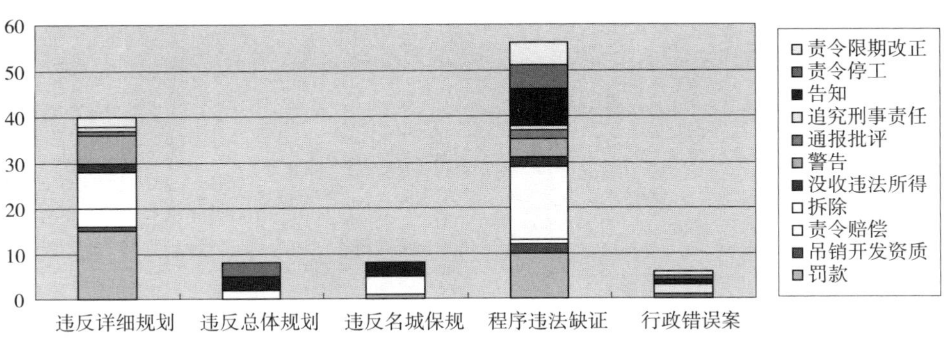

图 7-17 处罚结果统计表

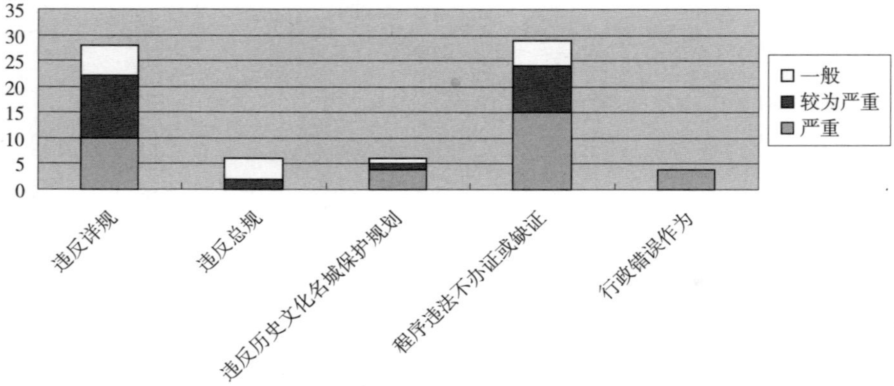

图 7-18 不同违法类型的危害程度统计图

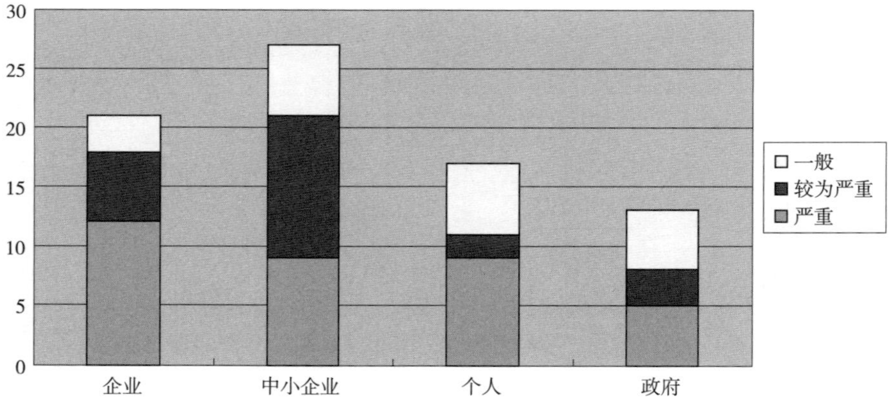

图 7-19 不同违法主体的危害程度统计图

第八章　违反详细规划案例

1　某市 ×× 步行街案——提高容积率

1.1　案由与情节

该步行街系某市旧城改造项目，其所在的区域系人口高度密集、消防隐患极大的危旧房区，政府试图通过旧城改造这条途径解决该区域的居民生活环境、消除安全隐患。由于政府财力有限，因此采取通过开发企业进行区域旧城改造。该项目从1998年的规划选址到2006年9月的最后验收，历经8年时间，跨域三届市政府以及该市建委拆分为建设局、规划局、执法局的过程。涉及问题包括违反规划提高容积率、改变部分建筑空间功能、降低绿地率等问题;未按规定安装电梯以及拆迁安置、消防安全隐患等问题，具体情节如下：

多次提高容积率。该步行街分别从1998年6月～2001年10月分6期由原某市建委批准选址及用地规划许可手续，核定的容积率为3.2；2002年建设公司提出申请变更规划，容积率调整为4.2，规划局考虑拆迁工作的艰巨性和安置数量的现实性，最后同意申请，确定容积率为4.5。实际开发过程中该集团部分违反建设工程规划许可证审批的要求进行建设，部分单体面积超过原许可证审批面积。2004年，该集团向市政府申请缩小该项目拆迁范围，并申请将地下一层调整为商业功能。2005年市政府召开三次协调会，同意有关部门先行办理验收相关手续。据此，规划局对违章建设部分进行行政处罚后，给予办理验收手续，最后的容积率达到6.27。

降低绿地率。按照2002年12月12日审批的规划总平面，规划拆迁征地面积为45413平方米，最后实际拆迁征地为40568.7平方米，无法再行拆迁的4844.3平方米主要为规划绿地部分，2005年市政府召开专题会议同意该项目缩小征地范围，造成绿地率达不到原规划总平面审批17%的标准。

消防安全隐患。该项目在东西两侧原规划各有一条7～10.8米宽的通道，由于开发单位无法再行拆迁，同时市政府同意调整缩小征地范围，要求步行街建筑外围留有不小于 4 米的空地作为消防通道确保安全。

未按规定安装电梯问题。该步行街中的 6 座楼是拆迁回迁安置楼，部分回迁户要求放弃安装电梯，致使部分电梯井口被强行封闭或改作他用。

拆迁安置问题。该集团住宅小区拆迁已安置房总建筑面积为 118279.46 平方米，共有 1046 套（间），其中住宅 890 套，商业用房 156 间。目前 89 套住宅及 134 间商业用房已安置，尚有 22 间巷店或二层店面未进行回迁安置。原小区中幼儿园校方认为校舍的建设不符合现有幼儿园设计规范的要求，以空地少、无法使用等原因拒绝安置。

1.2 处理过程与结果

由于规划存在的调整容积率、减少绿地和消防通道狭窄问题不可纠错，因此准许上缴罚款后补办相关手续。对未按规定安装电梯问题责令恢复，重新安装电梯，达到规范要求。对幼儿园按照规范进行改造。安置工作尽可能与居民妥善协商解决。

1.3 案例分析与思考

本案件虽然列入违反详细规划案例类型，应该说明的是城乡规划违法违规案件的发生同时会有多种违法行为，如改变功能、侵占绿地、违反建筑设计（电梯、消防通道）等强制性标准问题，而且涉及拆迁安置等社会问题。案件历时长达八年，虽然经过多方调节已经解决，但本案中规划问题已经不可挽回，如绿地的被占用，只能无奈地接受和承认。

本案中一个重要的事件是容积率的多次调整，由最初的容积率 3.2 到最后的容积率 6.27，差距几近一倍，而收集的案件中容积率调整频率和幅度也是最多的案件类型。以海南省为例，2007 年至 2009 年期间清查房地产项目 769 宗，其中变更规划、调整容积率 162 宗，存在违规变更规划的 70 宗①。作为国有土地使用权出让合同的组成部分的规划条件中最具有可变性的容积率是开发企业最能动手脚的指标，2012 年 3 月 1 日生效的《建设用地容积率管理办法》（建规 [2012] 第 22 号）规定了调整容积率的条件和严格的程序，条件包括以下四个方面：①因城乡规划修改造成地块开发条件变化的；②因城乡基础设施、公共服务设施和公共安全设施建设需要导致

① 海南大力整治房地产和建筑领域腐败现象 [EB/OL]. 南海网，2010-05-25. http：//news.qq.com/a/20100525/002602.htm.

已出让或划拨地块的大小及相关建设条件发生变化的；③国家和省、自治区、直辖市的有关政策发生变化的；④法律、法规规定的其他条件。可以看到，上述条件仍然过于宽泛，分析下来似乎所收集的案件都可以找出这样那样的理由框入上述四大条件，似乎只要满足程序就可以合理合法，而技术合理性并未成为调整的基础。因此需要从规划科学性和管理合法性角度研究到底如何确定容积率，也需要理解开发商确定容积率考虑的因素，其中最重要的一条就是经济合理性，而这是决定规划能否实施的决定性因素。因此控制性详细规划编制在满足规划和理性的前提下计算经济账，在我们还不能明确解释容积率 2.1 和 2.2 对周边影响的差别时，经济因素可能就是决定性的条件。本案容积率改变的主要原因是超层建设、楼管道转换层功能改变（开发商将原规划审定的管道转换层改为住宅）、半地下一层调整为商业功能以及拆迁范围缩小。

2 某市居民信访案——增加建筑面积

2.1 案由与情节

1994 年 8 月，某市规划局核发《建设工程许可证》，批准建设 36-1 号楼南侧的 36 号楼，建筑长度 47 米，高度 7 层，楼间距 25 米，符合《关于印发 ×× 市建筑间距暂行规定通知》（× 城乡委发 [1987] 第 172 号）要求。1998 年 5 月，该工程建设单位某房地产开发总公司未经规划部门批准，擅自将该两栋楼皆向东延长 66 米，加高一层，并在 36 号楼东端向北增建 9 层转角单元，北山墙与 36-1 号楼南墙间距为 8 米，造成 36-1 号楼东单元住户严重挡光，室内不见阳光，阴暗潮湿，楼房质量存在严重问题。且两楼没有办理工程监理手续，没有进行竣工验收。

2.2 处理过程与结果

本案中 36-1 号楼东单元的挡光问题由该房地产开发公司违规建设所造成，常理而言，应由该公司承担补偿或赔偿责任，但该公司已于 2001 年被取消房地产开发资质，该楼已建成入住 10 年，当时该公司对挡光造成的损失是否进行赔偿、各产权单位进行住房分配时是否考虑过挡光因素、某市有关部门对该公司违规行为的处理以及省监狱管理局对该公司资产的处理等一些具体情况很难查清。

因此，房屋质量问题应由住户向当地房产主管部门反映，由房产主管部门进行处理，也可由住户委托工程质量检测机构进行检测鉴定，若不属于住宅共用部位问题，由住户自行维修，若属于共用部位的问题，应使用专项维修资金由物业公司组织维修。

2.3 案例分析与思考

这是一个典型的历史遗留问题，房产主管部门应主动进行房屋质量鉴定，确有危险，应采取切实的方法解决问题，确保居民安全。同时，需要确权，为百姓办理房屋登记。如果确系危房，目前我国已经建立了包括廉租房、经济适用住房、公共租赁住房、限价房等在内较为完善的住房保障制度、可以通过这一国家住房保障制度来解决。

3 某县 ×× 住宅小区案——调整建筑高度

3.1 案由与情节

×× 住宅小区位于某县某镇某大街南侧，由某路桥集团下属某市某房地产开发有限公司开发。2005 年 3 月，该项目取得《国有土地使用权证》，2008 年 3 月某县发改局批准立项，属于旧城改造项目，并取得《建设项目选址意见书》、《建设用地规划许可证》、《建设工程规划许可证》，某县建设局批准的建设规模 23055.39 平方米。由于大街北部居民住宅与该小区住宅楼间距为该小区住宅楼高度的 1.4 倍建筑高度，因此北侧居民状告南侧小区遮挡，不符合日照间距要求。

3.2 处理过程和结果

当地建设局认为规划审批符合《 ×× 市城市管理办法》第 173 条“旧城区改造，新建筑物与原有建筑物（规划保留的）应不小于南面建筑物高度的 1.2 倍”的规定，是合法的。

3.3 案例分析与思考

新规划建设的住宅小区的内部住宅日照问题一般通过规划不存在挡光问题，但与临近的住宅楼之间的规划控制涉及城镇建成区是否有控规，这是典型的新的详细规划与周边地块衔接的问题，因此规划审批环节应考虑与周边设施及建筑物的关系。

我国的日照间距标准主要出自《城市居住区设计规范》(GB 50180—93)(2002年版)、《住宅建筑规范》(GB 50368—2005)与《住宅设计规范》(GB 50096—2011)，其法律依据是标准化法[①]。《中华人民共和国标准化法》第七条规定：国家标准、行业标准分为强制性标准和推荐性标准。《实施工程建设强制性标准监督规定》(建设部令[2000]第81号)强调保障人体健康、人身、财产安全的标准和法律、行政法规规定强制执行的标准是强制标准，其他标准是推荐性标准。本案虽然符合地方的管理规定，但管理制度本身的科学性、合理性受到质疑，因此提高规划审批的科学性至关重要。

4　某市××道路拆迁安置案——增加建筑层数

4.1　案由与情节

某市××道路改造建设工程是旧城改造的一个建设项目，开发单位在建设过程中未经批准，擅自改变了部分规划方案，包括增加建筑层数、改变户型、建筑不符合消防规范等，对此，就地安置的59户拆迁户提出异议。

4.2　处理过程和结果

针对安置提出三种处理方案供拆迁户选择：一是拆迁户接受原地安置房，由开发商一次性补偿拆迁户；二是开发商负责在城区另行购房，并贴补差价；三是将原选定的安置房由开发商处理，开发商一次补偿拆迁户。至调查截止之日，已有58户与开发商签署协议，仅剩下1户未进行任何处理。

4.3　案例分析与思考

这是后期安置处理效果较好的一个案例，但其中引发的是政府管理的思考，即建造过程中的监管的缺失；同时，开发商擅自修改方案导致的消防问题已经很难解决，成为重要的安全隐患。加强管理的问责、开发商的问责对过程违法的控制是有效的。

① 张播，赵文凯．住宅日照标准的多学科认识[J]．城市规划，2010(12)．

5 某市 × × 住宅小区案——占用绿地

5.1 案由与情节

某市 × × 小区 5 号楼经过原某市城市规划管理局于 1997 年 9 月 10 日批准建设，建设单位为某市某公司及某市某房地产开发建设有限公司，为配套建设，现由某省财政厅驻该市联络处使用，5 号楼西侧规划有两小块绿地，目前被某省财政厅驻该市联络处用铁栅栏圈起作为停车场使用。居民上诉认为 × × 小区 5 号楼为居住小区配套公共设施，应用于居民服务之用，停车场应恢复绿地。

5.2 处理过程和结果

小区管理者认为，根据《 × × 新建改建居住区公共服务设施配套建设指标的通知》（ × 政发 [2002]22 号 ）文件规定，居住区的配套公建包括教育、医疗卫生、文化体育、商业服务、金融邮电、社区服务、行政管理和市政公用等八类，5 号楼用于商业经营，属于配套公建所包括的范围，因此未予改正，绿地仍然被停车场占用。

5.3 案件分析与思考

本案件处理并不恰当，居住区的配套公建出租给某省财政厅驻 × 联络处属于商业使用配套公建所包括的范围有些牵强，按照相关规范，配套设施应用于服务本小区居民。同时 5 号楼西侧的两小块绿地应拆除铁栅栏，因作为居住区居民活动的场地，小区绿地属于小区公共空间，理应服务于民。本案的启示是居住区建设后的监管必须通过地方的实施细则加以深化，地方政府应出台配套的管理办法，规定建筑和用地使用功能转化的条件和不得转化的强制性内容，加强实施后的监管。

6 某县 × × 贸易公司违规案——增加建筑层数

6.1 案由与情节

2008 年初，某县 × × 建设器材公司与某自然人 × × 签订合作开发协议，由该人出资对该公司所属某集贸商场进行拆迁改造，改造项目名称为某县 × × 购物中心，该项目土地使用权人为某县 × × 健身器材公司。2008 年 4 月 8 日，该项目以某县某购物中心为建设单位向该县建设局提出申请办理规划相关手续，建设局同意该项目设计建筑层数为二层，总建筑面积3000平方米。在申请办理规划手续同时，该工程擅自开工建设，实际准备建设四层，目前该工程主体三层已封顶，总建筑面积将达到6160.47平方米。4月28日，某县建设局以×城建停字[2008]第029号文件，对该项目下达停工通知书，处以5万元罚款，并要求在规划条件允许的情况下尽快办理相关手续。5月15日，某县建设局审定通过《某县××购物中心详细规划》，于5月17～23日进行了公示。2008年5月26日，某县发改局以×发改投资发[2008]第49号文件下达建设计划，批准建设规模5469.36平方米，总投资650万元，建设主体四层。6月10日，某县建设局以×规用地[2008]字第05号对该工程核发《建设用地规划许可证》，6月20日，以×规工程2008字第06号向该工程核发《建设工程规划许可证》，批准该项目建设规模为6000平方米，工程主体为四层。

项目建设单位系某县××购物中心；设计单位系××建筑设计单位；勘察单位系某市××工程勘察有限公司分公司；施工单位系某省××集团有限公司分公司（虽已施工，但至今未和建设单位签订施工合同）；监理单位系某县××监理有限公司；图审单位：某省××施工图审查有限公司。

本案存在的主要问题是超越规划许可建设。该项目建设工程规划许可证批准建设二层、3000平方米，实际建设四层、6160.47平方米，未办理施工许可手续，擅自开工建设。

6.2 处理过程和结果

（1）根据《中华人民共和国城乡规划法》第六十四条的规定，未取得建设工程规划许可证或者未按照建设工程规划许可证的规定进行建设的，处建设工程造价5%以上10%以下的罚款；根据《建设工程质量管理条例》（国务院令[2000]第279号）第五十七条的规定，建设单位未取得施工许可证或者开工报告未经批准，擅自施工的，责令停止施工，限期改正，处工程合同价款1%以上2%以下的罚款；根据《中华人民共和国招标投标法》第四十九条的规定，必须进行招标的项目而不招标的，责令限期改正，可以处项目合同金额5‰以上10‰以下的罚款，对建设单位直接负责的主管人员和其他直接责任人员依法给予处分。根据上述规定，相关部门责令该购物中心停止施工，补办相关手续，并处30.8万元的行政罚款。

（2）根据《建筑工程施工许可管理办法》（建设部令[2001]第91号）第十条、第十三条的规定，未取得施工许可证擅自开工的，责令停止施工，并对施工单位处以 5000 元以上 3 万元以下罚款。本案处理意见是责令该省 ×× 集团停止施工，并处 3 万元的行政罚款。对该项目的项目经理记不良行为记录一次。

（3）据《建设工程勘察设计市场管理规定》第三十四条的规定，设计单位违反法律法规或有关工程建设强制性标准的，设计文件无效，由县级以上人民政府建设行政主管部门给予警告，责令限期改正，没收违法所得，并可处以 3 万元以下的罚款，在 6 个月至 1 年内停止承接新的勘察设计业务，将违法行为记录在案，作为资质年检的重要依据。本案处理意见是给予建筑设计单位警告，其设计施工图无效，处 3 万元罚款，记不良行为记录一次。

（4）根据《房屋建筑和市政基础设施工程施工图设计文件审查管理办法》第二十二条的规定，未按规定上报审查过程中发现的违法违规行为，县级以上地方人民政府建设主管部门责令改正，处 1 万元以上 3 万元以下的罚款；情节严重的，省、自治区、直辖市人民政府建设主管部门撤销对审查机构的认定。本案处理意见是责令该施工图审查有限公司改正，处 3 万元的行政罚款，并对其法定代表人马继才处以 1500 元罚款。

（5）本案对该监理公司在工程未取得施工许可证的情况下，承接监理业务的行为，在全省范围内进行通报批评，并对其项目总监记不良行为记录一次。

（6）本案对某县建设局在该项目建设过程中审批不严、监管不力提出批评，要求做出书面检查报省建设厅稽查办。

6.3 案例分析与思考

本案件是先做建筑设计，后有规划控制的典型案例，倒置的做法导致规划实施管理缺乏技术依据。按照《城乡规划法》第四十三条的规定：建设单位应当按照规划条件进行建设；确需变更的，必须向城市、县人民政府城乡规划主管部门提出申请。变更内容不符合控制性详细规划的，城乡规划主管部门不得批准。城市、县人民政府城乡规划主管部门应当及时将依法变更后的规划条件通报同级土地主管部门并公示。

本案的公示时间为 6 日，需要注意的是，按照《城市、镇控制性详细规划编制审批办法》（住房和城乡建设部令 [2010] 第 7 号）规定控制性详细规划是城乡规划主管部门做出规划行政许可、实施规划管理的依据，同时规定控制性详细规划组织编制机关应当依法将控制性详细规划草案予以公告，并采取论证会、听证会或者其他方式征求专家和公众的意见。公告的时间不得少于 30 日，公告的时间、地点及公众提交意见的期限、方式，应当在政府信息网站以及当地主要新闻媒体上公布。

7　某市 ×× 置业有限公司违法建设案——占用绿地

7.1　案由与情节

某市 ×× 置业有限公司未经批准，擅自占压小区绿地建设住宅楼一栋，面积 780 平方米，违反了《中华人民共和国城乡规划法》第四十条之规定，属违法建设。2009 年 3 月 28 日该建设施工第二层时，被该市规划局发现并下达《停工通知书》。

7.2　处理过程和结果

2009 年 3 月 29 日，某市规划局依据相关法律规定，对该违法建设立案调查，调查终结后，2009 年 4 月 17 日下午，某市规划局召开公建违法建设规划行政执法集体论证会，对该置业有限公司违法建设行为进行认真研究，形成行政执法处理意见：责令该公司 15 日内自行拆除违法建设，否则规划局将依法强制拆除。2009 年 4 月 20 日，某市规划局向建设方书面告知拟做出的限期自行拆除决定和其享有的陈述、申辩权利，同时对该公司法定代表人进行耐心细致的说服教育，讲明利害关系，使其认识到擅自占压小区绿地建设住宅楼的行为侵犯了小区业主的合法权益，属于严重违法建设。建设方同意接受限期自行拆除的决定，放弃陈述和申辩权利。2009 年 4 月 25 日，某市规划局将《建设行政限期拆除决定书》（× 市规行限字 [2009] 第 01 号）送达某市 × 置业有限公司，2009 年 4 月 28 日，该公司对擅自建设的住宅楼实施了彻底拆除。

7.3　案例分析与思考

按照《城乡规划法》第三十五条规定：城乡规划确定的铁路、公路、港口、机场、道路、绿地、输配电设施及输电线路走廊、通信设施、广播电视设施、管道设施、河道、水库、水源地、自然保护区、防汛通道、消防通道、核电站、垃圾填埋场及焚烧厂、污水处理厂和公共服务设施的用地以及其他需要依法保护的用地，禁止擅自改变用途。《城市规划编制办法》第四十二条规定：控制性详细规划确定的各地块的主要用途、建筑密度、建筑高度、容积率、绿地率、基础设施和公共服务设施配套规定应当作为强制性内容。调查显示，占用绿地是违反强制性内容最多的一类案件，如果全国范围内城乡规划实施均把违反强制性内容尤其占用绿地采取零容忍的态度，并采取没收或拆除的行政处罚，其威慑力会显著提升。

8 某市××化工有限公司违法建设案——增加建筑面积

8.1 案由与情节

2007年4月13日，某市某区规划分局批准某化工有限公司在该区该公司院内建设临时厂房一处，面积450平方米。但该公司超出规划许可擅自违法扩建，建设总面积达到1062平方米，超出批准面积612平方米。

8.2 处理过程和结果

某市某区综合行政执法分局依照职权和法律规定，于2007年12月10日立案（[2007]第3000016号），对该公司擅自扩建厂房行为进行依法查处，并于2008年1月25日依法做出了限期拆除该违法扩建厂房的行政处罚决定，但至今该公司未予拆除。综合行政执法分局于2009年4月28日再次立案（[2009]第3000005号），对该公司超过批准期限未予拆除的临时建设（即2007年4月13日某区规划分局规划许可的450平方米临时厂房）进行依法查处，并于2009年7月3日依据《中华人民共和国城乡规划法》第六十六条第三项之规定，做出了限期拆除的行政处罚决定，7月6日依法向当事人送达了《综合行政执法行政处罚决定书》，责令当事人15日内自行拆除违法建设，至今未予拆除。现依据《中华人民共和国城乡规划法》第六十八条之规定，区综合行政执法分局于2009年8月10日提请市政府批准，对该化工有限公司上述违法建设实施强制拆除。8月17日，市政府做出同意强制拆除违法建设的批复。分局依照批复要求于8月21日向当事人送达《综合行政执法强制拆除通知书》，要求当事人3日内自行清理室内物品，25日实施强制拆除。8月25日分局在辖区办事处、公安分局的配合下对违法建设实施强制拆除。

8.3 案例分析与思考

《城乡规划法》第四十四条对临时建设有专门的规定，即在城市、镇规划区内进行临时建设的，应当经城市、县人民政府城乡规划主管部门批准；临时建设影响近期建设规划或者控制性详细规划的实施以及交通、市容、安全等的，不得批准；临时建设应当在批准的使用期限内自行拆除；临时建设和临时用地规划管理的具体办法，由省、自治区、直辖市人民政府制定。本条实际上是地方层面根据当地实际情况对国家法律进行深化和具体化的条款。因此按照当地《××市城乡规划管理技术规定》(征求意见稿)第一百一十一条临时建设用房管理规定[①]：①临时建设工程不得影响近期建设规划或者控制性详细规划的实施以及交通、市容和消防安全；②新建临时建设工程应当取得建设用地批准书、土地使用证、房地产权证、土地使用权人同意使用土地的证明文件或者其他使用土地的证明文件；③临时建设工程层数一般不超过两层、建筑高度不超过6米；④临时建设工程规划许可证自核发之日起最长不得超过两年。期限届满仍需使用的，需按程序向原批准的城乡规划主管部门申请延期，延期不超过一年。使用期限内因城市规划、建设或者管理需要，或者使用期满应当自行拆除或恢复原状。因此按照上述规定地方对临时建设用房的处理是合理合法的。

9　某市××房地产有限公司违法建设案——增加建筑层数

9.1　案由与情节

2009年2月15日，某市执法人员对已批准建设工程检查时发现，某房地产有限公司在××路××花园小区内建设的楼房违反《建设工程规划许可证》，超面积建设房屋，为4-8号、42号、55号、56号、59号的9栋楼15处，把《建设工程规划许可证》上批准的主体6层、局部5层均建设成为6层，砖混结构，总面积1268平方米，现主体已完工。

9.2　处理过程和结果

该辖区综合行政执法分局依照法定职权和法律法规要求，于2009年2月15日进行立案，对该房地产有限公司的违法行为依法进行查处，责令该房地产有限公司立即停止违法建设行为，并依法先行登记保存部分施工工具。2009年2月16日，公司负责人委派副总经理××到分局接收调查处理，表示立即停止建设，并提供了已批准的原有手续。执法人员根据现场勘验情况，要求该房地产有限公司到规划局申请进行补办手续，在未经批准的情况下，严禁施工。2009年3月4日，该房地产有限公司副总经理××到分局提供了某市规划局建设项目规划审查会议纪要

① 资料来源：http：//wenku.baidu.com/view/982e2f0b52ea551810a68730.htm.

（2009 年第 8 次），同意项目：×× 房地产有限公司 4–8 号、42 号、55 号、56 号、59 号楼追加面积，罚款、补交各项费用后补办手续。综合行政执法分局根据市规划局建设项目规划审查会议纪要（2009 年第 8 次）的要求，对该公司进行处罚，依据《中华人民共和国城乡规划法》第六十四条之规定，于 2009 年 3 月 7 日依法向该公司送达了《综合行政执法行政处罚决定书》。2009 年 3 月 10 日，该公司上缴罚款，补交各项费用，规划局给予办理各种手续，该案结案。

9.3 案例分析与思考

按案情分析本案属于《城乡规划法》六十四条的规定的尚可采取改正措施消除对规划实施的影响的违法类型，按照法律规定处建设工程造价 5% 以上 10% 以下的罚款。根据调查此类案件在全国发生的频率和行政处罚最多，其内在原因是开发企业认为这是小违法，多罚款了事；同时目前房地产价格飞涨，以当地砖混结构建筑工程造价 1800 元 / 平方米计算，罚款 10% 仅为 180 元 / 平方米，虽然本案发生的城市属于二三线城市，但按照市场价出卖也在 5000 元 / 平方米以上，罚款额仅为房屋售价的 3.6%，违法成本极低，获益颇丰，导致开发商主动请求罚款。目前，国内有些城市采取提高处罚额度的措施，大致分为两种：一是直接将违法收入全部没收再追加罚款；二是按照全部工程造价的 10% 收缴罚款。这两种方法都使得开发商无利可图，从而使这类违法行为呈下降趋势。

10 某市 ×× 公寓违法建设案——增加建筑面积

10.1 案由与情节

某市 ×× 房产开发企业在 ×× 路和 ×× 路口建设的某公寓商住楼，擅自对建筑加长 70 厘米，造成总建筑面积增加 210 平方米。

10.2 处理过程和结果

规划局管理人员巡查发现此现象时，该楼已施工至 ±0.00。规划局当场下达停工通知书，并勘验违法建设现场，发现已无法整改违法事实，依据《城乡规划法》做出处建设工程造价 10% 的罚款，并补办超出面积部分手续的处罚决定。决定做出后至今，没有出现新的举报和意见，现建筑主体已封顶。

10.3　案例分析与思考

本案和第九个案例属于相同的情况，是企业在项目审批后根据住户反馈的信息发现，套内面积小于住户心理需求，主要是客厅开间较小，在居民压力和房价较高的利益驱使下增加建筑长度，属于《城乡规划法》六十四条的规定的尚可采取改正措施消除对规划实施的影响的违法类型，按照法律规定处建设工程造价 5% 以上 10% 以下的罚款。本案处罚采用的是违法面积的建设工程造价作为基数计算总罚款额，属于处罚较轻的案例，国内大多数城市采用此种处罚手段和计算罚款方式。

11　某市 ×× 项目开发有限公司违法建设案——增加建筑层数

11.1　案由与情节

某市 A 项目开发有限公司（以下简称 A 项目开发公司）是由某市国有资产投资经营公司、某市 B（集团）有限公司和 C（集团）实业投资有限公司共同出资组建的房地产开发企业，国有资产占公司总资产的 60%。公司于 1998 年成立，房地产开发资质为暂定四级，2004 年 8 月升为三级资质。“×× 花园”则是该公司开发的房地产项目，位于蜀都大道某路 14 号（原某机械厂内）。该项目于 2000 年初开工建设，前后分为 5 期，总面积 48 万平方米，总共 34 幢楼。在建设过程中，“×× 花园”8、9、10、13、14 栋楼在未经规划审批的情况下将原规划设计的 15、16 层违规加高修建为 18 层。

11.2　处理过程和结果

此违法行为受到该市建委、市规划局罚款处罚。经验证，加层后并不影响楼房的结构和安全，有关部门为其补办了所有加层的规划、设计、施工许可手续。

11.3　案例分析与思考

如果说 8、9、10 案件属于“小打小闹”的话，本案属于违法违规大案件。此类案件基本是有预谋的，一般采用两套图纸的伎俩，一套图纸按照控规要求上报审查，超面积的一套图纸用于施工。此类案件处理不仅应重罚开发公司，对设计单位、施工单位、监理单位等各个环节相关参与单位均应重罚，才能有效控制这类案件的发生。

12 某市村民违法建设案——增加建筑层数

12.1 案由与情节

2008 年 2 月 17 日，某区规划部门接到区政府转来“区城管大队关于党校西侧违法建设的情况报告”，报告中称区城管大队经核查确认在区党校西侧建房者为 ××，其未按已取得的建设工程规划许可证批准内容进行建设，超出规划批准面积。

××系某区某镇村民，在某区某镇×号有一处住宅。该处住宅位于城区××路的西侧，与区党校隔路相对，其位置属于主要大街两侧。区政府要求位于老城区内的民宅属于旧城改造范围，原则上不得批准村民新建、扩建、改建、翻建，但因××旧房属危房并出具了危房鉴定书，区规划分局于 2007 年 8 月 17 日向其核发了建设工程规划许可证，批准原址翻建住房四间，长 12.3 米、宽 5 米、房高 3.6 米、建筑面积 61.5 平方米。2007 年 9 月 ×× 开始翻建，但在建设过程中未按照批准内容进行建设，擅自将北房建成长 12.1 米、宽 8.2 米、高 7.6 米、地上二层、建筑面积 198.44 平方米；将整个宅院建成封闭式二层房屋，高 7.6 米，建筑面积 552.5 平方米；又在宅院外西侧新建锅炉房，地上一层，建筑面积 17.28 平方米，总计建筑面积 768.22 平方米，建成后将邻街二层房屋出租给他人开设饭店使用。×× 建设的房屋不仅远远超出规划批准内容，更侵占了道路红线，其严重影响了城乡规划。

12.2 处理过程和结果

区规划分局接到该案报告后，立即派执法人员进行调查核实。因此案发生在《城乡规划法》颁布实施之前，在如何适用法律的问题上曾持有不同意见，执法人员也感到困惑。有人认为：《城乡规划法》出台后，在与新法相配套的实施条例颁布施行前，旧的《城市规划条例》并未废止，因此仍可继续以《城市规划条例》为执法依据。为慎重起见，区规划分局向区人民法院行政厅进行了咨询，确认在新条例尚未出台前，规划部门在查处违法建设时可以继续使用《城市规划条例》。为此，区规划分局开始对此案进行立案调查，并依照《城市规划条例》的有关规定，对该违法建设当事人下达了《责令限期改正通知书》。由于当事人不履行改正义务，区规划分局及时做出了责令限期拆除的决定。

当事人自收到限期拆除决定后，未提起行政复议及行政诉讼，也未按照规定履行拆除义务，因此在法定期限届满后，区规划分局依法向区人民法院申请强制执行。

区人民法院受理上述申请后，依据《城乡规划法》第六十八条“城乡规划主管部门做出责令停止建设或者限期拆除的决定后，当事人不停止建设或者逾期不拆除的，建设工程所在地县级以上地方人民政府可以责成有关部门采取查封施工现场、强制拆除等措施”规定，做出行政裁定书，驳回区规划分局的强制执行申请，认为此类案件执行应由县级以上人民政府授权行政主管部门执行。至此，处理该违法建设一度陷入困境。

为了有效制止和查处违法建设，市规划部门及时会同市、区法制机构和相关执法部门对此案进行专题研究，并决定按照“实体从旧，程序从新”的原则，由规划部门将拆除违法建设决定函告区政府，由区政府责成城管大队强制拆除。此决定得到了区政府的认同和支持，一举拆除了上述违法建设。

12.3 案例分析与思考

新旧法规交替之际当地行政主管部门采取的“实体从旧，程序从新”的违法现象处理原则是可行的，但本案对强制执行主体的争议反映出《城乡规划法》的缺陷。针对强制执行主体,《城市规划法》第四十二条规定：当事人对行政处罚决定不服的，可以在接到处罚通知之日起十五日内，向做出处罚决定的机关的上一级机关申请复议；对复议决定不服的，可以在接到复议决定之日起十五日内，向人民法院起诉。当事人也可以在接到处罚通知之日起十五日内，直接向人民法院起诉。当事人逾期不申请复议、也不向人民法院起诉、又不履行处罚决定的，由做出处罚决定的机关申请人民法院强制执行。而《城乡规划法》第六十八条针对强制执行主体的规定是“建设工程所在地县级以上地方人民政府责成的有关部门”。因此强制执行的主体法律授权的变化使强制执行难度加大。

此外,《行政处罚法》规定行政处罚的实施机关是国务院或者经国务院授权的省、自治区、直辖市人民政府可以决定一个行政机关行使有关行政机关的行政处罚权，但限制人身自由的行政处罚权只能由公安机关行使。

13 某市 ×× 大厦超规划建设案——增加建筑层数

13.1 案由与情节

某市建设 ×× 超市项目，于 2003 年开工建设，建设单位为 ×× 开发公司，建筑面积 13895 平方米，地下 1 层，地上 5 层，框架结构。2005 年项目主体完工，开发公司将项目转让给李某，并办理了移交手续。随后，李某补交了加建至 18 层应缴纳的土地出让金，并取得国有土地使用证、建设工程规划许可证，规划批准加层至 18 层，建设规模为 26025 平方米。在实际建设中，李某通过地基加固，专家论证，建设地下 1 层、地上 20 层，建筑高度 67.95 米，总建筑面积为 44092.13 平方米的框架剪力墙结构建筑，更名为 ×× 大厦，并于 2007 年工程质量验收合格。

13.2 处理过程与结果

13.2.1 项目建设单位为李某个人，在未取得房地产开发企业资质证书的情况下进行开发建设，擅自开发建设，违反了《城市房地产开发经营管理条例》（国务院令 [1998] 第 248 号）第九条的规定："房地产开发主管部门应当根据房地产开发企业的资产、专业技术人员和开发经营业绩等，对备案的房地产开发企业核定资质的等级。房地产开发企业应当按照核定的资质等级，承担相应的房地产开发项目。具体办法由国务院建设行政主管部门制定。"依据《城市房地产开发经营管理条例》第三十五条之规定，责令其改正并处罚款；在工程建设过程中，建设单位超越《建设工程规划许可证》的规定进行建设，依据《××省实施〈中华人民共和国城市规划法〉办法》第二十九条之规定，责令限期补办规划变更手续并对其罚款处理。以上违规行为并罚，处 45 万元罚款，并责令其严格按照有关规定补办相关手续。

13.2.2 ×× 大厦改造工程于 2006 年 8 月 31 日取得建设工程规划许可证，建设规模为 26025 平方米（从 6 层加至 18 层），但实际建设面积为 44092.13 平方米（从 6 层加至 20 层），超越规划建设面积为 10067.13 平方米，违反了《××省实施〈中华人民共和国城市规划法〉办法》第二十一条规定："建设用地规划许可证和建设工程规划许可证规定的内容不得擅自变更，确需变更的，必须经城市规划行政主管部门同意，并办理变更手续。"另外，大厦改造工程的规划许可证为开工后补办，违反了建设工程规划许可证的规定。

13.2.3 ×× 大厦改造工程是由 5 层加至 20 层，由于加层导致的加固难度以及设计难度较大，属于超限建筑工程，建设单位虽然在初步设计阶段向省建设厅提出专项报告，接受该省超限高层建筑工程抗震设防专家委员会对该工程进行抗震设防专项审查，但没有按照《超限高层建筑工程抗震设防管理规定》（建设部令 [2002] 第 111 号）第十三条规定："建设单位、勘察单位、设计单位应当严格按照抗震设防专项审查意见进行超高层建筑工程的勘察、设计。"

13.2.4 ××工程勘察有限公司在进行某市××大厦岩土工程补充勘察中，未提供沉降计算参数，勘探点间距大、角点无钻孔或探井，钻孔深度不够，违反了《建设工程质量管理条例》第十九条规定："勘察、设计单位必须按照工程建设强制性标准进行勘察、设计，并对其勘察、设计的质量负责。"××工程勘察公司超越资质等级承揽勘察业务；在工程勘察中，勘探点间距、角点钻孔、勘探点钻孔深度等达不到规定要求，违反了工程建设强制性标准，依据《建设工程质量管理条例》第六十条、第六十三条之规定，对该岩土工程勘察有限公司处以10万元罚款，不良行为记入其诚信档案。

13.2.5 ××工程勘察有限公司为乙级勘察资质，而某大厦改造工程属于超限建筑工程，勘察应当由具备甲级资质的勘察队伍承担，其超越资质范围承担勘察业务，违反了《建设工程质量管理条例》（国务院令[2000]第279号）第十八条的规定："从事建设工程勘察、设计的单位应当依法取得相应等级的资质证书，并在其资质等级许可的范围内承揽工程。"

13.2.6 ××设计公司未按照抗震设防专项审查意见18层及U字形平面加层方案进行设计。设计总层数为20层，违反了《超限高层建筑工程抗震设防管理规定》第十三条规定："建设单位、勘察单位、设计单位应当严格按照抗震设防专项审查意见进行超高层建筑工程的勘察、设计。"某设计公司未按照抗震设防专项审查意见进行超限建筑工程设计，依据《超限高层建筑工程抗震设防管理规定》第十八条规定，处2万元罚款，责令其停业整顿，不良行为记入其诚信档案。

13.2.7 ××审图公司在某大厦改造工程未经抗震设防专项审查和不具备超限高层建筑工程审查资格的情况下，对其施工图进行了审查，违反了《超限高层建筑工程抗震设防管理规定》第十四条规定："未经超限高层建筑工程抗震设防专项审查，建设行政主管部门和其他有关部门不得对超限高层建筑工程施工图纸设计文件进行审查。"××图审查公司超越认定的范围从事施工图审查，依据《房屋建筑和市政基础设施工程施工图设计文件审查管理办法》（建设部令[2004]第134号）第二十二条、二十四条之规定，处以2万元的罚款，不良行为记入其诚信档案。对公司法定代表人处1000元罚款。

13.2.8 某市建设局未能严格履行主管部门职责。报建手续审批过程中，在施工图设计文件未通过审查、未取得国有土地使用权证和建设工程规划许可证的情况下，为建设单位发放了施工许可证，违反了工程建设的基本程序，予以通报，对有关责任人员视情节予以处理。

13.3 案例分析与思考

本案由最初设计条件的建筑高度5层到最后建成后的建筑高度20层，属于超限建筑，尤其在原有5层已经完工的基础上增建，加固难度以及设计难度极大，由此引发的安全隐患凸显。惩戒违法是手段，但目的之一是保障各县建设的安全，因此有关部门应组织相关专家对建筑质量进行重新评估，发现建筑隐含的问题及时解决。本案中李某为了加层也进行了专家论证，上述专家实质未依据审批文件内容进行的技术咨询，实质上做出了违法的技术支持。同时，《建设工程质量管理条例》（国务院令[2000]第279号）第十九条规定“勘察、设计单位必须按照工程建设强制性标准进行勘察、设计，并对其勘察、设计的质量负责。注册建筑师、注册结构工程师等注册执业人员应当在设计文件上签字，对设计文件负责”。在本案和未来的城乡建设过程中，相关专家和勘察设计人员遵循的勘察设计依据还须包括项目批复文件规定。《建设工程质量管理条例》第二十六条规定“施工单位应当建立质量责任制，确定工程项目的项目经理、技术负责人和施工管理负责人”。项目经理、技术负责人和施工管理负责人应按审批的施工图纸进行施工。行政处罚加强对上述责任人的惩戒，将有助于从源头杜绝此类违法项目的发生。

14 某市××小区三期工程擅自调整规划设计案件——降低容积率

14.1 案由与情节

某市××住宅小区由某房地产开发有限公司开发建设。2004年1月，建设单位经土地市场取得该项目国有土地使用权，土地使用性质为商住。工程分三期实施，现一期、二期工程已实施完毕并有部分住户入住，三期工程正在建设之中。该项目详细规划于2004年9月2日经该市政府批准实施。项目总用地面积74851平方米，总建筑面积149326平方米（包括地下13731平方米），其中居住建筑面积105645平方米，商业建筑面积36451平方米，综合容积率1.81。

该市建设局于2004年9月～2005年5月按批准的详细规划先后核发了一期、二期工程建设项目选址意见书、建设用地规划许可证、建设工程规划许可证。鉴于该项目位于城市西部城郊结合部，已建的一、二期沿街商业用房全部滞销等因素，为优化小区规划布局，适应市场经营需求，建设单位申请对三期工程详细规划进行调整。按照规划调整程序，该市建设局于 2008 年 5 月 30 日在该局网站上依法对详细规划调整方案进行了批前公示，公示期间没有收到疑义。公示期满后，建设局将该小区三期工程详细规划调整方案提请市政府审议批准。2008 年 6 月 27 日市政府召开专题会议，同意该小区三期工程减少部分商业和办公建筑面积，将原 26000 平方米的商办建筑调整为 13000 平方米的商住建筑，调整后综合容积率降为 1.77。根据会议纪要，该市发改委、国土局分别办理了项目核准和土地审批相关手续。2008 年 12 月 25 日，该市建设局批准该小区三期建设工程设计方案，规划地上建筑面积 12369 平方米，其中居住建筑面积 5869 平方米，商业建筑面积 6500 平方米，并相继核发了建设用地规划许可证和建设工程规划许可证。第三期工程用地面积 5953.4 平方米，原规划地上总建筑面积 26000 平方米，容积率达 4.37。调整后第三期工程地上总建筑面积 12369 平方米，容积率降至 2.08，一、二、三期实际综合容积率降至 1.64。

14.2 处理过程与结果

根据上述情况，被投诉举报的某小区三期工程详细规划调整履行了相关审批手续，且规划调整没有增加容积率，存在的问题是该市建设局对详细规划调整方案进行审批前公示的方式不够规范。

14.3 案例分析与思考

按照《城市、镇控制性详细规划编制审批办法》（建设部令 [2010] 第 7 号）第十二条规定：控制性详细规划草案编制完成后，控制性详细规划组织编制机关应当依法将控制性详细规划草案予以公告，并采取论证会、听证会或者其他方式征求专家和公众的意见。公告的时间不得少于 30 日。公告的时间、地点及公众提交意见的期限、方式，应当在政府信息网站以及当地主要新闻媒体上公布。城乡规划违法违规课题调查过程中发现，我国东部相对经济发达的省区的居民更为关注规划公示的合法性，包括时间是否满足，方式是否恰当，居民是否方便看到，硬件是否能够表达等。有些开发项目为躲避监督或流于形式将公式文件放置在偏远位置，目前国内对公示不符合相关规定尚未见到行政处罚的案例，多为督促整改。城乡规划实施法制化过程中，随着公众参与的逐步推进，这一政策环节的地位和作用也会越来越大，其规范性也越来越受到居民的关注。

15 某市 ×× 房地产开发有限公司擅自增建半地下车库案——增加建筑面积

15.1 案由与情节

某市 ×× 房地产开发有限公司 2006 年 7 月开工建设“某花园一期工程”，在建设过程中，未经规划部门批准擅自在该工程 175 号、177 号、180 号楼地下及三幢楼之间增建半地下车库，跟踪检查时土建部分已竣工，实施建筑面积 4070 平方米，已投入土建工程造价 2014762.03 元。

15.2 处理过程与结果

2007 年 1 月，该市规划局开始立案查处。×× 房地产公司在规划许可范围以外增加建筑长度和增建地下建筑，以增加建筑面积的违法建设行为，侵害了规划管理关系和城市规划管理技术规范，其危害后果可能涉及城市土地使用管理以及建筑物的防震抗震和安全。从法律法规的规定看，一是凡增加建筑面积，应按《中华人民共和国城市规划法》第三十二条规定“在城市规划区内新建、扩建和改建建筑物、构筑物、道路、管线和其他工程设施，必须持有关批准文件向城市规划行政主管部门提出申请，由城市规划行政主管部门根据城市规划提出的规划设计要求，核发建设工程规划许可证件。建设单位或者个人在取得工程规划许可证件和其他有关批准文件后，方可申请办理开工手续。”二是对违反以上法律法规的行为，按照《中华人民共和国城市规划法》第四十条及《×× 省实施〈中华人民共和国城市规划法〉办法》第三十八条的规定，“由县级以上人民政府城市规划行政主管部门责令停止建设，限期拆除或者没收违法建筑物、构筑物或者其他设施；影响城市规划，尚可采取改正措施的，由县级以上人民政府城市规划行政主管部门责令限期改正，并处罚款。”

根据《中华人民共和国城市规划法》第四十条及《×× 省实施〈中华人民共和国城市规划法〉办法》第三十八条以及《行政处罚法》有关规定，对甲公司按实施建筑面积 4070 平方米投入土建工程造价 2014762.03 元处以 15% 的罚款，计人民币 302214.30 元。被处罚人在接到《行政处罚事先告知书》及《行政处罚听证告知书》后，明确放弃陈述、申辩和听证的权利，在收到该市规划局送达的处罚决定书后，在法律规定的十五日缴纳罚款，补办了增建半地下车库的《建设工程规划许可证》。

15.3　案例分析与思考

本案行政处罚按照违法建设工程造价的15%进行处罚，虽然符合相关法律规定，但处罚与收益相比仍是较低的。同时本案涉及的仍然是安全问题，需要规划行政主管部门等对建筑基础和建筑安全进行鉴定，并按照相关规定对设计单位、施工单位、监理单位以及设计人员、项目监理、项目经理、技术负责人和施工管理负责人进行相应的处罚，维护法律的严肃性。

16　某市 ×× 地产有限公司违反规划建设案——增加层高

16.1　案由与情节

根据群众投诉，某市 ×× 地产有限公司开发建设的“×× 广场”项目存在未经规划审批，擅自将该项目第四、五层和设备转换层原设计层高 4.2 米、4.2 米、2.2 米变更为 3.9 米、4.1 米、2.9 米，违法增加建筑面积 1305.76 平方米，违反了某市规划局颁发的《建设工程规划许可证》规定要求，违反了《中华人民共和国城市规划法》第四十条的相关规定。

16.2　处理过程和结果

某省建设厅根据《中华人民共和国城市规划法》第四十条相关规定、《×× 省实施〈中华人民共和国城市规划法〉办法》第五十九条规定，于 2007 年 11 月 28 日做出行政处罚决定书，责令限期改正，并对 ×× 房地产有限公司按该项目整体造价 6771.6 万元的 10% 处以人民币 677.16 万元的罚款。

16.3　案例分析与思考

《中华人民共和国城市规划法》第四十条规定：在城市规划区内，未取得建设工程规划许可证件或者违反建设工程规划许可证件的规定进行建设，严重影响城市规划的，由县级以上地方人民政府城市规划行政主管部门责令停止建设，限期拆除或者没收违法建筑物、构筑物或者其他设施；影响城市规划，尚可采取改正措施的，由县级以上地方人民政府城市规划行政主管部门责令限期改正，并处罚款。“×× 广场”项目属于影响城市规划，尚可采取改正措施的违法类型，处以罚款是合适的。

但本案罚款金额按项目整体造价的 10% 计算，相对处罚金额与违法收入不相当，不能起到应有的威慑和惩戒作用。

17 某县 ×× 片区旧城改造违反规划案——增加建筑面积

17.1 案由与情节

2008 年 3 月，某省建设厅接到建设部房地产市场秩序专项整治办公室转来的关于该省 ×× 房地产在某县某片区旧城改造开发建设中存在违规等问题的举报线索督办单（建整治办 [2008] 第 23 号），于 2008 年 4 月 14 日组成调查组到某县现场调查。经核查，该房地产公司未经规划行政主管部门审批同意，擅自将 A 楼东侧高层建筑长度规划审批的 50.8 米建设成 51.8 米（多占地 10.15 平方米，增加建筑面积 202.1 平方米），并沿 C 楼二层建筑物长度方向增加了宽为 1.5 米的阳台，同时未按规划要求建设公共厕所，违反了《中华人民共和国城乡规划法》第六十四条规定。

17.2 处理过程和结果

2008 年 5 月 4 日某省建设厅发出《×× 省建设厅关于对某县 ×× 片区旧城改造项目违法违规建设等问题进行处理的通知》（× 建整顿函 [2008] 第 12 号），责成某县规划建设局加强对该片区旧城改造项目的规划监管，督促该房地产公司按照规划审批的要求建设公厕，并要求对该房地产公司不按规划许可证进行建设的违法行为依法进行查处。某县城乡规划建设局于 2008 年 6 月 11 日依据《中华人民共和国城乡规划法》第六十四条规定，对该房地产公司做出没收超建筑面积 202.1 平方米违法收入计 15.7492 万元的行政处罚决定。

17.3 案例分析与思考

本案处罚是国内较早按照出售价格计算的全部违法收入处罚案例。调查发现，国内一些城市将处罚规定为没收全部违法收入后，由于开发商无利可图，此类违法违规现象在这些城市基本消除。由此说明，制度设计的有效执行来自于问题根源的发现和解决，开发商违法违规的主要目的是经济效益的最大化，如果违法成本高于违法收益，就会从根本上杜绝此类违法违规行为的发生，这也给国内其他城市提供有益的借鉴，也为修改相关法律法规提供实践的基础依据。

18　某市 ×× 房地产开发公司违反规划案——占用绿地

18.1　案由与情节

某楼盘项目（以下简称 A 项目）由某市 ×× 房地产开发公司在 ×× 区 ×× 路开发建设，2006 年以招、拍、挂方式取得 ×× 区 [×（06）03] 地块的土地使用开发权，2007 年 2 月 12 日经原 ×× 区规划局审批核发了《建设用地规划许可证》，2007 年 7 月 9 日该项目修建性详细规划方案经规划局审批同意，总用地面积 112649 平方米，总建筑栋数 37 栋。2007 年 11 月 19 日在某市规划管理局 ×× 分局办理了 A 项目 1 ～ 8 栋《建设工程规划许可证（副本）》。规划局在现场清查工作中发现存在以下问题：

一是该项目只办理了 1 ～ 8 栋《建设工程规划许可证（副本）》，但现场已开工建设 25 栋房屋，且 25 栋房屋建筑平面位置均发生不同程度位移，平面尺寸及外立面也有所不同程度调整。

二是擅自占用规划市政道路和 ×× 公园绿地作为别墅私家花园。

三是 1、3、5、8、9 栋退让规划道路间距不足，3、4、5、6、8、9 栋二层出挑下部柱廊压占规划道路红线，最多处达到 2.5 米。

18.2　处理过程和结果

该项目严重违反了《中华人民共和国城乡规划法》第六十四条的规定，该市规划局立即对该项目下达了停工通知书，并致函市城市综合执法局依法查处。处理意见如下：

一是责成建设单位退出非法占用的规划道路及某公园公共绿化用地；

二是 1 ～ 9 栋压占道路红线及退让道路间距不足，已严重影响了城市规划，责成建设单位限期拆除 1 ～ 9 栋压占道路红线及退让间距部分的建筑，逾期未拆的，由市城市综合执法局依法强制拆除。

三是鉴于该单位违法行为严重，对其违法建设行为按照《中华人民共和国城乡规划法》第六十四条规定，处以已建工程总造价的 10% 的处罚。

四是对该项目建设过程中发生平面位移的建筑，按程序申请调整，在对该项目修建性详细规划方案审查符合各项规范后，再按程序完善相关手续。

2008 年 4 月规划局致函市城市综合执法局依法处罚，处以已建工程总造价 10% 的处罚，计罚款 1020167 元。

18.3 案例分析与思考

本项目发现问题的关键是建设过程的严格监管制度的执行，泸州市建立巡查制度和分区责任制度有效减少这一现象的发生，值得推荐。

本项目的处罚金额是按照“已建工程总造价”的 10% 计算的，和国内其他城市按照“违法建设工程造价”为基数计算又有不同，需要国家层面明确的规定和解释。

19 某市 ×× 房地产开发公司“×× 花园”会所项目案——增加建筑层数

19.1 案由与情节

2006 年 7 月某市某房地产开发有限公司 ×× 路“×× 花园”项目经规划局批准实施，该项目规划用地面积为 48725.9 平方米，总建筑面积 138320 平方米，建筑密度 28.1%，容积率 2.84，绿地率 28.7%，其中，会所面积为 2275 平方米，建筑高度二层。2007 年 6 月，该项目在未通过规划调整方案的情况下，未按原规划审批内容实施建设，擅自对会所部分进行调整，调整后会所增至三层，立面圆弧形改成方形，扩大了会所的建筑面积尺寸，违规扩建、超建部分面积 1232 平方米。同时因该会所在临 ×× 路一侧扩大建筑面积，压占规划市政道路红线。原规划审批方案会所后退道路红线 7.5 米，违规扩建后退道路红线最近为 4.9 米，严重影响 ×× 路道路改造及景观改造的实施。

19.2 处理过程和结果

根据《中华人民共和国城乡规划法》第四十三条、第六十四条规定，某市规划局于 2008 年 6 月 11 日召开办公会议，对该公司的违规行为做出“拆除增建会所”的处理意见。7 月，该公司向规划局递交申请，请求对会所增设部分不予拆除处理，改做没收处罚。经规划局进一步核实，该项目会所部分未按原规划审批方案实施，影响 ×× 路道路改造及道路景观，要求该公司按原规划对违规会所部分进行整改拆除，保证该路道路改造和道路景观的实施。同时致函某市城市综合执法局依法对该违规行为进行查处拆除。2009 年 11 月，该公司自行拆除会所违规扩建、加层部分。

19.3　案例分析与思考

城乡规划执法维护严肃性很重要的层面是对强制性规定的坚守和执行，强制性规定基本上都是底线规定，是保障公共利益、维护公共秩序的基本规定。对任何违法行为相对人而言，强制性规定成为“高压线”，冒险触碰的人会越来越少。

本案也是执法分工明确的典型案例，即由市规划局做出处理意见，由市城市综合执法局依法执行。

20　某市××公司“××大厦”项目——增加建筑层数

20.1　案由与情节

2003年4月30日某市国土局委托某市拍卖公司对编号为20××–拍–××号用地的土地使用权进行挂牌，该宗地拍卖时的规划条件为容积率4.82，建筑密度38.23%，绿化率20.5%，建筑层数19层。同日，××公司以918万元拍得该宗地土地使用权。2003年5月5日，该公司与市国土局正式签订《××市国有土地使用权出让合同》，并取得该宗地建设用地批准书。2003年6月13日，市发展计划委员会对该工程下达了立项批复。2003年8月21日，规划局核发了《建设用地规划许可证》。其后，该公司持该用地证向相关部门完善其他有关手续，并按照拍卖时的规划条件委托设计单位作方案设计。2003年9月8日，市拍卖公司给规划局来函，以拍卖前请示了有关领导，同意修建38层高楼为由要求规划部门增加审批层数及建设规模。2003年12月23日，市发展计划委员会重新下发了更名和××大厦建设规模的批复，同意增大该项目建设规模32152平方米，层数为29层。期间，××公司也多次向规划局提出增加建筑层数和容积率的要求，经认真研究，原则同意在不影响该地段城市规划的前提下，适当增加该项目的容积率和建筑层数。2004年4月21日，规划局函告市国土局，由于增加了容积率和建筑面积，应重新核算土地使用相关费用并完善手续，并函告规划局后方可完善规划相关手续。但该公司一直未向国土部门重新申请完善土地的相关手续和补缴土地费用。2004年3月，××公司在未办理《建设工程规划许可证》的情况下，擅自动工建设，严重违反了城市规划法的相关规定。

20.2 处理过程和结果

为制止申请人的违法建设行为，该市规划局分别于2004年3月5日和9月3日下达停工通知书，但该公司仍时停时建。由于该项目处于市中心城区重要节点，位置较为重要，因此2005年1月26日，市规划委员会对××大厦建筑方案进行专题研究，明确建筑层数为21层，临河19层，中间连体及裙楼为3层。规划局根据会议意见及时通知该公司按要求设计建筑方案送审后报市政府有关领导审批。2005年3月16日和30日，市政府分管市长和市长签批同意了规划局报送的××大厦21层建筑方案。2005年5月10日，规划局对该公司未取得《建设工程规划许可证》擅自动工建设的行为依法进行处罚，对该公司违法建设处以107424.00元罚款，对法人代表处以2000.00元的罚款，并责成申请人必须完善相关手续后方可动工建设。××公司统一接受处罚并缴纳了罚款，同时申请完善相关手续。2005年5月17日，规划局依法给其办理了《建设工程规划许可证》，明确该项目建筑层数为21层，建筑面积42902平方米。该公司继续动工建设，由于施工单位采取封闭施工，在施工过程中规划局无法知道该公司是否按规划进行建设，直到该公司拆除外围脚手架及防护网后，规划局发现该项目将所批3层群楼建为6层，严重违反规划有关规定，为此，2006年4月7日，规划局依法向该公司下达了违法建设停止施工通知书，要求该公司于4月11日前到市规划局接受调查，但该公司接到通知后拒不到指定地点接受调查，仍继续强行施工。2007年5月18日，省建设厅依法对该项目下达了《行政处罚决定书》（×建法决字[2007]第6号）。规划局于2007年8月1日局长办公会研究，10月8日，收回2005年5月17日规划局办理的《建设工程规划许可证》，重新根据已审批方案办理了《建设工程规划许可证》。

20.3 案例分析与思考

案件中三个重要的细节需要关注：一是2005年1月26日规划局通知该公司按要求设计建筑方案送审后报市政府有关领导审批；二是2003年9月8日，市拍卖公司给规划局来函，以拍卖前请示了有关领导同意修建38层高楼为由，要求规划部门增加审批层数及建设规模；三是2005年3月16日和30日，市政府分管市长和市长签批同意了规划局报送的××大厦21层建筑方案。

《城乡规划法》第十一条规定“国务院城乡规划主管部门负责全国的城乡规划管理工作。县级以上地方人民政府城乡规划主管部门负责本行政区域内的城乡规划管理工作”。在第四十条规定“城市、镇规划区内进行建筑物、构筑物、道路、管线和其他工程建设的，建设单位或者个人应当向城市、县人民政府城乡规划主管部门或者省、自治区、直辖市人民政府确定的镇人民政府申请办理建设工程规划许可证”。也就是说对城市而言，城乡规划管理的事权单位是城市、县人民政府城乡规划主管部门，但本案中市长及分管副市长承担了规划建筑方案的审定、调整和批复工作。实际调研过程中发现很多城市存在“市长干局长的活、局长干科长的活，科长啥活不干”的现象，权力滥用、错用的直接表现就是以权谋私，实现权力的商品化，权钱交易、权物交易、权色交易，用公共权力捞取个人最大私利，国内最近城乡规划领域的官员违法案件大部分是以这种手段获取非法财产，此类案件深查下去极易发现腐败行为。权力滥用导致的严重腐败行为严重败坏党和政府的形象，损害党和政府在人民群众中的威信；也危害社会的稳定，制造不安定因素；同时破坏社会资源的优化配置，导致国家资产的大量流失；而且导致公众法律信念的淡漠和社会风气、道德水准的降低，值得从制度约束角度和个人廉洁自律角度加以抵制。因此对于权力滥用必须严厉处罚。按照《刑法》第三百九十七条规定“国家机关工作人员滥用职权或者玩忽职守，致使公共财产、国家和人民利益遭受重大损失的，处三年以下有期徒刑或者拘役；情节特别严重的，处三年以上七年以下有期徒刑。国家机关工作人员徇私舞弊，犯前款罪的，处五年以下有期徒刑或者拘役；情节特别严重的，处五年以上十年以下有期徒刑”严格执行。

21 某市 ×× 生态园违反规划建设案——占用绿地

21.1 案由与情节

由于某市 ×× 生态园 ×× 小区居民对“买菜难”等生活问题反映强烈，该市 ×× 房地产公司为完善生态园小区功能，占用小区北侧绿地建设一座农贸市场，建筑性质为临时建筑，并报经市建委同意。×× 小区 19 号、24 号、29 号楼居民反映，开发商公然违背原规划批件和对此三栋楼业主的承诺，在绿地建楼的问题。

21.2 处理过程和结果

2007 年 8 月出现小区居民上访问题后，市建委立即责成建设单位停止了该项目的建设，并已经恢复规划确定的绿地功能。

21.3 案例分析与思考

本案侵占绿地系房地产开发公司行为违法，但此违法行为经市建委批准则属于行政违法。按照《城乡规划法》第四十四条规定：在城市、镇规划区内进行临时建设的，应当经城市、县人民政府城乡规划主管部门批准。临时建设影响近期建设规划或者控制性详细规划的实施以及交通、市容、安全等的，不得批准。《城乡规划法》第五十七条规定：城乡规划主管部门违反本法规定做出行政许可的，上级人民政府城乡规划主管部门有权责令其撤销或者直接撤销该行政许可。因撤销行政许可给当事人合法权益造成损失的，应当依法给予赔偿。本案侵占绿地应属于城乡规划行政主管部门不得批准之列，按照信赖保护原则，拆迁造成的损失（开发公司临时建设费用和恢复绿地费用）应由当地建委赔偿。

22 某市 ×× 路违规建设商住楼案——改变位置

22.1 案由与情节

某市 ×× 路综合市场及商住楼项目，由该市某房地产开发公司开发建设，项目占地面积 3436 平方米，总建筑面积 7250 平方米。综合市场及商住楼项目的《建设用地规划许可证》、《建设用地批准书》、《建设工程规划许可证》、《建设工程施工许可证》分别于 2005 年 10 月 8 日、10 月 12 日、2006 年 7 月 25 日、11 月 3 日取得，并经市规划部门放线后开槽施工，审批手续齐全。商住楼批准的规划建设位置位于加油站东侧，以加油站营业室东山墙为基准，向东 9.5 ～ 12.75 米（商住楼与加油站营业室不在同一轴线上）。2004 年加油站未办理任何审批手续，在其营业室东山墙外，自行建设一间宽度 8.9 米，建筑面积 46.48 平方米的修理车间。2006 年 11 月，商住楼开工建设时，某公司擅自将经市规划部门放线确定的商住楼位置违规向西，即向加油站一侧平移了约 2 米，致使商住楼与加油站修理车间之间的实际间距只有 1.85 米。

22.2 处理过程与结果

2008 年 6 月 23 日，某市城市管理综合行政执法局已根据《中华人民共和国城乡规划法》第六十四条的规定做出《行政处罚决定书》（ × 综罚决定字 [2008] 第 9 号），按照建设工程违法部分工程造价的 50% 对该公司进行行政处罚。责成某市规划、城管等有关部门对加油站、该公司的违规建设问题依法做出妥善处理，确保建筑安全距离和安全通道。

22.3　案例分析与思考

按照《汽车加油加气站设计与施工规范》（GB 50126—2002）（2006 版）的规定，二级加油站与普通民用建筑物的安全距离为 12 米，三级加油站为 10 米。按照规划审批商住楼以加油站营业室东山墙为基准向东 9.5 ～ 12.75 米距离，局部不符合强制性规范。因此必须进行技术鉴定，若按照技术要求对加油站进行特殊设防处理可以满足安全需求，应拆除修理车间，对加油站和该公司进行违规行为处罚。若按照技术要求对加油站进行特殊设防处理不能满足安全需求，应拆除所有违法部分（按照加油站等级确定，确保最小间距 10 米或 12 米），确保居民生命财产安全。

本案的行政处罚金额和国内大部分城市不同，即虽以建设工程违法部分工程造价为基数，但提高了处罚比例（50%），属于中间层次的处罚程度，具有一定的威慑力。

23　某市“××大厦”项目违规开发建设案——增加建筑面积

23.1　案由与情节

项目的基本情况。“××大厦”项目位于某市某区××路，占地约为8376平方米，建筑面积为 74011.4 平方米，地上共为 27 层，其中 1~6 层为商场（21480.4 平方米），6 层以上为单身公寓（52531 平方米）。该项目由该市某投资有限公司（以下简称 A 公司）开发建设，工程于 1995 年底动工，2003 年 12 月竣工，期间，1997 年主体完工后，曾因资金短缺一度停工。截至调查截止之日，该大厦公寓部分已售出 299 套（共 704 套），商场部分已售出 14281.41 平方米，尚未办理产权初始登记。

1993 年 7 月，市原规划国土局出具项目规划设计要点；1993 年 12 月，市原规划国土局与 A 公司签订土地出让合同（后又分别于 1994 年 12 月、2004 年 8 月、2007 年 10 月签订三份补充协议，对该项目的容积率、建筑面积、建筑物性质进行了修改）；1994 年 6 月，市原计划局以《关于下达 1994 年基本建设投资计划的通知》批准该项目；1995 年 11 月，市原规划国土局批准同意 A 公司关于基础工程提前开工的申请，市建设局为该项目核发基础工程的《建设工程施工许可证》；1996 年 7 月，该项目取得《建设工程规划许可证》；1997 年 2 月，市建设局核发该项目主体工程的《建设工程施工许可证》；1997 年 8 月，该项目取得《房地产证》（即土地使用权证）；1998 年 6 月，市原规划国土局核发该项目的《商品房预售许可证》。2006 年 9 月，在对该项目违规超建 5076.52 平方米处罚后，市原规划国土局重新核发该项目的《建设工程规划许可证》。

23.2 处理过程与结果

23.2.1 开发企业擅自违反规划超规模建设。“××大厦”项目原批准建筑面积为 68934.4 平方米，实际竣工建筑面积为 74011.4 平方米，超批准面积建设 5077 平方米。1998 年 7 月和 12 月，市原规划国土局两次发现超规模建设的问题，共对 A 公司处以 662532 元的罚款。

23.2.2 开发企业未经竣工验收合格即将“××大厦”项目投入使用。2003 年 12 月 25 日，A 公司组织施工、设计、监理单位进行竣工验收，2004 年 10 月，市建设局质监总站出具《竣工验收监督报告》，工程验收合格。但业主提供的与 A 公司签订的协议中，证明 A 公司于 2003 年 5 月 27 日就已将房产交付给业主使用。

23.2.3 开发企业伪造与市国土房管局签订的协议书，逃避缴纳超建部分的土地出让金。2007 年 2 月，A 公司向市国土房管局产权登记中心提请“××大厦”项目的房地产初始登记时，提供了一份虚假的“第三补充协议书”，内容是××市国土房管局同意将“××大厦”项目的建筑面积调整为 74011 平方米，即同意该项目超建 5077 平方米。市国土房管局向市公安部门报案，A 公司的经办人随即被公安机关扣留，市公安经侦部门也介入了调查。公安部门认定造假行为是 A 公司经办人在公司不知情的情况下，私自办理的。事后，A 公司提出补办该项目超建部分手续的申请，并于 2007 年 10 月 23 日与市国土房管局签订了土地出让合同的第三补充协议书，补交了超建部分的土地出让金 30109203 元。

23.2.4 开发企业伪造业主授权公证书，骗取市原规划国土局对项目土地用途的变更。市原规划国土局核发的《房地产证》上，“××大厦”项目用地的使用年限为 70 年，但其核发的《预售许可证》上表明该项目为商场和公寓式写字楼，使用年限应为 50 年。而 A 公司与 6 层以上公寓式写字楼的购买人之间签订的合同约定的使用年限均为 70 年。为了使建筑的土地使用年限与购房合同相符合，2004 年 5 月，A 公司向市原规划国土局申请将“××大厦”6 层以上原写字楼部分改为单身公寓，并按照相关规定提交了 80 份已购房的业主委托其办理改变房产使用用途协议的公证书。2008 年 2 月 20 日，A 公司向市规划局致函说明这些公证书中业主的签名均系公司原经办人擅自伪造的情况。市规划局接到后，于 27 日致函市国土房管局，要求暂缓办理“××大厦”项目产权登记业务，并同时致函市公证处请求核实公证书的真伪。经市公证处核实，这 80 份“公证书”确属伪造。目前，市规划局已将该伪造材料情况反映给市公安部门。

23.3　案例分析与思考

本案中相关主管部门行政行为不规范问题极为严重。一是行政行为随意性大，当时负有土地、规划、房产等管理职责的市规划国土局签订的土地出让合同和三份补充协议以及核发的《房地产证》、《预售许可证》中，该项目的建筑物性质和使用年限随意变更。二是用内部运转程序代替法律规定的行政许可，如在签订土地出让合同第二份补充协议之前未重新核发建设工程规划许可证，之后又未重新核发预售许可证。三是未按相关法律规定实施规划审批，如《城市规划法》中规定的行政许可为“一书两证”，该市规划国土局在 1996 年 6 月前只核发《建设工程建筑许可证》。

本案中规划建设主管部门监管不力。相关主管部门在发现 A 公司第一次超规模建设并处以罚款后，未加以有效地监管，致使 A 公司再次超规模建设，最后导致违规超建问题既成事实；A 公司未经竣工验收合格即将“××大厦”项目投入使用，相关主管部门也未及时进行查处。

本案中开发企业数次造假，蒙骗行政许可，已严重触犯刑法。关于法律责任《城市规划法》第四十一条仅规定，“对未取得建设工程规划许可证或者违反建设工程规划许可证件的规定进行建设的单位的有关责任人员，可以由其所在单位或者上级主管机关给予行政处分”。而对于本案等严重违法行为未规定依法追究刑事责任，使得法律威慑力降低。

24　某市××小区违建案——增加建筑高度

24.1　案由与情节

××小区项目位于某市某区××路中段，土地使用权面积为 22034.5 平方米，一期工程总建筑面积 39374.65 平方米，为经济适用房小区，大部分住宅被市铁路局团购。

群众投诉举报反映的主要问题涉及开发商、物业公司和规划行政主管部门。开发商违法违规表现在：一是开发手续不全，未按规划设计图施工，批 6 建 7，无雨水管网，擅自改变套内布局；二是偷税漏税，交付业主住房后不给发票，后开给了一个非本小区、过期无效的发票。违规建造储藏室销售，且不开发票；三是发布虚假广告，伪造假户口骗取大量贷款；四是房屋未竣工验收就交付使用；五是在土地使用审批环节中存在重大违规、违法行为。物业管理方面表现在：该小区物业管理没有合同约定，既不通过招聘、又不经过选聘；物业公司与开发商为同一个法人代表；物业公司与现业主委员会没有服务合同；强行断水、断电；违规违法乱收费；物业公司没有资质；多次暴力殴打业主。主管部门方面问题表现在：房屋未交付使用就办理房产证，导致购房合同面积和产权面积不符的差额得不到退还；多家一房两证。

24.2 处理过程与结果

××小区问题暴露后，市有关部门做了大量工作，努力维护各方利益，保持社会稳定。接到建设部核查通知后，省建设厅和市房管局领导高度重视，积极配合。市房管局局长、市住房办主任亲自带领副局长、住房办副主任、局助理调研员等人员协助核查组进行调查。

24.2.1 开发企业存在问题

根据调查，开发企业存在先施工后审批、开发手续不全问题。2001 年 12 月 26 日该项目才获得该市国土资源与城市规划局核发的《建设用地规划许可证》，2002 年 7 月 25 日该市国土资源与城市规划局核发《建设工程规划批准书》。2002 年 8 月 6 日，市建委核发《建设工程施工许可证》，但项目合同开工日期在 2002 年 5 月 30 日。2002 年 8 月 8 日，市房地产市场管理处为该项目核发《商品房预售许可证》。2003 年 3 月 26 日，市国土资源与城市规划局为该宗地办理了土地使用证，证号为 × 市国用（2003）字第 03-30029 号，并核发《建设工程规划许可证》。该项目确实存在未经审批擅自施工问题，群众举报开发手续“五证不全”问题部分属实。

开发企业存在擅自变更规划批准书的内容施工问题。该项目未经规划行政主管部门同意，开发企业擅自变更规划批准书的内容，其 0 号、9 号楼批 5 建 7，1 ～ 8 号楼批 6 建 7，超规划建设 6400 多平方米；同时小区内只建设了污水管道，未建雨水管网，与原设计要求不符。部分 2 室 2 厅住宅的卫生间原设计为洗手间和卫生间两部分，中间有一道不承重的隔离墙。在 2002 年 7 月铁路局房改办召开的一次购房用户座谈会上，不少用户提出应拆除这道隔墙，被 ×× 公司采纳并让设计单位下达了技术核定单。2003 年 1 月 6 日，市国土资源与城市规划局对其罚款 8 万元，并于 3 月 19 日重新核发了《建设工程规划批准书》。

开发企业发票日期滞后，且发票金额与合同不符问题。经查验开发商为购房者开具的购房发票，发票较之购房日期滞后约 1 年，且发票金额与购房合同金额不符，有偷税漏税嫌疑。

开发企业存在建造临时储藏室销售问题。开发企业反复说明在业主们的要求下，办理了临时建筑合法手续后，沿小区西部围墙建了 44 间标准储藏室，已经缴纳了有关税款并补开了发票，但并未向核查组提供临时建筑合法手续和发票。

未发现开发企业发布虚假广告，伪造假户口骗取贷款问题。×× 市人民政府《关于印发〈 ×× 市出售公有住房暂行办法〉等 12 个房改配套文件的通知》（ × 政 [1995] 第 104 号）中关于经济适用住房开发建设管理暂行办法，对经济适用住房的销售对象、购房条件、认购办法做了明确的规定。经查阅 ×× 小区相关资料，未发现发布虚假广告，伪造假户口骗取贷款问题。

不存在房屋未竣工验收就交付使用问题。经查验《 ×× 市建设工程竣工验收备案表》，发现该项目竣工验收日期为 2003 年 5 月 26 日，发放钥匙时间为 6 月 6 日，符合《建设工程质量管理条例》要求，不存在房屋未竣工验收就交付使用问题。

未发现在土地使用审批环节中存在违法、违规行为。根据《 ×× 市经济适用住房开发建设管理暂行办法》规定，建设用地按行政划拨方式供应，因此该项目为划拨土地，没有涉及土地的违法、违规。

24.2.2　物业公司存在问题

物业公司前期有合同约定，但存在未经招聘或选聘问题。×× 小区的前期物业管理服务合同是在国务院《物业管理条例》出台以前签订的，采取的是谁开发谁管理的老办法，由市 ×× 物业管理有限公司提供物业服务，没有进行招聘或选聘。×× 物业管理有限公司与 ×× 房地产开发有限公司在 2003 年 7 月～ 2007 年 3 月曾为同一个法人代表 A。2007 年 3 月，×× 物业管理有限公司法人代表由 A 变更为 B。物业公司与现业主委员会的确没有服务合同。×× 小区业主委员会于 2005 年 1 月 5 日召开业主大会，经业主投票同意解除与 ×× 物业管理有限公司的前期物业服务合同。物业公司认为，业主委员会在征求全体业主签名要求解聘物业公司的过程中有作弊、代签名的现象，且服务得到小区大多数业主的认可，故不同意解除物业合同，为此双方发生争执。2005 年 3 ～ 6 月，该区物业办针对双方的矛盾多次协调，但双方态度坚决，各不相让，导致协调无果。

物业公司曾经对业主断水、断电。由于小区业主委员会成员及个别业主长期不缴水、电费，双方矛盾激化，从而导致物业公司采取断水、电手段，对此市房管局召集物业公司和小区业主进行了协调处理，问题当时已得到解决。

物业公司收费问题不属于乱收费。业主反映，物业公司曾对业主的每吨水、每度电加收 5 分钱。市某区物业办曾针对这个问题，对双方进行协调。物业公司解释多收的水电费是属于公摊部分，只是没有向业主说明是公摊，收取时间 2003 年 6 ～ 12 月，并同时表示不再收取。从 2004 年 1 月至今未再收取。物业公司拥有物业管理资质，是 2003 年 5 月 20 日按规定取得临时资质，2004 年 7 月 28 日晋升为三级物业管理资质。

物业公司与业主多次发生暴力冲突，互有损伤。物业公司提供的材料表明，市公安局 ×× 派出所因 ×× 小区内的暴力冲突曾出警几十次之多，其中不乏物业公司与业主之间的冲突。物业公司负责人称，业主委员会副主任被打伤一事是因为业主之间的冲突，与物业公司无关。

最近 ×× 小区业主委员会以 ×× 物业管理有限公司服务合同已解除，但其不撤离小区造成侵权为由，将其诉至法院；×× 物业管理有限公司以 ×× 小区业主欠缴物业费为由，将其诉至法院。截至调查截止之日两案均未接到判决结果。

24.2.3 相关主管部门问题

市房管局不存在房屋未交付使用就核发房产证的问题。2003 年 5 月 18 日，×× 小区开发企业申请办理房屋权属初始登记时，提交了土地证和规划许可证，之后补齐了竣工验收备案手续。市房管局采取了一些加快办证速度的措施，从市住房办共享的购房资料中采集业主的相关房产信息，于 2003 年 5 月 25 日打印了房产证，但并没有加盖印章，更没有将证件发出。当年 11 月，该局才将房产证发出。

房证问题并未影响面积差额退还。经查市房管局为业主办理的房产证所载面积是正确的。按照《国家房产测量规范》，对已竣工房屋必须进行测绘，市房管局发放的房产证所载面积是按此规范测量的，是正确的；业主购买房屋的合同面积是房屋建设过程中由开发商根据图纸测算的，难免会有误差。经核实，10 幢楼的面积误差均在《国家房产测量规范》的允许误差范围内。购房合同中约定，1% 以内面积误差互相不退差价，开发商已给误差超过 1% 的业主退还了面积差价。

投诉人反映的一房同时两证问题并不存在。根据《城市房屋权属登记管理办法》（建设部 [1997] 第 57 号令）规定：新建房屋竣工后在三个月内应进行房屋权属初始登记。该市从 1998 年 10 月以来，对新建房屋采用的方法是由建设单位在房屋竣工后，先行申报办理房屋权属初始登记，办理房产证件，之后，对已售的房屋为购房人办理房屋权属转移登记，核发房产证，这是该市房屋确权的必备程序。2003 年 5 月，在 ×× 小区房屋房产证的办理过程中，市房管局按照售房方提供的办证资料，依据规定和该市的操作程序，先为承建项目的开发企业办理了房屋权属初始登记，之后根据房屋的出售情况，为购房人办理了相应房屋转移登记，核发了房产证，并收回、作废了开发商名下的房产证。目前仍有 17 套经初始登记时的房产证在开发商名下，开发商与业主至今未申请办理转移登记。一经申请，市房管局将收回开发商名下的房产证，为购房人办理房屋权属转移登记和相应的房产证。因此，从政策和程序方面，并不存在一房同时有两证的问题。

24.3　案例分析与思考

本案关注的是超规划建设 6400 多平方米，但 2003 年 1 月 6 日，市国土资源与城市规划局对其仅罚款 8 万元，每平方米仅罚款 12.5 元，远远不能起到惩戒作用。按照当时的适用法律《城市规划法》第四十条规定，影响城市规划，尚可采取改正措施的，由县级以上地方人民政府城市规划行政主管部门责令限期改正，并处罚款，但并未对罚款金额幅度做出规定。此外，本案涉及的未建雨水管网等强制性内容并未得到解决，其后期的物业管理和产权登记都成为焦点问题。

25　某市 ×× 开发公司违建案——增加建筑面积

25.1　案由与情节

×× 公司开发的 ×× 小区位于某市市区 ×× 道东侧，占地面积 37573.92 平方米。×× 小区原规划为商贸城用地（商业楼 7 栋、综合楼 4 栋、住宅楼 1 栋、仓库 1 栋），建设单位为该市某厂（法定代表人 ××）。2003 年 6 月，市建设局规划处将规划调整为 5 栋住宅楼、3 栋综合楼、2 栋商业楼，建设单位变更为某商贸公司。2004 年 2 月，市建设局规划处又将规划用地性质变更，主要为住宅，建设单位变更为 ×× 公司。

×× 小区一期工程 2001 年 9 月开始建设，建筑面积 22201.5 平方米，包括 1 号商住楼，2、3、4 号住宅楼，2004 年 9 月竣工。之后 ×× 公司把 1、2、3、4 号楼改称为6、7、8、9号楼，该小区楼号从6号楼开始。二期工程2004年开工，建筑面积14511平方米，包括10、11、12号住宅楼、13号为商业楼，于2005年年底竣工，已经交付住户使用。该公司又于2006年10月违法开工建设16号住宅楼，建筑面积约7000平方米，目前已经建至主体11层。群众举报反映的19号住宅楼位于该市某广告有限公司（法定代表人 ××）的地块内，由 ×× 公司与该广告有限公司联合开发，建筑面积约8000平方米，于2007年2月违法开工，目前已经建至主体6层。

25.2 处理过程与结果

针对 ×× 公司违反《建设工程规划许可证》批准的内容，侵占 ×× 小区院内绿地，擅自改建为车库（共计136个，建筑面积2692.8平方米），且未办理施工许可、招投标、质量监督和委托监理等相关手续。2004年6月6日，市城建监察大队对 ×× 公司违反《建设工程规划许可证》批准的内容，侵占 ×× 小区院内绿地，擅自改建为车库的违法行为下达了《责令停止违法行为通知书》，又于2004年6月11日下达了《行政处罚决定书》，做出了立即停止违法建设、补办基建手续和罚款的处罚决定。

针对 ×× 小区12号住宅楼擅自增加建设一个单元（约1072.5平方米），与《建设工程规划许可证》批准的内容不符，且未办理报建、招投标、质量监督、委托监理和施工许可等相关手续。2006年9月8日，市建设局城建监察大队因 ×× 小区12号住宅楼擅自增加建设一个单元的违法事实向 ×× 公司下达了《责令停止违法行为通知书》，并于2006年9月29日下达了《行政处罚决定书》，做出了立即停止违法建设、补办基建手续和罚款的处罚决定。

针对该市 ×× 公司在不具备房地产开发资质的情况下，违法开发建设 ×× 小区及16、19号住宅楼，未办理《建设工程规划许可证》、《施工许可证》等各项建设手续，违法施工，且施工队伍无资质问题，市建设局多次组织执法人员到施工现场进行监督检查，责令施工单位（该市某建筑工程公司第 × 项目部和 ×× 项目部)停止施工。在说服未果的情况下，执法人员曾强行关停了施工搅拌机械，但是，执法人员离开后又继续施工。鉴于上述情况，市建设局又分别于2007年5月10日、6月27日和7月25日对 ×× 公司下达了《停工通知》，但上述工程参建各单位仍然继续施工。对此，市建设局于2007年8月31日，向市人民法院提出了强制执行申请。

××小区 8 号楼 3 单元 101 室住户阳面两个卧室顶板有轻微裂纹，通过目测，难以确定是否存在工程质量问题。但通过调查，该项目建设单位在当地工程质量监督机构未参加的情况下，组织相关质量责任主体单位进行了部分工程竣工验收，且未按照有关规定进行竣工验收备案，即擅自交付使用。整个小区各项工程均未办理竣工验收备案手续。

2007 年 9 月 19 日，市房管局对 ×× 公司未取得房地产开发资质从事房地产开发的行为，依照《城市房地产开发经营管理条例》和《房地产开发企业资质管理规定》（建设部令 [2000] 第 77 号）的相关规定对 ×× 公司下达了行政处罚决定书，对该公司罚款 10 万元；又于 10 月 11 日对该公司下达了行政处罚告知书，对该公司罚款 30 万元。

当地建设主管部门对举报反映的质量问题进行了协调处理。反映存在质量问题的共 9 户，其中 5 户已与开发单位签订了维修和补偿协议；3 户由于赔偿费用有分歧，现尚未签订维修和补偿协议，当地建设主管部门正在积极协调处理；另有 1 户已与开发单位达成退房协议，质量纠纷基本得到解决。

25.3　案例分析与思考

整个事件发生过程中，违法行为相对人负有不可推卸的责任，但同时，某市有关部门监管不力，行政审批把关不严也是造成事件发生的重要原因。市国土资源局在未经城市规划行政主管部门核定用地位置和界限，提供规划设计条件的情况下，对国有土地进行了拍卖，核发了国有土地使用证，对改变土地用途未进行有效监管。规划部门未对建设用地规划进行有效监管，对建设工程规划许可审批把关不严，规划变更随意性大，影响了规划的严肃性和权威性。

26　某市 ×× 改造项目违建案件——增加建筑面积

26.1　案由与案情

为了改善棚户区居民的居住条件和城市面貌，某市 ×× 区自 2001 年 3 月起对 ×× 路南侧进行开发改造，×× 项目即位于某市 ×× 区 ×× 路南侧，是 ×× 区 ×× 路南侧棚户区改造工程的一部分，占地面积 8205 平方米，规划建设地下一层、地上 3 栋 16 层点式楼，其中 1~3 层为裙房商业楼（商场），建筑面积 38217.4 平方米。

原开发单位是某省某房地产开发有限公司，由于原开发商内部出现严重问题，工程难于正常进行，使千余户居民和企业无法按计划回迁而不断上访。

2004年6月3日××区政府与××基金会达成协议，双方共同开发××区××路南侧改造工程。2004年10月，该基金会又委托××房地产公司为该工程项目唯一执行人和责任人。该区政府也与××房地产公司达成协议，由该公司建设50000平方米的回迁楼抵顶此项目的土地出让金。作为介绍项目的回报，2004年12月31日，该房地产公司同意以善款的名义付给该基金会600万元。2005年6月3日，双方又签订补充协议，将善款的支付方式改变为返还土地开发使用权，即将××路南改造工程规划设计总图上的15号、16号、17号、18号楼所占用面积8205平方米的土地及房屋开发所有权归××基金会。2005年8月25日，××基金会又把这块土地委托给某市××物资调配中心开发，同时授意××房地产公司协助物资调配中心完善相关手续，该房地产公司同意物资调配中心以本公司的名义办理各项开发手续和销售手续。

由于××区在统计回迁量时有误，实际回迁量远远超出与××房地产公司签订的协议数量，而××区政府仍然要求该房地产公司承担全部回迁安置任务；另一方面××房地产公司在开发回迁楼过程中没有得到应有的优惠政策。于是该房地产公司不同意将8205平方米的土地及房屋开发所有权给××基金会，并拒绝执行其与物资调配中心的合作开发协议。因此，该房地产公司没有为该项目办理任何房地产开发手续。

自2005年12月起该市××区科技局原工作人员孙某，自称是物资调配中心的代表，负责处理相关事宜。采取欺骗的手段，以该市××资产投资经营有限公司（未注册）的名义，设立××项目建设指挥部，在无《建设用地规划许可证》、《土地使用权证》、《建设工程规划许可证》、《拆迁许可证》、《建设工程施工许可证》的情况下，非法野蛮拆迁、擅自开工建设，施工单位某建筑安装工程公司违规承揽工程并开始施工。该工程还擅自修改××区××路南侧开发改造工程修建性详细规划。原规划中该地块为一栋裙房，裙房之上有三栋点式住宅，裙房与南侧住宅的距离为12.03米。××项目擅自改变了该规划，把裙房之上的住宅改为两栋板式住宅楼，建筑面积由38217.4平方米增加到42908.6平方米，总面积增加了4691平方米，住宅楼由原来位于裙房中间两侧调整为南侧，同时裙房与南侧住宅楼最近处减少到8.5米，遮挡了南侧居民楼的光线，居民反应强烈。2006年2月上旬，孙某以××项目建设指挥部的名义，在未经任何部门批准，未办理任何手续的情况下，擅自对尚未搬迁的五户居民的房屋进行强迁，有的房子被放火烧掉，有的被推倒，所有的生活用品被埋在废墟中，并雇佣人员对居民进行殴打，造成居民的人身、财产的损失。2006 年 2 月 14 日，受害居民到派出所报案，经查实是孙某等人所为，然而孙某并没有受到处罚。2006 年 4 月孙某等人又把 ×× 房地产公司的施工单位 ×× 建筑公司所搭建的 6 间临时工棚推倒。该项目的野蛮拆迁行为，造成了受害者的多次上访。

该项目在还没有拆迁完毕，工程尚未动工时，孙某就在 ×× 区 ×× 路南建起一处 ×× 项目售楼处，开始预售 ×× 项目期房，并在媒体上发广告预售其商铺。从破土动工至 2007 年 9 月 15 日因孙某被公安部门刑事拘留而停工，在一年零十个月的时间里已完成了地下室和地上 3 层的主体建设，并在 2007 年春节后大肆售楼，已有不少不明真相的人交款买楼（售楼数量公安部门正在调查之中）。2007 年 4 月 30 日市房产管理局已向社会发布了公告，请市民不要购买，但到目前为止，该项目已经预售出多少期房尚不清楚。

×× 项目 2005 年 12 月份开工以来，群众报案、上访不断，引起了市委、市政府、区政府的高度重视。2006 年 11 月 9 日，市委常委会要求认真查清上访案的前因后果，追究相关人员和部门的责任；2007 年 4 月 2 日，市委副书记在 ×× 区专门召集信访工作会议，会上明确要求停止 ×× 项目建设工程；2007 年 4 月 30 日，市委常委、副市长主持会议，要求“……要坚决果断地把这项工程停下来”；市建设委员会、行政执法局分别下达了停工令，而该工程却在一片“叫停”声中持续建设。由于该事件引起了公安部、打黑办的高度重视，省长批示，要求查清此事严肃处理。2007 年 9 月 15 日，孙某被该市公安局 ×× 分局抓获，并对其故意损害公民财产、打人行为供认不讳，现已被批准逮捕，至此 ×× 项目建设工程宣布停工。

26.2　处理过程与结果

在调查组的督促下，某市政府对 ×× 项目提出了 5 条处理意见：①由 ×× 区作为责任主体，全权负责处理该工程的善后事宜。②针对孙某利用未经工商注册的、不具备房地产开发资质的该市某投资公司的名义，占用某房地产公司的开发用地，未经规划部门批准，没有任何许可，擅自修改原有规划，擅自进行设计施工，强行进行房地产开发；在没有《房屋拆迁许可证》的情况下组织对尚未搬迁的五户居民的房屋和施工工棚进行强迁，烧毁或推倒房屋，打伤居民，性质十分恶劣；无《商品房预售许可证》非法售楼等问题，由 ×× 公安分局负责将孙某一案延伸到经济合同方面，查清其与某基金会、物资调配中心的经济关系及预售商品房情况和拖欠工程款等问题，通过法律途径一次结清，不留不稳定因素。③由市规划局负责会同设计单位和某房地产公司调整该楼盘设计方案，以满足规划规范的要求；如果无法变更设计，今后由受益方对南侧楼房遮光问题进行补偿。④由某房地产公司对某基金会和物资调配中心进行起诉，依法解除合同，并以评估价格对其在建楼盘进行收购。⑤由 ×× 区政府负责协商某房地产公司尽快将被强迁的5户居民进行妥善安置。

26.3 案例分析与思考

本案是调查案件中少见的通过欺骗手段以该市未经工商注册的 ×× 资产投资经营有限公司的名义进行如此大量的房地产违法开发行为。按照《中华人民共和国城市房地产管理法（2007 修正）》第三十条规定“设立房地产开发企业，应当具备下列五个条件：有自己的名称和组织机构；有固定的经营场所；有符合国务院规定的注册资本；有足够的专业技术人员；法律、行政法规规定的其他条件”。孙某不具备上述条件的情况下，按照该法第六十五条规定，违反设立房地产开发企业条件，未取得营业执照擅自从事房地产开发业务的，“由县级以上人民政府工商行政管理部门责令停止房地产开发业务活动，没收违法所得，可以并处罚款”。按照法律规定，当地工商行政管理部门没有起到有效的监管职责。

按照《中华人民共和国城市房地产管理法（2007 修正）》第四十五条规定商品房预售，应当符合以下条件：①已交付全部土地使用权出让金，取得土地使用权证书；②持有建设工程规划许可证；③按提供预售的商品房计算，投入开发建设的资金达到工程建设总投资的 25% 以上，并已经确定施工进度和竣工交付日期；④向县级以上人民政府房产管理部门办理预售登记，取得商品房预售许可证明。同时规定商品房预售人应当按照国家有关规定将预售合同报县级以上人民政府房产管理部门和土地管理部门登记备案。针对孙某在没有任何手续预售楼房问题，《中华人民共和国城市房地产管理法（2007 修正）》第六十八条规定，违反规定预售商品房的，由县级以上人民政府房产管理部门责令停止预售活动，没收违法所得，可以并处罚款。而市房产管理局只是以向社会发布了公告的形式告诫市民不要购买的柔性方式，反映了当地行政执法软弱的一面。

按照《行政许可法》第六十九条规定，被许可人以欺骗、贿赂等不正当手段取得行政许可的，应当予以撤销。第七十九条规定，被许可人以欺骗、贿赂等不正当手段取得行政许可的，行政机关应当依法给予行政处罚；取得的行政许可属于直接关系公共安全、人身健康、生命财产安全事项的，申请人在三年内不得再次申请该行政许可；构成犯罪的，依法追究刑事责任。本案中孙某采取欺骗手段获得行政许可应视为无效，并追究相关的法律责任。

应该说当地城乡规划行政主管部门监管不力也是造成案件事态恶化的重要原因。当地主管部门对孙某非法进行房地产开发的行为早已发现，期间也进行过制止，但终因力度不大，使孙某的违法建设行为持续了一年零十个月的时间，给被拆迁居民生活带来巨大影响，也使当地政府的形象受到了损害。

27　某市 ×× 商业中心项目违反规划建设案——增加建筑面积

27.1　案由与情节

×× 商业中心项目是某市政府旧城改造的重点项目，项目地址位于某市 ×× 广场北、×× 街南，开发单位为该市 ×× 置业有限公司，开发单位资质等级为二级，设计单位为某省设计研究院，监理公司为某市建设监理咨询有限公司第一分公司，施工单位为某市建设有限公司、某省 ×× 建筑安装有限公司。项目建设用地为 41038 平方米，规划建设面积 20.2 万平方米，共分二期建设，其中一期用地面积为 28611 平方米，规划建筑面积 153232 平方米（含地下室 31154 平方米），二期用地面积 12427 平方米，规划建设面积 48768 平方米。目前一期工程已基本建设完成，二期工程完成拆迁，尚未开工建设。举报反映该市 ×× 商业中心项目一期工程存在违规开发建设：一是在规划方面，超规划建设 2 万平方米、占用规划中绿地用地、超红线建设地下停车场出入口坡道等；二是在工程建设方面，工程设计变更频繁，未经工程监理和设计院同意，擅自增加楼层、变更增减消控室和变电所；三是在设计费支付方面，给设计单位追加设计费 110 万元，其中 40 万元直接支付给设计单位个人。

27.2　处理过程与结果

27.2.1　×× 商业中心项目为净地挂牌出让，×× 置业有限公司于 2003 年 8 月 15 日经公开拍卖取得土地，合同约定由该市土地部门拆迁成净地后，交 ×× 置业有限公司开发。市土地资产经营公司于 2004 年 1 月 6 日领取了房屋拆迁许可证（× 建拆许字 [2004] 第 1 号），2004 年 4 月 30 日完成了一期拆迁。2004 年 9 月 21 日取得了建设用地规划许可证（证号 2004057），2005 年 3 月 28 日取得了建设工程规划许可证（证号 2005019），2005 年 6 月 7 日在市建设工程交易中心发布公告进行了施工招标，2005 年 7 月 20 日在市建设工程质量监督站办理质量监督手续（监督注册号 05169-05174），2005 年 7 月 25 日在建工局办理了建筑工程项目现场安全认可证（× 建安认字 [2005] 第 88、89 号），2005 年 7 月 26 日取得了建筑工程施工许可证（编号 321083200507260101），2005 年 8 月 4 日、2005 年 12 月 1 日、2007 年 2 月 7 日，分三期获得了预售许可证，（证号为预售许可证 2005014 号、2005021 号、200700555 号）。截至 2007 年 7 月，根据该市商品房网上备案系统统计，该项目网上预售备案数据为：住宅累计预售 3.64 万平方米，成交金额 1.24 亿元，非住宅累计预售 1.65 万平方米，成交金额 3.31 亿元。在调查中未发现该项目有审批手续不全、违反建设程序违规开发建设的行为。

27.2.2 对于反映的超规划 2 万平方米问题，经向市规划局、设计研究院调查，因为二期拆迁进度较慢，为加快开发建设速度，开发建设单位提出将二期工程的 21397.8 平方米面积调整到一期工程中，经 2004 年市政府市区规划建设管理工作第十六次联席会议讨论通过，同意对建设方案进行调整，即一期增加建设面积 21397.8 平方米，二期减少同样的开发建设面积，保持项目的总开发面积不变，总容积率不变。

27.2.3 对于反映的占用规划绿地问题，经向市规划局调查，由于一期与二期规划布局进行相应调整，使绿化区的设置发生变化，但总体规划的绿化面积并没有减少，整体绿地率不低于原来的规划。

27.2.4 反映的超红线建设地下停车场出入口坡道问题，经查实，开发商确实超红线建设了地下停车场出入口坡道，市规划局检查发现后，责令开发商改正，开发单位于 2007 年 3 月开始拆除违规建设的坡道。开发商虽然按照要求拆除了违规建设的坡道，由于监管不到位，造成了不必要的经济损失。

27.2.5 举报反映该项目设计变更频繁、共发出主要部位及变更 95 份，均未事先征得工程监理和设计院意见。经向设计院第八设计所所长、工程监理现场总监查证，该项目一期共调整设计变更 77 份，由于该项目开发面积较大，调整设计变更的数量基本属于正常。举报反映的地面变电所由三座变为两座、并移至地下室问题，经查，批准的规划即为两座，不存在改动。举报反映的消控室移到地下室问题，经查，市公安局消防支队出具了同意变更的审核意见书（× 公消审 [2006] 第 299 号）。

27.2.6 对于举报反映的开发商给设计单位追加设计费 110 万元，其中 40 万元直接支付给设计单位个人问题，经向开发商、设计院有关人员调查了解，实际情况是设计费 110 万元是一期的设计追加费用，40 万元是二期设计费用预付款，因双方尚未签署正式的二期设计合同，现 40 万元挂在设计院的账户上，并没有给设计单位个人。

27.2.7　根据调查核实掌握的情况，调查组经研究认为，该项目在开发建设过程中履行了基本开发建设程序，各项审批手续齐全，举报人反映“超规划 2 万平方米建设、擅自进行设计变更以及将设计费 40 万元给设计个人”的情况不属实，调查中发现，市规划局在审批环节存在管理漏洞，审批文件不规范，规划审批图纸没有加盖公章，存档材料不齐全等问题。调查组建议规划局要进一步加强规划审批管理，认真做好审批材料的存档工作。加大监管力度，对于违规建设问题要及早发现、及早处理，在对违规行为责令限期整改时，要下达限期整改通知书。

27.3　案例分析与思考

本项目项目建设用地为 41038 平方米，规划建设面积 20.2 万平方米，总容积率已经达到 5.0。一期用地面积为 28611 平方米，规划建筑面积 153232 平方米，容积率已经高达 5.34，二期用地面积 12427 平方米，规划建设面积 48768 平方米，容积率为 3.9。开发建设单位将二期工程的 21397.8 平方米面积调整到一期工程中，使一期容积率高达 6.1，二期容积率仅为 2.2。这种虽然总建筑面积没有发生改变，但调整后导致的一期建筑密度过高，缺乏绿地，环境质量下降较大，相应引发的公共设施配套、停车场可能都发生很大变化；虽然二期尚未拆迁，但此地块位于商业中心地段，未来可能会出现调高容积率的问题，需要加强监管，而且这种调整虽然程序合法，但技术不合理。

增加层数提高容积率是房地产开发公司违法项目中最常见的做法之一，由于规划编制过程中日照间距往往按照标准确定，一旦提高层高，会引发临近的北侧建筑低层阳光不足的后果，在建设过程中加强监管是有效的过程控制办法，一旦既成事实，将很难改正。

28　某市 ×× 花园项目违规案——增加建筑层数

28.1　案由与案情

×× 花园项目位于某省某地级市下属的某县级市 ×× 街东段路北，是由省

× × 房地产集团有限公司（资质等级二级）开发的住宅项目，地块面积 15.56 万平方米。2004 年 3 月，通过土地招牌挂，× × 房地产集团有限公司取得土地的开发权，并于 2004 年 10 月领取了建设工程规划许可证，建设规模 24.62 万平方米。2005 年 1 月开始，一期工程 3 ～ 10 号楼以及 28 号楼（共 4 万平方米）陆续取得施工许可证并开始施工。2005 年 4 月，以上 9 栋楼取得商品房预售许可证。2006 年 8 月至 12 月，9 栋楼陆续竣工，并通过验收，业主开始入住。

28.2 处理过程与结果

2007 年 3 月，× × 花园的 4 名业主代表上访市建设局，举报该公司在没有办理相关变更手续的情况下，擅自调整 30 ～ 37 号楼的地块规划（地块位于已建成的 10 号楼南侧、9 号楼东南侧以及 28 号楼北侧），将原规划的 6.5 层，改为 15 层以上的高层楼房，以提高地块容积率。在未办理 30 号、32 号楼施工许可证的情况下，占用规划中部分绿地，擅自开槽准备施工建设。2007 年 3 月 22 日，在接到群众的举报后，市建设局、规划局及时做出了勒令停工的处理。该公司接到通知后，于次日停工。至此，30 号、32 号楼开槽地基再没有动工。随后，该公司向市规划局和建设局等部门提出口头申请，希望重新调整地块规划。建设局为此走访了部分已入住业主，对改建高层的问题进行调查。由于业主们反对意见强烈，规划局再未对规划进行重新审批。

2007 年 5 月，× × 花园的部分业主联名向建设部稽查办公室举报 × × 房地产集团有限公司的违规行为。建设部稽查办公室转省建设监察办公室对此事进行调查。省建设监察办公室立即进行了实地调查取证，× × 房地产集团有限公司 × × 花园项目建设用地规划许可证、工程规划许可证手续齐全，但确有擅自调整规划的行为，即该公司没有按程序报批，擅自修改规划，并在没有施工许可证的情况下，开挖 30 号、32 号楼地基槽，违规事实存在。要求市规划建设管理部门对此事进行进一步的处理。2007 年 7 月 3 日，市规划局下发了《关于对 × × 房地产集团有限公司 × × 花园项目总体规划展示的通知》，通知要求：将 × × 花园项目修建性详细规划以及相关证件等进行展示；对现行与原规划不符的工程项目必须停工；确需变更规划的必须按审批程序办理相关手续。

该公司的负责人对业主表示了歉意，并表示要严格按照规划和审批程序进行开发建设。业主表示同意政府的处理意见，并接受开发商的致歉。省建设监察办公室鉴于该公司在有关部门制止之后，能立即停工，态度较好，可不进行深究。但其违反规划、无证开槽已成事实，建议市规划局、建设局等有关部门按照有关规定给予该公司一定的经济处罚。省建设厅、市房管局（地级市）要对该项目进行跟踪监察，进一步加强监管力度，杜绝违规问题的再次发生。

28.3 案例分析与思考

占用绿地增加容积率是房地产开发公司违法项目中比较普遍的作法，成本少，如果没有居民的反对，通过审批程序就可以建设获利，但对环境质量会有很大的影响。因此，从兼顾社会各方利益和维护居住区环境的角度，此类项目尽可能不变更规划。

第九章　违反总体规划案例

1　某县 ×× 居民案——调整用地性质

1.1　案由与情节

赵 ×× 位于某县 ×× 镇 ×× 路北侧 60 平方米国有土地的住宅用地于 2002 年元月某县建设局、国土资源局分别为其办理变更手续。2002 年 11 月 28 日 × 县建设局根据该县城市建设规划的需要发布《关于禁止在 ×× 县行政中心内进行一切建设的通告》。2004 年 9 月 10 日市人民政府做出《关于 ×× 区 ×× 分区规划的批复》，因赵 ×× 所取得使用 ×× 镇 ×× 路北侧 60 平方米国有土地（住宅用地），位于 × 县城市规划行政中心用地范围内，县人民政府按新批复的分区规划决定，对赵 ×× 在内的 48 户拥有国有土地使用权的用户进行搬迁安置，县建设局将将赵 ×× 异地安置至 ×× 镇 ×× 路 38 号。2006 年 7 月 3 日县政府做出《批复》× 政复 [2006] 第 79 号文：出让位于县城 ×× 路 38 号国有土地使用权面积 60 平方米给赵 ×× 作为建住宅使用，同时注销 × 土籍字 [2002] 第 19 号文，2006 年 12 月 30 日县政府委托该县 ×× 评估有限公司对赵 ×× 的在建房屋进行评估。

1.2　处理过程与结果

2005 年 8 月 10 日，县建设局因赵 ×× 继续在原址建房而做出《建设行政执法责令停止违法行为通知书》，2006 年 10 月 25 日，县人民政府发布《房屋拆迁公告》，赵 ×× 不服，向市人民政府申请复议，市人民政府于 2007 年 9 月 4 日做出《行政复议决定书》（市政复议字 [2007] 第 108 号）维持县人民政府的行政决定。赵 ×× 不服，向县人民法院提起行政诉讼，县人民法院判决县政府拆迁公告合法，赵 ×× 又向市中级人民法院提起上诉，市中级人民法院于 2008 年 3 月 14 日终审判决，维持原判。

1.3　案例分析与思考

本案属于许可证发放后因依法修改城乡规划给被许可人合法权益造成损失，按照信赖赔偿的原则应对违法相对人予以安置和赔偿。本案中还有一个细节，即行为相对人赵某按照当时的适用法律《城市规划法》的两次司法申诉。《城市规划法》第四十二条规定：当事人对行政处罚决定不服的，可以在接到处罚通知之日起十五日内，向做出处罚决定的机关的上一级机关申请复议；对复议决定不服的，可以在接到复议决定之日起十五日内，向人民法院起诉。当事人也可以在接到处罚通知之日起十五日内，直接向人民法院起诉。当事人逾期不申请复议、也不向人民法院起诉、又不履行处罚决定的，由做出处罚决定的机关申请人民法院强制执行。也就是说当时的法律规定行为相对人可以采用司法诉讼途径维护自己的权益。

新的《城乡规划法》强调社会的舆论监督和上级对下级的行政监督。社会监督方面如第九条规定：任何单位和个人都有权向城乡规划主管部门或者其他有关部门举报或者控告违反城乡规划的行为。城乡规划主管部门或者其他有关部门对举报或者控告，应当及时受理并组织核查、处理。第五十四条规定：监督检查情况和处理结果应当依法公开，供公众查阅和监督。上级对下级的行政监督方面如第五十七条规定：城乡规划主管部门违反本法规定做出行政许可的，上级人民政府城乡规划主管部门有权责令其撤销或者直接撤销该行政许可。因撤销行政许可给当事人合法权益造成损失的，应当依法给予赔偿。从另一个角度按照法律规定，行为相对人只能采取举报、控告的行政诉讼通道维护自己的利益，这也许也是我国目前城乡规划领域的上访多、举报多的深层制度原因所在。

对比《城市规划法》和《城乡规划法》的执行机关可以看到，《城市规划法》规定的强制执行机关为人民法院；《城乡规划法》对违法建设行政处罚中查封施工现场、强制拆除的实施机构是县以上地方人民政府责成有关部门，行政强制执行赋予行政当局维护社会秩序的强制权力，这是《城市规划法》和《城乡规划法》较大的差别之一。相比较而言人民法院的执行力更强，更具有威慑力，行政强制可以应对大量的违法现象，两者各有利弊，在未来的规划管理执法过程中值得探讨哪种方式更有效。

2 某市 ×× 居民建房案——侵占道路红线

2.1 案由与情节

某市 ×× 大道原为该市至 ×× 的二级公路，道路红线控制宽度为 60 米；2003 年国务院批准原 ×× 县撤县改区，市人民政府着手修编该市城市总体规划，2008 年初自治区人民政府按程序报国务院审批。按照审定上报的《×× 市城市总体规划（2008—2020）》及 ×× 区分区规划方案，×× 大道道路红线为 60 米，同时两边各控制 20 米宽绿化带，总控制宽度 100 米。2008 年 7 月当地居民唐 ×× 申请建房，向某市规划管理局提交申请。由于唐 ×× 拟建房的位置处于该市 ×× 区紧邻 ×× 大道，位于红线控制区范围内，因此某市规划管理局对其申请未予批准。唐某认为该申请区域居民均为购地建房，并得到当地规划行政主管部门的审批，仅针对其本人不予审批不合理，属于故意刁难，因此以政府不作为名义上告。

2.2 处理过程与结果

由于历史原因，在《×× 市城市总体规划（2008—2020）》编制完成上报前该区域确实属于典型的购地建房集中区，各购地户申请建房的时间不一，加上 ×× 县撤县设区，造成一些历史遗留问题。某市规划管理局对于唐某申请办理建房手续是依法按程序进行的，对于无法办理建房手续履行了告知和答复责任，不存在刁难。

2.3 案例分析与思考

我国处于城市化发展进程最快速的时期，应对这种史无前例的城市建成区域快速推进唯一的途径就是城市总体规划的修编，不可避免的原有城市建成区控制水平不高、建设标准较低的区域由于城市拓展、功能提升引发的建设用地性质的调整和规划标准、建设标准的提升。《城乡规划法》第八条规定：城乡规划组织编制机关应当及时公布经依法批准的城乡规划。第四十六条规定省域城镇体系规划、城市总体规划、镇总体规划的组织编制机关，应当组织有关部门和专家定期对规划实施情况进行评估，并采取论证会、听证会或者其他方式征求公众意见。因此对待这样的区域，地方城乡规划行政主管部门更需要坚持规划公开原则，加强城市总体规划工作的宣传、公示，征求公众意见，提供居民表达意愿的途径，尽可能得到居民的认同和理解。

3　某市 ×× 住宅小区案——调整用地性质

3.1　案由与情节

×× 住宅小区项目位于某市 ×× 路西侧，× 河东岸，×× 公园北侧，原是花窖大棚，主要用于花木生产及培育，总用地 21385.14 平方米。2006 年 1 月，该市 ×× 区政府向市政府申请将花窖用地性质调整为居住用地，其收益用于解决绿化工程欠款问题。为支持区政府解决债务问题，同时考虑新城市总体规划的修编工作已经开始，且该用地尚未实施绿化，北侧现状为住宅，若开发改造可以和周边连成一片，形成规模，因此市规划局原则同意在留足沿 ×× 河绿化用地、减少对 ×× 公园影响的前提下将该用地调整为居住用地，建议城市公共绿地较少问题在 ×× 区范围内调整解决，市政府审批同意了该意见。2006 年 3 月 6 日，×× 区人民法院将该用地执行给某市 ×× 房地产开发有限公司。2006 年 6 月 28 日，该公司向市规划局申请办理用地规划手续。市规划局鉴于总体规划修编已完成纲要成果，依据 ×× 区人民法院的民事裁定，为该公司核发了《建设用地规划许可证》（[2006] 第 040 号）；8 月市国土局为该公司核发了国有土地许可证。2008 年 12 月 31 日，省政府正式批准了该市城市总体规划成果（2008—2020）。在该版总体规划中，该宗用地调整为居住用地，公共绿地已在 ×× 区范围内统筹平衡解决。2009 年 1 月 17 日，某市规划局对该方案进行公示时，周边利害关系人对该项目前期绿地调整等问题提出异议，目前该宗地尚未开发建设。

3.2　处理过程与结果

某市规划局做出暂停该项目工程规划审批手续的决定，并告知信访人，准备依据 2008 年 12 月 31 日省政府批准的城市总体规划对原 × 河花窖用地如何使用组织重新论证，广泛征求社会各界及周边居民的意见，将讨论结果报市规委会研究决定后，再进行妥善处理。

3.3　案例分析与思考

本案占用土地位于 ×× 公园北侧，原是花窖大棚，主要用于花木生产及培育，按照《城市绿地分类标准》（GJJ/T 85—2002）属于生产绿地 G2（为城市绿化提供苗木、花草、种子的苗圃、花圃、草圃等圃地）。按照《城市绿线管理办法》第十一条规定，城市绿线内的用地，不得改作他用，不得违反法律法规、强制性标准以及批准的规划进行开发建设。有关部门不得违反规定，批准在城市绿线范围内进行建设。因建设或者其他特殊情况，需要临时占用城市绿线内用地的，必须依法办理相关审批手续。按照《城市规划编制办法》（建设部令[2005]第146号）第三十二条规定的城市总体规划的强制性内容第三款包括城市各类绿地的具体布局，因此该用地性质调整应按照强制性内容调整程序进行。

本案中还有一个线索是2008年12月31日，省政府正式批准了该市城市总体规划成果（2008—2020），在该版总体规划中，该宗用地已调整为居住用地，公共绿地已在××区范围内统筹平衡解决。审批的规划成果是在《城乡规划法》正式实施后批复的，因此按照《城乡规划法》第二十六条的规定：城乡规划报送审批前，组织编制机关应当依法将城乡规划草案予以公告，并采取论证会、听证会或者其他方式征求专家和公众的意见。公告的时间不得少于三十日。组织编制机关应当充分考虑专家和公众的意见，并在报送审批的材料中附具意见采纳情况及理由。因此本案存在的重要问题是城市总体规划的编制程序、编制方法存在缺陷，未考虑专家和公众意见，因此也是违法的。

4 某县××老年社区项目案——调整用地性质

4.1 案由与情节

2008年6月10日，×市国际会展中心建设工程指挥部办公室取得该市发改委《关于〈××市国际会展中心项目建议书〉的批复》（×发改[2008]第354号），批复同意建设×市国际会展中心，选址在X河与Y河交叉以西地段，总用地68.5公顷，项目总建筑面积19万平方米，占用某村部分集体土地，双方由此产生矛盾。2008年6月27日，指挥部办公室取得该市规划局关于该项目的《建设用地规划许可证》（地字×拆[2008]第21号），并注明‘此证仅适用于拆迁’，按照××市国际会展中心规划设计条件，划定了拆迁范围红线图。

×市国际会展中心项目选址的依据为《×河××段生态开发整治工程总体规划》，该规划2003年4月5日××市政府批复，2006年纳入《××市总体规划（2006—2020）》（已报国务院待批）。在《×河××段生态开发整治工程总体规划》中，×市国际会展中心项目选址区域为某村拟建老年社区项目的地块内，原规划为景观住宅用地，且老年社区项目已办理了部分审批手续。

4.2 处理过程与结果

根据调查，上级城乡规划行政主管部门认为上述审批未违反城市规划以及国家、省、市有关法律规定。根据建设用地性质正向调整和兼容原则，市规划局在规划设计条件中将原规划景观住宅用地调整为会展中心用地，用地性质调整符合有关要求，未涉及城市规划的强制性内容，并要求由项目代征 × 河防护绿地，结合详细规划与会展中心统一设计。

4.3 案例分析与思考

本案处理一个环节值得关注的是同一块地上不同的建设主体均获得部分审批手续，也就是说均具有性质的合法性，我们姑且不论行政审批的失误，仅就项目的取舍反思行政决策的原则。本案两个建设主体不同的差别是 × 市国际会展中心项目属于城市政府大型项目，老年社区项目属于村集体的小型项目，项目取舍的核心实质在于公共利益的界定。公共利益是博弈和妥协结果，本案的结论是集体利益服从城市利益的结果。应该看到，公共利益的最大属性在于其社会性、层次性，不仅有地域的层次，还有需求的层次以及法律中对于这个问题的界定，特定的公共利益存在其特定的地域范围、影响半径，在该地域范围内的群体都能无差别化地享受到公共利益。本案需要关注的是满足了城市整体的公共利益下对小区域的集体利益的考虑和满足，这是解决问题的核心和思考角度。

5 某市 ×× 水库周边违法建设拆除案——水源保护区保护

5.1 案由与情节

×× 水库是某市市区唯一正常的饮用水源地，承担着市区 50 万市民生活用水任务。随着某市城市规模的迅速膨胀，该水库已处于城市规划区的中心地带，近两年来，部分市民、村民及开发企业借新城开发建设之际，在水库周边进行违法建设活动，已直接威胁到水质的安全。为了维护广大市民的根本利益，市委、市政府高度重视，成立了该水库综合整治办公室，根据有关法律和《某市人民政府关于加强 ×× 水库管理的通告》，水库周边 50 米范围内的建筑物均为违法建设，为了减少群众损失，经市政府研究决定对 ×× 水库 3 号、4 号库周边距水库大堤内沿 30 米范围内的违法建设及设施进行拆除。拆迁范围涉及两个办事处和五个村村委会，需要拆除 27280.74 平方米建筑物及设施，包括楼房、平房、猪圈、养鸡场、白灰池等，涉及人员广，单位多，情况相对比较复杂，涉及居民不同意拆迁，集体上告。

5.2 处理过程与结果

整个拆迁坚持“属地管理”和“谁主管谁负责”的原则，自 2006 年 6 月 10 日至 7 月 10 日，分为宣传发动阶段、实施拆迁、检查验收三个阶段，拆迁过程历时一个月，在此期间，某水库整治工作领导小组团结协作、攻坚破难，一户一户做被拆迁户的思想工作，最终得到被拆迁户的理解与支持。

5.3 案例分析与思考

这是一个存在悖论的案例，市民、村民及开发企业借新城建设之机在管理相对薄弱的水库周边区域进行违法建设活动，目的是通过拆迁获取收益。一些城市由于政府对局部土地征用时，为了加快工程进度，往往认可违法建设的存在，本案在违法建筑无条件拆迁，没有任何补偿的情况下，和参与违章建设的居民心理期望值相差甚远，因此不同意拆迁，集体上访。而这种违法有理之风不仅仅在一个城市一个区域，长此以往，确实给城市管理造成长久地隐患。不姑息不迁就，执法必严的前提基础是完善的基础信息的掌握，对大多数城市而言这些基础性的工作还做得远远不够。

6 某市客运码头改造 ×× 项目违法案件——违反城市控高

6.1 案由与情节

×× 项目位于某市 ×× 桥以北 × 江东岸，属某市港务局客运码头改造项目，被某市政府列为 2007 年重点建设工程。项目设计方案为南北两栋非对称晶体群型建筑，总占地面积 1.2 万平方米，总建筑面积 4.6 万平方米，其中最高的晶体型建筑设计高度为 60 米。2006 年 9 月，某市规划局组织召开某市港务局客运中心建筑设计方案咨询会，会议纪要指出：“与会专家一致认为，该地段不宜建高层建筑，应以较小体量的多层建筑为妥”；2007 年 1 月，规划局发出《 × × 港务局客运旅游中心规划设计要点》为：“该项目用地性质为 C2、U2，建筑密度小于 45%，建筑整体高度以小于 24 米为宜，局部可按 40 米（以不超过 × × 江阁为宜），容积率暂定为 2.5，具体指标根据方案确定后以市政府审定为准”；2007 年 5 月规划局依据上述设计要点发出《建筑设计方案审查通知单》，但建设单位就建筑高度问题多次要求调整，经市政府同意，规划局于 8 月底又发出《建筑设计方案审查通知单》，将建筑控高 40 米调整到 60 米。

6.2　处理过程与结果

《 × × 市城市总体规划（2003—2010）》明确规定：“ × 江风光带是某市的文化摇篮和生命线，规划重点保护 × 江及两岸的山光、水色、洲景、城廓，加强沿江绿化建设，严格控制沿江的建筑高度与体量，严格按两岸景观保护规划进行建设。”“ × 江风光带与城市轴线应按确定的保护级别，保护好自然景观生态，在 × 江两岸避免建高大厚实的建筑物。”同时，某市根据总规完成的控制性详细规划对地块的主要控制指标为：容积率 0.5，建筑高度 12 米，建筑密度 25%，绿地率 40%。建设部驻某市 × × 督察组调查了解清楚上述情况后，× × 项目的设计方案容积率、绿地率、建筑高度、建筑体量均严重违反《 × × 市城市总体规划》（2003—2020），和该地段的控制性详细规划要求。同时某市规划局在变更规划设计要点期间，并未按照法定程序要求，首先调整控规，再变更项目规划设计条件，存在程序违规。且督察组踏勘项目现场时发现原有建筑正在拆除，准备 × × 项目的建设施工，一旦项目建成，将对 × 江风光带、× 山风景名胜区带来较大损害，是一例典型的违规项目，必须在项目投入建设前予以制止，以避免造成重大损失。

督察组将有关情况紧急报告建设部部稽查办后，稽查办认为督察组刚刚进驻，对该项目需要“审慎处理”。督察组根据稽查办指示精神，于 11 月约见某市分管规划的副市长，并详细阐述了针对该项目“暂停建设、重新论证、严格审批”的有关意见。该副市长根据督察组意见，指示市规划局通知有关单位暂停建设，并对该项目重新论证，方案论证并调整确定后，再严格按照程序进行审批。

6.3　案例分析与思考

本案是建设部派驻督察员发现与处理的违反城市总体规划的典型案例，有效地制止了违法违规事件的发生，但其中处理的过程反映了督察员在地方工作的处境与艰难，调查过程中督察员的无奈也感同身受。规划督察制度设置的初衷是配合我国城乡规划法的层级监督，为行政裁决提供了一种救济渠道。督察员的主要任务是依法对被督察城市城乡规划的编制、审批、实施管理工作进行事前和事中的监督，及时发现、制止和查处违法违规行为，以保证各层次城乡规划和有关法律法规的有效实施。工作方式是“采取‘旁站式’监督方式，不宜直接介入规划管理工作，更不能干涉地方正常的行政工作[①]”。城乡规划编制、审批、实施管理有其内在的技术流程和客观规律，仅以旁观者的角度很难发现隐含的问题。审慎的态度一方面代表了介入方式的小心翼翼和看人眼色，另一方面值得怀疑的是督察的力度和效率。解决督察员制度法律缺失、给督察员明确的人事地位是健全督察员制度的关键所在。

7 某市 ×× 故里住宅建设项目违规案件——调整用地性质

7.1 案由与情节

某市（地级市）×× 故里住宅建设项目位于某市（县级市）×× 街道以北，X 江与 Y 江交汇处东南侧，总用地面积为 197093.2 平方米，由 ×× 置业有限公司（暂定资质）开发建设。经某省人民政府于 2001 年 6 月批准的《×× 市城市总体规划》中规定该地块的用地性质为“景观农业”，属于绿地。某省建设厅于 2004 年 3 月在《关于 ×× 市 ×× 故里住宅用地详细规划的批复》中规定该地块为“休闲度假区”，并明确规定建筑密度在 5% 以下，容积率不超过 0.12，严禁房地产开发。×× 故里景区是于 2002 年 5 月 17 日国务院批准的“×× 国家重点风景名胜区”中的一个景区，该《×× 国家重点风景名胜区总体规划》已经建设部组织召开的部际联席审查会议审查，现正在进行文字修改，待国务院审批。

2006 年 11 月 11 日，某省人民政府以《×× 省建设用地审批意见书》（× 土字 G[2006]-0265）对 ×× 市（地级市）国土资源局申报的“×× 市 ×× 故里住宅用地”进行了批复，以新增建设用地的名义批准了公开出让国有土地使用权 197093.2 平方米，出让年限为住宅 70 年。

---

① 王早生．不负使命，努力做好城乡规划督察工作，第七批城乡规划督察员培训暨派遣会上的讲话 [EB/OL]. 住房和城乡建设官方网站，2012-9-27.http：//www.mohurd.gov.cn/zcfg/jsbwj_0/jsbwjjc/201210/t20121029_211803.html.

2006 年 12 月 6 日，× × 市规划局以 × 规设条字 [2006] 第 16 号文提供了该建设项目的规划设计条件，项目名称为“× × 故里住宅用地”，主要指标为建设用地面积 197093.2 平方米，总建筑面积 197093.2 平方米，建筑密度≤ 25%，建筑层数为低或多层，容积率 1.0，绿地率 30%。

2006 年 12 月 19 日，市招投标中心举办国有土地使用权招标出让活动，× × 公司以 63036 万元竞得该块土地，并于 2006 年 12 月 22 日与市国土地资源局签订了《成交确认书》。

2007 年 6 月 13 日，某市（所属地级市）发展改革委员会印发了《企业投资项目备案通知书》，项目名称为“× × 花园”，项目建设内容为房地产开发。2007 年 6 月 15 日，× × 市（县级市）规划局颁发了《建设用地规划许可证》。

由于 × × 公司尚未交付全部的土地出让金，且市国土资源局全部交付土地也有一定困难，因此，市人民政府以《关于招标出让国有土地使用权的批复》（× 政土字 [2007] 第 75 号），将该地块分为 A 地块和 B 地块，A 地块的面积为 102148.7 平方米，B 地块的面积为 94944.5 平方米，同意将 A 地块的国有土地使用权出让给该公司。2007 年 7 月 16 日，颁发了 A 地块的《国有土地使用权证》。

7.2 处理过程与结果

某省人民政府违反《城市规划法》，受理某市国土资源局的申请，将《× × 市城市总体规划》中的景观农业用地擅自更改并批复为“新增建设用地”。

该建设项目用地位于 × × 国家重点风景名胜区的范围内，《× × 国家重点风景名胜区总体规划》正在报国务院审批的过程之中，但是，该市人民政府以建设用地的名义将该地块拍卖出让，违反了《风景名胜区条例》第三十条和第四十七条的规定。某市发展改革委员会违反规定印发《企业投资项目备案通知书》，准予房地产开发。某市城市规划管理委员会根据市人民政府的部署，于 2006 年 6 月 16 日召开了“市城市规划管理委员会全体会议”。会议同意调整“× × 旅游区用地规划方案”，在违反《× × 市城市总体规划》和《× × 故里详细规划》的情况下，擅自将用地性质改为“住宅用地”，规划用地面积 197093 平方米，规划建筑面积 197093 平方米。此后，市政府相关部门违规办理用地和规划许可的审批手续，违反了《城市规划法》和《城市房地产管理法》的规定。

至调查截止之日止，该项目正处于前期工作和土地的三通一平阶段。省建设厅调查后，市政府已责令建设单位停工。

7.3 案例分析与思考

调查过程中一个明显的现象和问题是政府的违法是最大的违法、最多的违法、最冠冕堂皇的违法，2007 年 7 月 12 日国土资源部部长徐绍史在新闻发布会上根据对土地违法案件的统计公布的数字证明这一结论。2007 年 1 ～ 5 月份国土资源部统计的非法占地的案件，占所有案件宗数的 80%，非法批地的案件占 20%。另外，从涉及违法的用地面积来看，非法批地的案件，占涉及土地面积的 80%，主要是地方政府和涉及政府为违法主体的案件，用地面积为 80%，以公民、个人或者企业违法占地的面积是 20%[①]。本案是省、市、县各级政府和部门的共同操作的土地规划违法案件，此类案件的主要表现是省、市、县政府默许、纵容乃至在背后操纵违法违规用地，前些年体现在擅自设立和扩大开发区，近些年因规避国家对审批项目土地规模的控制，采用化整为零的方法，以项目形式进行分块开发申报，尤其是《物权法》出台后，涉及拆迁难度越来越大的情况下，占用绿地、风景名胜区的现象越发突出，值得预防和关注。

① 国土资源部部长，80% 违法用地主体是政府 [EB/OL]. 光明网，2007-07-13. http：//www.gmw.cn/content/2007-07/13/content-639455.htm

第十章　违反历史文化名城保护规划

1　某市 ×× 巷老街风貌案——仿古造假

1.1　案由与情节

某市 ×× 巷位于该市城市中心，人口稠密，是具有浓厚该市传统文化特色的典型里坊式历史文化街区，被誉为“明清建筑博物馆”、“城市里坊制度的活化石”，是该市历史文化名城中最重要的历史街区。居民反映 ×× 巷改造工程为混乱工程，存在未规划公示、仿古造假、框架结构、钢管建设五花八门等问题。如 ×× 街西侧北入口处修建仿清代建筑风格的木结构风雨廊，未进行方案公示；基础围墙拆除重建（有的是经质检部门鉴定为危墙、个别施工质量达不到要求)；街区的路面改造，有几个小段未按工程进度要求完成，临时铺筑，春节后拆除重铺；为迎接 ×× 街传统灯市，春节前对 ×× 街沿线保留的历史建筑采取临时性措施加固和外立面简易粉刷装饰，后灯会临时改在“×× 广场”举行，造成一定程度的人力财力浪费等。

1.2　处理过程与结果

1.2.1　经调查上述问题基本属实。由于一次性拆迁量过大，造成群众不理解，少数拆迁户上访不断。某市 ×× 区拆迁办对 ×× 巷历史文化街区的不协调建筑采取短时间内一次性到位的办法进行拆迁，思想工作没有跟进，造成少数拆迁户反复上访。

1.2.2　保护修复过程中，暴露出施工组织和管理中存在的问题。信息公开不彻底，造成信息不对称，群众产生不满。×× 巷保护修复工程虽按城乡规划法的要求对涉及规划方面的内容进行了公示，但对具体修复项目需要公开的内容不彻底，如一些历史建筑采取落架维修方式，为确保新建建筑的安全耐久性，采取内部结构为钢筋混凝土框架结构或砖混结构，建筑外立面采用传统建筑材料修建方式，虽符合规划要求和《×× 市 ×× 巷古建筑修复导则》，但由于不同于普通建筑的修复过程、修复方式，临时修复措施没有公开和宣传，导致群众误解。

1.2.3 部分修复工程计划性不强，施工组织和施工管理存在不同程度的缺欠，给当地居民的工作、生活造成影响。工程监理存在疏忽，个别工程没有严把质量监理关，导致不合格的材料用于施工，造成工程质量不合格，推倒重来，产生不必要的浪费。施工队伍中部分民间工匠技术不过关，构件中的修复工艺和质量难以一次达到要求，产生返工。

根据上述问题，调查组责令地方行政主管部门和施工单位加强规划、建设方案、修复工程计划的公示，取得居民理解；同时要求严格控制古建筑修复质量，严把工程质量和工程监理关。

1.3 案例分析与思考

历史街区历史悠久、空间尺度宜人，保持着中国千百年来一贯朴素、幽静、恬淡的传统风貌[①]，历史街区的保护对传承城市文明具有重要的战略意义。本案的问题出在政策执行环节，历史街区保护规划作为公共政策执行涉及利益格局调整，多元主体的利益诉求和偏好不一，人口和建筑密度大，和传统的建筑封闭施工有本质的区别，施工空间有限，既要保证居民正常的生产生活，又要满足安全施工的需要，执行面临挑战，因此更需要精密的计划和缜密的安排。政策执行是建立组织机构，运用政治资源，采取解释、宣传、试点、协调与控制等行动，使政策内容转化为实际效果的过程。制定政策——即规划决策通过民主的地方政府组织和市民的投票实现，加强解释宣传时获得理解、传播理念和掌握居民需求的重要途径，也是历史街区改造过程中成功的手段之一。

2 某市 ×× 公司违法改造 ×× 公馆案——破坏风貌

2.1 案由与情节

“×× 公馆”原为某市名士 ×× 故居，位于 ×× 区 ×× 路南侧，现为该市直管公房，其使用权已由房管部门转让给某公司。2008 年 11 月 28 日，该市城市管理行政执法局执法人员在执法检查中发现 ×× 公司将原 ×× 公馆拆除，在其原址重新建设，且该公司不能提供相关的规划审批手续。

① 武联，王鑫. 历史街区保护欲更新方法 [J]. 建筑科学与工程学报，2007（3）.

2.2 处理过程与结果

该市城市管理行政执法局依法定程序对其立案查处，并依据城乡规划法的有关规定，对 ×× 公馆改造工程征求规划主管部门意见。规划主管部门于 2008 年 12 月 8 日复函城市管理行政执法局，确认 ×× 公馆改造工程未经规划审批，属违法建设行为，应及时制止和查处。该市城市管理行政执法局即以该工程未取得《建设工程规划许可证》为依据，依法向该公司下达了《责令停止违法建设决定书》，但该公司拒不停止施工，并称 ×× 公馆改造工程属重点整治工程，是依据市规划局出具的方案实施的。2008 年 12 月 31 日，市规划局再次函告城市管理行政执法局，认定某某公司在建设过程中未按照《 ×× 路南侧及 ×× 洲周边更新整治规划设计方案》的要求，对 ×× 公馆进行修整，而是将原 ×× 公馆拆除后重新建设。上述行为不符合《 ×× 路南侧及 ×× 洲周边更新整治规划设计方案》，且该公司擅自扩大建设范围，并占压西侧规划道路，毁坏了 ×× 公馆原有风貌，属违法建设。该市城市管理行政执法局于 2009 年 1 月 6 日向 ×× 公司下达了《责令限期改正通知书》，责令其按照规划方案进行改正，但该公司未在规定期限内改正违法行为。该市城市管理行政执法局依据《 ×× 市城乡规划条例》第八十二条之规定，于 2009 年 2 月 12 日向其下达了《限期拆除违法建筑决定书》，并告知其享有申请行政复议和提起行政诉讼的权利。

×× 公司不服该市城市管理行政执法局做出的《限期拆除违法建筑决定书》，于 2009 年 4 月申请行政复议，经复议机关审查，维持市城市管理行政执法局做出的《限期拆除违法建筑决定书》。2009 年 5 月，该公司向市中区法院提起行政诉讼，要求撤销该市城市管理行政执法局做出的《限期拆除违法建筑决定书》，经法院公开审理，判决维持该市城市管理行政执法局做出的《限期拆除违法建筑决定书》。目前该建筑已拆除。

2.3 案例分析与思考

国内媒体报道的关于历史保护建筑被拆除比比皆是，原因一是缺少敬畏、缺少理解和尊重，二是拆除重建比维护要简单、花费少。为了更好地保护历史文化街区和历史建筑，杭州市法制办起草了《杭州市历史文化街区和历史建筑保护条例（草案）》（征求意见稿一）[①]不断征求意见，对拆迁中的“疑似历史建筑”先予保护，

① 杭州市人民政府法制办网站 . http：//www.hangzhoufz.gov.cn/Html/201208/02/3158.html.

不再“鼓励购买或租用历史建筑”；将“鼓励国内外组织和个人购买或租用历史建筑”，变为“鼓励各种社会力量通过捐赠、资助、技术服务等方式参与历史文化街区和历史建筑保护工作”，对历史建筑的保护更为谨慎。同时对居民关注的以下问题采取听证制度：①历史文化街区和历史建筑的定义和认定条件是否科学可行？保护名录确定由哪个部门牵头较为合适？②历史文化街区核心保护范围和建设控制地带范围内的建设活动规定是否合理？历史建筑的保护范围、周边建设控制地带范围内的建设活动规定是否合理？③历史建筑等相关建筑的保护管理责任人确定是否合理？其负责建筑的维护和修缮，并承担相应的修缮费用的义务规定是否合理？④如何对达到保护和管理要求的保护管理责任人给予管理维护资金补助才能体现权利义务对等的原则？⑤因历史建筑保护修缮工程实施居民临时搬迁过渡的程序如何设置较为可行？条例（草案）不仅有相对较为严厉的处罚措施，也考虑鼓励政策的制定，使责任和权力对等。借鉴杭州市的经验，城乡规划行政主管部门及相关部门对于城市历史建筑的保护确实要尝试多种模式的创新，与时俱进，同时配套各职能部门的监管责任才能真正做到保护制度的有效实施。本案的责任也有来自于房管部门在转让过程中未将建筑使用要求予以明确，即 ×× 公司仅拥有 ×× 故居的使用权，不得翻建或拆除的规定，造成不可挽回的损失，需承担监管不力职责。

3 某市 ×× 居民违法建设案——私搭乱建

3.1 案由与情节

某市是国家级历史文化名城，2008 年底，市委市政府经过反复讨论确定 ×× 区为历史风貌保护式改造区。但 ×× 区基础设施条件极其落后，尚未接通供热、天然气等市政公用设施，直接影响居民的生活居住条件。为改善自身居住条件，2009 年 4 月 15 号，×× 区 ×× 街 5 号住户孙 ×× 私自接建 2 层房屋，增加其中包括锅炉间用以供热，违法建筑面积 42 平方米。

3.2 处理过程与结果

市规划局发现后立即联合城市管理执法局对其下达停工通知书，责令其限期自行拆除。经过其耐心劝说并告知相应法律法规，其最终自行拆除违法建筑。

3.3 案例分析与思考

历史文化名城中的保护街区由于年代久远，很多还是农业文明时期的城市居住形态，存在空间相对狭窄、基础设施条件落后、居民的居住条件较差的状况，且多数居民属于城市中的低收入群体。切实改善当地居民的居住条件，增加基础设施和公共服务设施的投入，配套低收入者住房保障政策的有效实施，加强监管，才能从根本上减少居民的私搭乱建行为。

4 某市 ×× 居民违法建设案——私搭乱建

4.1 案由与情节

2007 年 6 月 12 日，某市规划执法督察大队根据群众举报查实，当事人苗 ×× 未经规划审批擅自在 ×× 故居东邻（×× 路与 ×× 巷交汇处南 100 米路东）建设砖混结构房屋，南北长 10 米，东西宽 4.5 米，面积 45 平方米，正在进行基础施工。建成后欲将前面旧墙拆除，用作沿街房出租获利。

4.2 处理过程与结果

该违法建设当事人在开工前未按有关规定办理建设用地规划许可证及建设工程规划许可证，违反了《中华人民共和国城市规划法》第三十二条、《×× 省历史文化名城保护条例》第十九条的规定。依据《中华人民共和国城市规划法》第四十条、《×× 省历史文化名城保护条例》第三十八条规定，执法人员依法向当事人下达了《责令限期改正通知书》，责令其立即停工，并于 6 月 2 日前自行拆除。当事人在接到《责令限期改正通知书》后，拒不停工，并利用夜间突击施工将砖墙复合板房建设完毕。市规划执法督察大队执法人员于 6 月 12 日采取集中行动，对该处违法建设实施了强制拆除。

4.3 案例分析与思考

历史文化名城和历史街区中私搭乱建的目的大致可分为两种，一种是改善自身生活条件，如案例 3，一种是用于牟利，如本案。本案是接受群众举报发现查实的，在目前城市管理范围大、面积广、任务重的背景下，调动百姓的积极性，共同维护城市秩序除了强调居民的历史责任为，适当的奖励、激励机制有些城市已经尝试和探索。

5 某市古城重点保护区内违法建设案——私搭乱建

5.1 案由与情节

2007 年 3 月 28 日全国历史文化名城某市古城重点保护区居民马某，到某市规划和建设执法大队举报：古城保护区 × 街 170 号杨某在其房屋后平台上搭建有损古城风貌的铝皮棚。通过调查发现，杨某在 2006 年 3 月 23 日维修房屋时，未经市规划建设部门批准，擅自在其房屋后院平台上用钢管等材料搭建了古城不协调的铝皮棚 23.76 平方米。

5.2 处理过程和结果

某市规划和建设局认定该构筑物铝皮棚与古城周围建筑极不协调，严重影响古城风貌，该行为违反了《×× 省 ×× 古城保护条例》第十五条之规定。2007 年 4 月 6 日，某市规划和建设局向杨某发出“责令限期改正通知书”，要求其拆除违章搭建的铝皮棚。因杨某未予改正，某市规划与建设局于同年 8 月 21 日向杨某送达了“行政处罚事先告知书”和“行政处罚听证告知书”，在规定的时间内，杨某既未提出申辩，也未要求举行听证。某市规划和建设局于 8 月 27 日依据《×× 省 ×× 古城保护条例》第二十五条的规定，做出了建设行政处罚决定书（罚字 [2007]080 号），决定由杨某自行拆除违章搭建的铝皮棚。该决定书经某市规划和建设执法大队送达后，杨某未在法定期限内申请行政复议或提起行政诉讼，也未自觉履行行政处罚决定。某市规划和建设局于 2007 年 9 月 5 日向某市人民政府申请强制拆除该违法建筑，同年 9 月 17 日某市人民政府批示某市规划和建设局依法申请进行司法拆除。某市规划和建设局又于 2007 年 11 月 27 日向该市人民法院申请强制执行。2008 年 4 月 7 日某市人民法院下发行政裁定书（× 行执审字 [2008] 第 1 号），裁定对该市规划和建设局做出的行政处罚决定准予执行，并于由该市人民法院对违法建设的 23.76 平方米的建筑物进行了拆除。

5.3　案例分析与思考

本案发生时间是 2007 年 3 月 28 日，而通过一系列法定程序后的拆除时间是 2008 年 4 月 9 日，历时一年多，而拆除的也仅仅是 23.76 平方米铝皮棚。目前我国城市治理违法案件的时间成本和资金成本也来越高，执法难度也越来越大。本案从时间层面表达了执法者的困境，而实际调研过程中暴力抗法现象常见，甚至执法人员的人身安全受到威胁。如何简化程序，加大惩戒力度，同时切实保护居民的合法权益，需要有益的探索和实践。

6　某军区 ×× 通信总站违法建设——破坏风貌

6.1　案由与情节

×× 寺塔始建于公元 9 世纪，距今 1100 多年，是西南地区少有的唐代建筑，原为省级重点文物保护单位，于 2006 年 6 月，经国务院批准列入全国重点文物保护单位。某军区 ×× 通信总站建设的经济适用房工程位于 ×× 寺塔旁，是根据中国人民解放军总后勤部、某军区联勤部《关于下达 2005 年度军区部队实施军队经济适用住房建设计划的通知》通知精神，经某军区联勤部 ×× 分部批准。下达的建设项目位于某市 ×× 街 × 寺塔旁的 ×× 字第 4986 号地块上，用地面积 3000 平方米，建设资金 2000 万元，建筑面积 15300 平方米，框架结构，拟建 18 层，总套数为 90 套。

6.2　处理过程与结果

2006 年 6 月 4 日，某市规划局在对建设工程进行巡查时发现 ×× 寺塔旁有建设行为，且距离 ×× 寺塔较近，于是向建设单位某军区第 × 通信总站下达了《接受城市规划检查通知书》，并多次联系该军区 × 通信总站协商，但该建设单位一直未到市规划局监察大队接受检查。2006 年 8 月 1 日，市规划局依法向某军区 × 通信总站下达了《 ×× 市违法建设（建筑）停工通知书》（市规监停字 [2006] 第 0033 号），并于 2006 年 8 月 9 日向某军区 × 通信总站及该部上级主管部门该军区司令部直属工作部发函，请其要求该部停止此工程建设；同时市规划局与省、市、区文物管理部门取得联系，并由 ×× 区文物管理所首先介入调查工作，但调查工作在建设单位的极力阻挠下，无法按程序展开，建设行为也未停止。2006 年 9 月 7 日，某市规划局再次到施工现场向建设单位某军区 × 通信总站下达《×× 市违法建设（建筑）停工通知书》，同时于 2006 年 9 月 11 日会同某省文化厅、省文物局、×× 市文化局、×× 区文管所等部门召开了专题商讨会，并组成联合工作组对该建设工程进行查处，但收效甚微。某军区 × 通信总站对多次停工通知不予理睬，继续强行施工，现违法建设项目已建盖到第七层。

2006 年 10 月 11 日上午建设部驻某市城乡规划督察员会同市规划局、市文化局相关负责人到施工现场进行实地调研，并与某军区 × 通信总站代表会见，要求部队立即停工，并建议尽快召开军地负责人会议，找出解决问题的办法，在构建和谐社会的大前提下，把损失减少到最低限度。市规划局按相关执法程序再次向该军区 × 通信总站下达了《×× 市违法建设（建筑）停工通知书》（市规监停字 [2006] 第 0038 号）。

2006 年 10 月 11 日下午，市政府巡视员带领市规划局、市文化局相关负责人赶到某军区 × 通信总站 ×× 寺塔旁的施工现场，对建设情况进行检查。经查，某军区 × 通信总站动工建设前未按《中华人民共和国城市规划法》第三十二条规定向某市规划局申报，在未经规划行政主管部门批准的情况下仍然继续开工建设，属违法建设行为。按照《中华人民共和国文物保护法》第十八条规定，在文物保护单位的建设控制地带内进行建设工程，不得破坏文物保护单位的历史风貌；工程设计方案应当根据文物保护单位的级别，经相应的文物行政部门同意后，报城乡建设规划部门批准。但某军区 × 通信总站动工建设项目在国家重点保护文物 ×× 塔建设控制地带内，距离寺塔体仅有 32 米，且是建盖高层建筑，如建成后将对 ×× 寺塔的保护和历史风貌构成直接影响，后果严重。

6.3 案例分析与思考

军队、武警等国家军事机构和大型央企等重大企事业单位在全国各重要城市均有分布，军事部门及军事机构在地方城市建设过程中违法违规的案例较为特殊，主要缘于军事设施区别于地方的垂直管理而非属地管理的特殊属性。部队营区一般是进行营房建设和住宅建设，因内部管理独立于地方的管理体系，当部队建设的需要和地方的管理存在矛盾时，以执行命令为准则的部队建设行为容易忽视地方法律法规的监管，造成了新的违法建设，凭借地方政府的权限很难查处，目前解决的办法只能是加强地方政府与军事部门及军事机构的沟通。

同时还应该注意的是军事设施是军队执行任务的基本依托，是国防实力的重要组成部分，对于遏制外敌入侵、维护国家领土完整具有极其重要的作用。国家根据军事设施的性质、作用、安全保密的需要和使用效能的需求划定军事禁区、军事管理区，并采取措施加强保护。

关于军地共管和军地协调方面，1958 年 4 月 8 日中共中央《关于加强地方党委对军队的领导和密切地方党委同军队关系的指示》就明确指出加强地方党委对军队的领导，密切地方党委同军队之间的关系，以利工作上的配合和相互支援，促进国家经济建设和国防建设。《中华人民共和国军事设施保护法实施办法》（国务院令 [2001] 第 298 号）对军地双方在各自范围内履行法律责任、地方政府或部门协助军事机关保护军事设施以及相互通报了解情况等方面做了具体规定。第二条规定“军事设施保护委员会的办事机构设在省军区（卫戍区、警备区）、军分区（警备区）、县（自治县、市、市辖区）人民武装部，具体办理军事设施保护委员会的日常工作”，从地方层面而言，人民武装部承担了军地联系的桥梁与纽带作用。第六条规定“军事机关应当向驻地人民政府介绍军事设施的有关情况，听取驻地人民政府的意见；地方人民政府应当向驻地军事机关介绍经济建设的有关情况，听取驻地军事机关的意见”。

关于军地建设的协调问题，《军事设施保护法》第十三条明确规定“县级以上地方人民政府编制经济和社会发展计划，应当考虑军事设施保护的需要，并征求有关军事机关的意见；安排建设项目或者开辟旅游点，应当避开军事设施。确实不能避开，需要将军事设施拆除或者改作民用的，由省、自治区、直辖市人民政府和军区级军事机关商定，并报国务院和中央军事委员会批准。”国务院、中央军委《关于加强军事设施保护工作的意见》强调要妥善处理军事设施保护与地方经济建设的关系[①]。第七条规定“各级人民政府编制经济社会发展规划、土地利用总体规划、城市总体规划等，以及安排建设项目可能影响军事设施的，要征求军事机关意见，妥善处理有关矛盾和问题”。同时要求军事机关要主动向当地政府介绍情况，提出军事设施保护要求；组织军事设施建设要精打细算，节约用地，在保护军事设施基础上支持地方扩大开放、发展经济、保护环境。

本案违法主体是某军区 × 通信总站，建设项目是经济适用房工程。应该说明和区分军事通信设施和军区经济适用住房是两类不同性质的项目。军事通信设施是国防设施的重要组成部分，是承载我军信息传输与交换的平台，是军事信息化建设

① 资料来源：新华网 . 2009.05.17. http：//news.qq.com/a/20090517/000352.htm.

的重要基础，直接关系到军事斗争准备和国家安全利益，需要切实保护。但军区的经济适用住房项目是为解决军区职工、退休干部及在职团级以上干部住房难的问题设立的，满足军区职工及居民对住房的要求，一般相对军事禁区或军事保护独立选址，属于城市总体规划的居住用地和修建性详细规划的居住小区，应遵守相关城市规划建设的法律法规，同时也应承担保护国家历史建筑遗存的责任。

同时根据网络搜索此类军队违法违规建设案件较少，代表性案例的有两件：一是乌鲁木齐市政府和新疆军区的协调案件，二是武警福建省边防总队违法建设施工案件。2001 年乌鲁木齐市人民政府下发通告，要求驻乌单位要拆除的分散小锅炉中涉及部队单位 10 家、18 台小锅炉，到 2012 年没有任何拆除迹象。2002 年 7 月 16 日中共乌鲁木齐市委员会、乌鲁木齐市人民政府致函新疆军区《关于协调解决驻乌鲁木齐部队单位涉及城市建设中有关问题的函》（乌政函 [2002] 第 38 号）[①]，针对驻乌部队单位自建的影响市容的临建门面房及需拆除的围墙，提请新疆军区协调并督促涉及单位能尽快自行拆除临建门面房和实体围墙；逾期不拆除的，有关职能部门将采取强制措施，依法行政强制拆除。针对需拆并或改造的供热锅炉情况，市政府提出如下意见：①请新疆军区协调和督促相关单位能尽快自行拆并分散供热小锅炉，实施集中供暖（名单和现象文件已列）；②如个别单位确实无法实施集中供暖，请军区协调这些单位尽快将燃烧原煤锅炉改造成使用电力、天然气等清洁能源的锅炉，并采用除烟除尘装置（须达到环保要求），以减少污染源；③请新疆军区明确要求驻乌部队凡涉及安装、更换、改造锅炉事宜的，须先到市环保局办理相关手续后再实施。而公函最后的“上述意见当否，祈复函”反映了地方政府对部队之间目前仅能通过协商解决的路径。2009 年福州市规划局公布 30 家违章名单[②]后，对位于北环西路 68 号武警福建省边防总队违法建设施工行为进行破坏性拆除，邀请福州电视台“新闻 110”记者到现场予以曝光，试图通过舆论监督的力量给违法行为相对人以压力，达到制止违法建设的目的。

国务院、中央军委《关于〈中华人民共和国军事设施保护法实施办法〉施行中有关问题的通知》（国发 [2001] 第 3 号）文件规定：“编制跨省、自治区、直辖市的区域规划，国务院有关主管部门应当征求有关军事机关的意见。其中，在一个军区管辖范围的，征求军区的意见；跨军区的，征求总参谋部的意见。”一个军区内的

① 资料来源：http：//124.117.235.203/wrkz/01.asp?ArticleID=969，2012.06.21.

② 福州市公布首批 30 家违法建设名单 3 天后强拆 [EB/OL]. 海峡都市报 . 2009-10-29. http：//www.sina.com.cn/0/2009-10-29/0238/65/7334s. shtml.

规划采取实时通报、及时受理、稳妥回复、遵照执行四个步骤。

虽然相关法律、法规规定了一些军事强制性措施，但调查过程中也发现了地方政府未按规定征求军事机关意见，造成重大经济损失，甚至危及人民群众生命安全的案例。如某军区某部靶场是一个迎外表演射击场，每年要承担大量的迎外表演任务。当地政府在没有征求相关部队意见的基础上，在靶场背面新建 10 余所大中专院校和成片住宅区，导致跳弹引发安全问题日益显露。2006 年以来，先后发生 4 起跳弹事件，其中 3 起射穿教室玻璃，1 起擦伤人员，严重危及人民生命安全。目前靶场仅用于轻武器射击，重机枪射击场只能异地新建，严重影响了军事职能的发挥。

上述分析和相关案例表明，应切实加强军地协调，充分考虑军地双方利益诉求，严格遵守相关法律法规和技术规范，才能更好地保护军事设施，真正维护国家安全和促进经济社会全面发展。

第十一章　程序违法——无证、缺证或证件过期案

1　某市 ×× 镇 ×× 村某电梯厂案——无证

1.1　案由与情节

某市 ×× 镇 ×× 村 ×× 电梯厂厂房是由该市 ×× 实业投资有限公司投资建设的，设计单位为某建筑设计室，施工单位为某建筑公司，无监理单位。该厂房在未办理任何手续的情况下 2004 年初开始建设，同年完成，2006 年年底开始使用，建筑面积 7650 平方米，钢结构屋顶，该市 ×× 电梯有限公司租赁该厂房进行生产经营。

1.2　处理过程与结果

该工程属于典型未办理任何施工许可手续，违规建设的项目，并未进行竣工验收擅自使用。市规划局对该市 ×× 实业投资有限公司签发了《责令改正通知书》（× 建改字 [2008] 第 002 号），责令该厂房立即停止使用，尽快完善相关工程建设手续。并依法立案，按照有关法律签发了《×× 市建设局行政处罚决定书》（× 建罚字 [2008] 第 190 号），处以该公司 52800 元的行政罚款。某市 ×× 实业公司上交罚款后办理相关工程建设手续，并进行了工程验收。

1.3　案例分析与思考

本案是典型的农村集体土地违法建设案件，投资者不办手续的原因有三：一是需要补交国有土地出让金、配套费用等，认为增加了他们的负担；二是国家相关法律规定，经营性土地用途的土地必须以招标、拍卖、挂牌等公开出让的方式获得，农民或农村集体改变土地用途很难操作；三是原有农村集体经济发展留用地属于集体土地产权时，手续简单，管理方便，不能适应、也不愿意遵守严格的城市建设管理程序。

2　某市 ×× 墙体材料有限公司违规建厂房案——缺证

2.1　概况案由与情节

2008 年 1 月，某省 ×× 墙体材料有限公司经某市 ×× 区发展改革局批准，在 ×× 区 ×× 镇 ×× 村建设厂房及办公楼工程，占地面积 23937.17 平方米，总建设规模 21260.24 平方米（后增加为 24122.68 平方米）。该工程 2008 年 7 月开工建设，2008 年 9 月办理了《建设用地规划许可证》，但在未办理《建设工程规划许可证》的情况下擅自开工建设。在工程建设至一层形成建筑面积 216 平方米时，市城乡规划局下达了停工通知，并立案调查，但该公司仍然继续强行施工，直至建至形象进度 6 层，形成建筑面积 1296 平方米。

2.2　处理意见过程与结果

该工程违反了《中华人民共和国城乡规划法》第四十条的规定，已构成违法建设。2009 年 5 月，某市城乡规划局依据《城乡规划法》第六十四条对其下达了《行政处罚决定书》，决定处以罚款处罚（罚款额 38880 元），并限期三个月补办手续。但该公司拒不履行行政处罚决定，拒绝缴纳罚款，也不申请行政复议或提起行政诉讼。为此，市城乡规划局依据有关法律规定于 2009 年 7 月 9 日向该市 ×× 区人民法院申请对该罚款强制执行，至调查截止之日法院已受理并执行中。

2.3　案例分析与思考

许多程序违法案件均是办理了《建设用地规划许可证》，但未办理《建设工程规划许可证》的情况下违法开工，主要原因是这一阶段应缴纳公用基础设施配套费，以南京市为例：配套费 150 元 / 平方米，是一笔不小的开支，大部分违法行为相对人是为了节省这部分费用而不办理《建设工程规划许可证》的。

行为当事人受到行政处罚拒不执行，按照《行政处罚法》第五十一条规定：当事人逾期不履行行政处罚决定的，做出行政处罚决定的行政机关可以采取下列措施：①到期不缴纳罚款的，每日按罚款数额的 3% 加处罚款；②根据法律规定，将查封、扣押的财物拍卖或者将冻结的存款划拨抵缴罚款；③申请人民法院强制执行。本案做出行政处罚的行政机关某市城乡规划局依据有关法律规定向该市 ×× 区人民法院申请对该罚款强制执行，符合法律程序。

3 某市 ×× 房地产开发有限公司违法建设案——缺证

3.1 案由与情节

某市 ×× 房地产开发有限公司在某区 ×× 路与 ×× 路地段建设的 ×× 综合园区工程，仅取得了《建设用地规划许可证》(占地面积 79119 平方米，总建筑面积 305965 平方米，共 9 栋)，并于 2008 年 4 月开工建设。

3.2 处理过程与结果

由于 ×× 综合园区工程未办理《建设工程规划许可证》和《开工通知单》，违反了《城乡规划法》第四十条规定，构成了违法建设。某市城乡规划局规划执法监察人员巡查发现该工程形象进度至地下基础施工后，及时下达了《责令停止建设通知书》，并于 2008 年 4 月对其进行立案调查。市城乡规划局先后数次对该工程进行了停工，并对其进行采取了查封等措施，该工程从 2008 年 5 月停工至同年 8 月初。在此期间，经市城乡规划局研究决定：该地块属建设用地遗留问题，地下部分从安全角度考虑允许加固施工；地上部分和警告后继续施工部分罚款处罚。根据以上决定，并依据《城乡规划法》第六十四条规定对该工程提出以下处理意见：①对已形成的 4188.5 平方米违章建筑进行罚款处罚，罚款额为 295289.25 元。②限期 6 个月补办手续，补交税费。2008 年 7 月，市城乡规划局下达《测量通知书》后，根据市勘测院于 2008 年 8 月出具的测量结果，比照审批图审核无其他违法现象后，于 2008 年 9 月对其下达了《行政处罚决定书》。建设单位按时限交纳了罚款，并在限期内及时补办了规划审批手续，于 2008 年 12 月取得了《建设工程规划许可证》。

3.3 案例分析与思考

本案属于《城乡规划法》第六十四条规定的“未取得建设工程规划许可证或者未按照建设工程规划许可证的规定进行建设，尚可采取改正措施消除对规划实施的影响的”案件类型，按照处罚规定，处建设工程造价 5% 以上 10% 以下的罚款；本案罚金是按照工程造价的 5% 进行处罚的，属于处罚金额较低的案件处理类型。

4　某市 ×× 房屋开发有限公司无手续开发建设案——无证

4.1　案由与情节

2007 年市政府委托 ×× 房屋开发公司对本市桥东旧城区进行改造，其中 ×× 居住区 1 号、2 号楼是某市桥东某电线厂回迁楼项目，现仍有近千户未回迁。2007 年 11 月 25 日，市政府召集市建管委、国土局、规划局、房地局、执法局、市热力公司等，就该开发公司桥东旧城改造问题召开专题会议，会议议定：考虑桥东旧城改造回迁安置的紧迫性，同意该开发公司对电线厂回迁楼项目可边建设边报批有关建设手续，市有关部门要尽快给予办理。×× 房屋开发公司于 2007 年 12 月开始拆迁并进行土方和打桩工程。施工工程中，周边群众向市规划局反映该工程无证施工问题，市规划局 ×× 分局于 2008 年 4 月下达停工通知书，督促 ×× 房屋开发公司自 2008 年 4 月 26 日～ 12 月 2 日与周边既有建筑的住户达成补偿协议。2008 年年底，在市规划局组织的大接访活动中，阎某等 2 人再次反映该项目无证建设和影响其采光通风问题，市规划局领导多次到现场办公，协调处理，由于临近春节，为保证社会安定，再次要求该项目全面停工。春节过后准备施工时又导致部分群众到市规划局上访，市规划局于 2009 年 3 月 20 日下发停工通知并派驻保安强制停工，要求某开发公司进一步协调解决矛盾，现周边住户的补偿已解决。经调查，本案存在以下问题：

该市 ×× 房屋开发有限公司未按照法律法规的规定办理建设工程规划手续，未进行施工图审查，未组织工程招标，未办理施工许可手续擅自开工建设。由于无土地使用手续，后续的工程建设规划、施工图审查、工程招标、施工许可等建设手续均未办理，目前正办理土地手续（土地出让金未交）。

该市 ×× 建筑设计单位未依据法定规划条件进行工程设计。该市 ×× 总建筑工程有限公司在该项目无施工许可手续的情况下擅自开工建设。该市 ×× 城建监理有限公司在明知该项目未组织招标，设计图纸未经审查合格，未办理规划、施工许可等建设手续擅自开工建设的情况下，超越资质等级范围实施监理。

4.2　处理过程与结果

责令 ×× 房屋开发公司缴纳土地出让金后迅速办理土地、工程建设规划、施工图审查、工程招标、施工许可等建设手续。

责令 ×× 房屋开发有限公司停止施工，改正违法行为，并处 390 万元行政罚款，诚信档案记不良行为一次，经执法部门检查合格后再行复工。责令 ×× 总建筑工程有限公司改正违法行为，并处 3 万元行政罚款，诚信档案记不良行为一次。责令某市 ×× 城建监理有限公司停止违法行为并处 39 万元行政罚款，诚信档案记不良行为一次。对某市 ×× 建筑设计单位予以通报批评。

4.3 案例分析与思考

旧城改造项目往往由于涉及面广、利益关系复杂、安置难度大、安置时间紧迫等原因而被很多地方政府列为重点项目和特殊项目，准予边建设边报批，而开发企业也利用这一制度让步不办理相关手续。针对特殊问题、特殊事件加快审批程序是解决问题的有效办法之一。

5 某市 ×× 铁路水电段违法建设案——无证

5.1 案由与情节

2009 年 7 月，某市规划执法督察大队执法人员在巡查中发现，当事人 ×× 铁路水电段，未办理规划审批手续擅自在该铁路沿线建设房屋一处及占用公共绿地砌围墙一处，其中房屋东西长 17 米，南北宽 8 米，建筑面积 136 平方米，砖混结构，用作办公室；院墙 120 米，占压 ×× 区 ×× 路公共绿化用地。当事人未经规划审批擅自占用公共绿地建设，后退铁路综合整治控制线不足，违反了《城乡规划法》第四十条和《 ×× 省历史文化名城保护条例》第十九条的规定。

5.2 处理过程与结果

依据《城乡规划法》第六十四条和《 ×× 省历史文化名城保护条例》第三十八条规定，执法人员依法下达了《责令限期改正通知书》，责令其三日内自行拆除，恢复原貌。通过对违法建设当事人进行批评教育，8 月 2 日，当事人在执法人员的帮助下，将违法建设的房屋拆除完毕；8 月 5 日，执法人员组织集中行动，依法对占压绿地的围墙进行了强制拆除，目前该处已符合铁路综合整治及 ×× 路绿化要求。

5.3 案例分析与思考

铁路、公路等重要交通地带的沿线在国内很多地区是私搭乱建违法建设较多的地带，在《铁路法》里存在“铁路线路两侧地界”的概念，如第四十五条规定“铁路线路两侧地界以外的山坡地由当地人民政府作为水土保持的重点进行整治。铁路隧道顶上的山坡地由铁路运输企业协助当地人民政府进行整治。铁路地界以内的山坡地由铁路运输企业进行整治。”一般铁路线路两侧地界及设施用地由铁路运输部门管理。但《铁路法》第三十五条同时规定：“在城市规划区范围内，铁路的线路、车站、枢纽以及其他有关设施的规划，应当纳入所在城市的总体规划”。为保障铁路安全运营、保护城市居民减少噪声和营造良好的铁路沿线景观，各地编制城市总体规划时均在铁路线路两侧设置一定宽度的安全防护绿地，但城市规划编制相关规范里关于防护绿带宽度并没有统一的规定。2012 年国家法制办公布的《铁路安全条例》（征求意见稿）第三十三条规定铁路线路两侧应当设立铁路线路安全保护区，铁路线路安全保护区的范围从铁路线路路堤坡脚、路堑坡顶或者铁路桥梁外侧起向外的距离按照线路所处区位界定：①城市市区不少于 8 米，高速铁路不少于 10 米；②城市郊区居民居住区不少于 10 米，高速铁路不少于 12 米；③村镇居民居住区不少于 12 米，高速铁路不少于 15 米；④其他地区不少于 15 米，高速铁路不少于 20 米。根据上述分析，也就是说铁路线路地界内存在双重管理，因此实际中也存在互相推诿的情况，本案的上述处理符合相关法律的要求。

6 某市 ×× 居民违法建设拆除案——无证

6.1 案由与情节

某市 ×× 区 ×× 街道 ×× 村居民李某未经城市规划行政主管部门批准，于 2004 年 8 月 21 日在 ×× 路西、×× 路南沿路建设平房 3 处，总面积 1036.5 平方米。

6.2 处理过程与结果

某市城管执法局发现该违法建设后，迅速立案，组织人员现场勘验、调查取证，并严格按法律程序向当事人履行了听证、陈述、申辩等相关的告知义务，于 2004

年 12 月 8 日依法下达了行政处罚决定书（ × 城执行处字 [2004] 第 0390 号），该案中当事人违反了《城市规划法》第二十九条、第三十二条的规定，违法建设平房，市城管执法局依据《城市规划法》第四十条的规定及《 × × 市实施城市管理相对集中行政处罚权规定》，对当事人做出了限 15 日内拆除的处罚决定。当事人拒不履行处罚决定，市城管执法局于 2005 年 3 月 8 日申请 × × 区人民法院强制执行此案，× × 区人民法院于 2005 年 3 月 30 日依法组织了拆除行动，将该违法建设强制拆除。

6.3 案例分析与反思

本案能够显示的仍然是较短的时间违法建设迅速建成，而下达处罚时间距离案发时间 3 个多月，真正处罚实施距离案发时间 7 个月，即便如此，本案在调查的案例中尚属于执行较快的，因此简化违法违规案件的处理程序，提高效率，需要借鉴地方宝贵经验，不断探索和完善。

7 某市 × × 市场逾期临时建设拆除案——无证

7.1 案由与情节

某市 × × 区 × × 乡政府于 1998 年 11 月，经某市 × × 区规划行政主管部门批准，在某地建设临时农贸市场大棚，层数 1 层，共 1 栋，建设规模 10000 平方米。该临时建设工程批准使用期限至 2000 年 11 月 13 日。该市场建成后，原 × × 乡政府已撤销，其集体资产划归某市 × × 房地产开发中心所有。为了企业发展的需要，该房地产开发中心又将市场出租给了 × × 综合市场有限公司进行经营。× × 综合市场有限公司于 1999 年开始投资近亿元陆续进行扩建，占地约 46690 平方米，总建筑面积近 4 万平方米，配有停车场 12000 平方米，主要经营农副产品、百货服装、家具建材等商品。× × 市场共有商户约 2000 家，是该市东北部的重要供应市场，该市场日人流量超过 5 万人次，直接从业人员 3000 多人，每年上缴税金上百万元。2006 年该市场又进行了升级改造。由于该临建市场所在位置是某大事件项目建设的预留场地，如果该市场不能及时拆除，将直接影响大事件的顺利召开。2007 年年初，根据市政府的工作部署，× × 区政府决定全面拆除该市场。

7.2　处理过程与结果

某市 ×× 区规划局依据《城市规划法》第三十二条、第三十三条第一款、第四十条，《×× 市城市规划条例》(1992) 第三十二条、第三十六条第三款、第四十三条，《×× 市禁止违法建设若干规定》(人民政府令 [1999] 第 43 号) 第七条第三款之规定，认定 10000 平方米的农贸市场大棚属违法建设。根据《城市规划法》第四十条，《×× 市城市规划条例》第四十三条和《〈×× 市城市规划条例〉行政处罚办法》(人民政府令 [1999] 第 44 号) 第六条第一款和《×× 市禁止违法建设若干规定》第七条第三款规定，决定对该市 ×× 房地产开发中心 10000 平方米的违法建设做出拆除处理。2007 年 4 月，×× 区规划局对该市 ×× 房地产开发中心发出《责令（限期）改正通知书》，要求 ×× 房地产开发中心于 2007 年 5 月 10 日前将违法建设拆除，但 ×× 房地产开发中心未在规定时间内履行《责令（限期）改正通知书》的内容。2007 年 5 月 10 日，×× 区规划局做出《行政处罚决定书》，责令 ×× 房地产开发中心于 2007 年 5 月 30 日前拆除该违法建设。

2007 年 5 月 30 日，×× 房地产开发中心逾期未申请行政复议、也未向人民法院起诉又不履行处罚决定，×× 区规划局依法申请人民法院强制执行。2007 年 7 月 27 日，该市 ×× 区人民法院认为，×× 区规划局做出的行政处罚决定认定事实清楚，适用规范性文件正确，程序合法，处理适当，准予强制执行。

2007 年 8 月 23 日，×× 综合市场有限公司以市场管理方身份对做出的行政处罚决定表示不服，向建设部申请行政复议。2007 年 10 月 17 日，建设部经审查认定，×× 区规划局做出的《行政处罚决定书》事实清楚，依据正确，程序合法，予以支持。

7.3　案例分析与反思

本案至今仍没有拆除，面临两难的境地是：一方面市场运营情况良好，上缴大量税金，解决几千人的就业问题，涉及多方利益群体，拆迁遭到多方抵制；另一方面由于是临时建设，市场规划建设不规范，建筑质量差，运营多年，存在许多安全隐患，市场产权拥有者 ×× 房地产开发中心和市场管理者 ×× 综合市场有限公司均不再进行改造。在不能有效拆除情况下探索此类历史遗留问题的解决途径，确保安全运营至关重要。

8 某市 ×× 彩印有限公司违法建设案——缺证

8.1 案由与情节

2006 年 12 月，执法人员通过卫片核查发现，某市 ×× 彩印有限公司在未取得《建设用地规划许可证》、《建设工程规划许可证》的情况下在某工业园区开工建设两栋厂房，建筑面积达 39000 平方米。

该项目位于该市 ×× 区工业园区，占地 24000 平方米，规划用地性质为工业用地。该印刷生产线项目是区政府推进新型工业化发展进程、实施工业强区战略的重点工程之一，该公司在取得规划意见书后，未继续申报《建设用地规划许可证》、《建设工程规划许可证》，直接进行违法建设。

8.2 处理过程和结果

2006 年 12 月 14 日，某市 ×× 区规划局依法对该案进行立案调查，并下发了《违法建设停工通知书》和《责令限期改正通知书》。在案件审查过程中，×× 区规划局认为该市某彩印有限公司已于 2006 年取得《规划意见书》，但未取得《建设用地规划许可证》、《建设工程规划许可证》，其建设规模等各项指标均与《规划意见书》内容一致，且用地符合规划用地性质，其行为属程序性违法。于是，×× 区规划局依据《×× 市城市规划条例》和《〈×× 市城市规划条例〉行政处罚办法》的有关规定，对 ×× 市某彩印有限公司做出罚款的行政处罚。

8.3 案例分析与反思

遥感技术、地理信息系统技术和 GPS 技术（统称 3S 技术）等现代信息技术的快速发展给查处违法违规建设提供了技术支撑，很多重大违法案件通过遥感影像发现，切实提高执法人员的技术水平、装备水平可以有效提高执法效率，有效应对快速城市化建设过程中的城市建设监管。

9 某市 ×× 公司违法建设案——缺证

9.1 案由与情节

×× 公司成立于 2006 年 8 月，注册资本 100 万元。2007 年 2 月，该公司以

152 万元的价格竞购了 7000 平方米工业用地使用权。在未改变工业用地性质、未取得建设工程规划许可证的情况下，以职工集资建房为名，建设了 36 栋、81 套、共计 8270 平方米二层住宅楼房，并于同年完工，擅自对外销售。

9.2　处理过程与结果

2007 年 7 月 2 日，某市城管执法局牵头召开由国土、规划、建设、房产、工商、公安、法制及项目所在地政府等参加的查处该项目违法建设协调会。为避免消费者轻信违法公司在媒体上发布的“产权齐全”虚假销售广告，防止更多人上当受骗，7 月 3 日，某市工商局通知相关媒体停止发布违法公司售房广告。7 月 7 日，由某市城管、规划、国土、建设、房产等 5 部门联合在小区醒目位置和相关媒体上张贴、发布了《通告》，告知广大市民：违法公司擅自改变了土地建设用途，建设的某小区未取得《建设用地规划许可证》、《建设工程规划许可证》、《建设工程施工许可证》等相关手续，属违法建筑，不具备办理产权证条件。7 月 22 日，市城管执法局召开了 ×× 小区违法建设公开审案会。市政协、法制办、监察、规划、国土、房产、建设、律师事务所等 9 名专家审理了该案。会上，与会专家认真听取了双方陈述，市城管执法局调查人认为，他们先后对 30 多名相关人员进行调查询问，又从市国土、规划部门调阅了相关资料，已查实当事人未取得建设工程规划许可证进行建设，该地块属工业用地，现已被规划为防护绿地。其行为违反了《城乡规划法》第四十条之规定，依据《城乡规划法》第六十四条规定，应决定限期拆除。当事人在随后的陈述中，对违法事实予以承认，但因涉及 20 多名直接集资人和 10 多户购房者利益。请求政府从轻处理，予以罚款保留。

根据《城乡规划法》等法律法规的规定，8 月 26 日和 9 月 4 日，市城管局先后向当事人送达了《行政处罚事先告知书》和《行政处罚决定书》，要求当事人在 20 日内自行拆除 8270 平方米违法建筑。

9.3　案例分析与反思

本案的处理结果是合理的，实现了部门联动，但是适用法律应采用《城市规划法》。本案下达《行政处罚决定书》时间是 2007 年 9 月 4 日，在此之前《城乡规划法》草案已经公布，但《城乡规划法》2007 年 10 月 28 日第十届全国人民代表大会常务委员会第三十次会议通过，自 2008 年 1 月 1 日起正式施行，《城市规划法》同时废止。按照“行为时法优于审理时法”原则，本案行政处罚应采用《城市规划法》。

本案存在的重要问题是2007年年初开始违法相对人在工业用地上进行违法建设，对36栋、81套、共计8270平方米如此大量的违法建设，规划行政主管部门和城管执法部门没有第一时间发现是监管的失职，造成巨大的社会损失也是难以挽回的。

10 某县××购物中心无施工许可建设案——缺证

10.1 案由与情节

2008年××公司与自然人×××合作改造某县××集贸商场为购物中心。5月26日，某县发改局下达建设计划，批准建设规模5469.36平方米，总投资650万元，建设主体四层。6月20日，某县建设局核发《建设工程规划许可证》，批准该项目建设规模为3000平方米，工程主体为二层。该项目实际建设四层，面积6160.47平方米。该项目超越规划许可建设，违反了《城乡规划法》第四十三条的规定。同时该项目未进行招投标、未办理施工许可手续，擅自开工建设。施工、设计、图审、监理均未严格履行其参建单位职责，违反了《中华人民共和国招标投标法》（后简称《招标投标法》）第三条、《建设工程施工许可管理办法》第三条的规定。

10.2 处理过程与结果

10.2.1 根据《城乡规划法》第六十四条的规定，未取得建设工程规划许可证或者未按照建设工程规划许可证的规定进行建设的，处建设工程造价5%以上10%以下的罚款；根据《建设工程质量管理条例》第五十七条的规定，建设单位未取得施工许可证或者开工报告未经批准，擅自施工的，责令停止施工，限期改正，处工程合同价款1%以上2%以下的罚款；根据《招标投标法》第四十九条的规定，必须进行招标的项目而不招标的，责令限期改正，可以处项目合同金额5‰以上10‰以下的罚款，对单位直接负责的主管人员和其他直接责任人员依法给予处分。根据上述规定，本案责令××公司停止施工，补办相关手续，并处30.8万元的行政罚款。

10.2.2 根据《建筑工程施工许可管理办法》第十条、第十三条的规定，未取得施工许可证擅自开工的，责令停止施工，并对施工单位处以5000元以上3万元以下罚款。根据上述规定，本案责令××建筑公司停止施工，并处3万元的行政罚款。对该项目的项目经理记不良行为记录一次。

10.2.3 根据《建设工程勘察设计市场管理规定》（建设部令[1999]第65号）

第三十四条的规定，设计单位违反法律法规或有关工程建设强制性标准的，设计文件无效，由县级以上人民政府建设行政主管部门给予警告，责令限期改正，没收违法所得，并可处以3万元以下的罚款，在6个月至1年内停止承接新的勘察设计业务，将违法行为记录在案，作为资质年检的重要依据。根据上述规定，本案给予××设计公司警告，认定其设计施工图无效，处3万元罚款，记不良行为记录一次。

10.2.4 根据《房屋建筑和市政基础设施工程施工图设计文件审查管理办法》第二十二条的规定，未按规定上报审查过程中发现的违法违规行为，县级以上地方人民政府建设主管部门责令改正，处1万元以上3万元以下的罚款；情节严重的，省、自治区、直辖市人民政府建设主管部门撤销对审查机构的认定。根据上述规定，本案责令××图审公司改正，处3万元的行政罚款，并对其法定代表人处以1500元罚款。

10.2.5 对××监理公司在工程未取得施工许可证的情况下，承接监理业务的行为，进行通报批评，并对其项目总监记不良行为记录一次。

10.3 案例分析与反思

城乡规划违法违规建设行为已经不仅仅是开发企业本身独立违法，相关的施工、设计、审图、监理等参建单位未严格履行其职责也是其中原因之一，市场经济条件下行业竞争加剧，多数参建单位迫于开发企业（甲方）压力，为了获得自身承担工程部分的收益，采取“睁一只眼闭一只眼”的态度，同时相关法规处罚金额较少，处罚手段单一，处罚力度不够，警戒作用并不显著。因此增加违法成本应不仅仅从开发公司开始，也要从参建单位、职业人员行业管理等入手，多管齐下，有效抑制违法建设。

11 某市××住宅小区项目未办理手续开工建设案——缺证

11.1 案由与情节

某市××房地产开发公司开发的××住宅小区1号、2号楼，属某市旧城改造项目，该项目为全剪力墙结构体系，地下2层，地上34层，基础埋深为-7.25米。地基处理为钢筋混凝土灌注桩，桩底、桩侧采用后压浆施工工艺。1号楼建筑面积为37265平方米、2号楼建筑面积为40736平方米，工程合同造价约7800万元。2007年年初某市政府召开专题会议，同意××开发公司对回迁楼项目可边建设边报批有关建设手续。× × 开发公司于 2007 年 12 月开始拆迁并进行土方和打桩工程。施工工程中，周边群众向某市规划局反映该工程无证施工问题，某市规划局下达停工通知书，由于项目土地出让金未缴，土地使用手续未办理，后续的工程建设规划、施工图审查、工程招标、施工许可等建设手续均未办理。

11.2 处理过程与结果

11.2.1 × × 开发公司未按照法律法规的规定办理建设工程规划手续，未进行施工图审查，未组织工程招标，未办理施工许可手续擅自开工建设，违反了《城市规划法》第三十二条“在城市规划区内新建、扩建和改建建筑物、构筑物、道路、管线和其他工程设施，必须持有关批准文件向城市规划行政主管部门出申请，由城市规划行政主管部门根据城市规划提出的规划设计要求，核发建设工程规划许可证件。建设单位或者个人在取得工程规划许可证件和其他有关批准文件后，方可申请办理开工手续”;《招标投标法》第三条“在中华人民共和国境内进行工程项目建设包括项目的勘察、设计、施工以及与工程建设有关的重要设备、材料等的采购，必须进行招标”;《建设工程质量管理条例》第十一条“建设单位应当将施工图设计文件报县级以上人民政府建设行政主管部门或者其他有关部门审查，未经审查批准，不得使用”。

由于处罚在《城乡规划法》已实施，《城市规划法》废止的时段，因此根据《城乡规划法》第六十四条的规定，未取得建设工程规划许可证或者未按照建设工程规划许可证的规定进行建设的，处建设工程造价 5% 以上 10% 以下的罚款；根据《招标投标法》第四十九条的规定，必须进行招标的项目而不招标的，责令限期改正，可以处项目合同金额 5‰以上 10‰以下的罚款；根据《建设工程质量管理条例》第五十七条的规定，建设单位未取得施工许可证或者开工报告未经批准，擅自施工的，责令停止施工，限期改正，处工程合同价款 1% 以上 2% 以下的罚款等规定。根据上述规定，责令 × × 开发公司停止施工，改正违法行为并处 390 万元行政罚款，诚信档案记不良行为一次，经执法部门检查合格后再行复工。

11.2.2 × × 建筑工程公司在该项目无施工许可手续的情况下擅自开工建设，违反了《建筑工程施工许可管理办法》第三条的规定“必须申请领取施工许可证的建筑工程未取得施工许可证的，一律不得开工”。根据《建筑工程施工许可管理办法》第十条、第十三条的规定，未取得施工许可证擅自开工的，责令停止施工，并对施工单位处以 5000 元以上 3 万元以下罚款。根据上述规定，责令 × × 建筑工程公司改正违法行为，并处 3 万元行政罚款，诚信档案记不良行为一次。

11.2.3　××监理公司在明知该项目未组织招标，设计图纸未经审查合格，未办理规划、施工许可等建设手续擅自开工建设的情况下，超越资质等级范围实施监理，违反了《建设工程质量管理条例》第三十四条的规定“工程监理单位应当依法取得相应等级的资质证书，并在其资质等级许可的范围内承担工程监理业务”。根据上述规定，责令××监理公司停止违法行为并处39万元行政罚款，诚信档案记不良行为一次。

11.3　案例分析与反思

本案发生时间为2007年12月，而处理时间为2008年后，2008年1月1日《城乡规划法》生效，《城市规划法》废止，本案实质上是用新法处罚以往的违法行为。2004年最高人民法院印发的《关于审理行政案件适用法律规范问题的座谈会纪要》明确指出：“行政相对人的行为发生在新法施行以前，而具体的行政行为做出在新法之后，人民法院审查具体行政行为的合法性时，实体问题适用于旧法的规定，程序问题适用新法的规定。”按照《立法法》“法不溯及既往”的原则，必须满足两个条件：一是新法的规定有利于对公民、法人和其他组织权益的保护；二是必须存在有关新法适应的特别规定。本案中针对未取得建设工程规划许可证《城乡规划法》第六十四条有明确的处罚规定，因此上述处罚是合理合法的。

12　某市××居民违法建设案——无证

12.1　案由与情节

2007年1月徐某以防漏为由，未经建设行政主管部门批准，擅自在某市××区××路××号附13号楼顶搭建砖瓦结构的用房，面积73.92平方米，该行为导致该楼部分住户不满，4月分别以不同方式向有关部门投诉。

12.2　处理过程与结果

某市城建监察大队受理投诉后，立即开展取证工作，由于当事人极不配合，导致取证工作进展缓慢，至6月底案件调查终结，按处罚程序上报审查，并于2007年7月17日向徐某发出行政处罚事先告知书（×规建[2007]罚告规字第112号），责令限期拆除违法建筑物。行政处罚事先告知书送达后，徐某的丈夫晏某多次来队口头陈述，家庭人口多，屋面渗漏多次维修无法解决，只有搭建棚房来防漏，要求予以保留，针对晏某提出的问题，某市城建监察大队依法给予了正面的口头答复。2007 年 7 月 23 日某市城建监察大队下达了行政处罚决定书（×规建 [2007] 罚规字第 97 号），责令徐某在收到决定书 15 日内自行拆除该违法建筑，但徐某拒不履行行政处罚决定。2007 年 11 月 27 日某市城建监察大队以强制执行申请书（×规建 [2007] 执申规字第 79 号）向该市 ×× 区人民法院申请强制执行。×× 区人民法院受理后，依法审查并于 2008 年 1 月 7 日做出行政裁定，准予执行行政处罚决定书（×规建 [2007] 罚规字第 97 号）的内容。该市 ×× 区人民法院行政裁定书送达后，由于涉及维稳工作，加之开展强拆难度大，故人民法院未强制执行。由于该问题未得到妥善处理，导致信访人反复投诉，2009 年 3 月信访人将情况反映到市纪委，市政府要求市规划建设局于 2009 年 6 月 30 日前拆除违法建筑，并确定由该市 ×× 区人民法院执行，市城建监察支队负责强拆工作。2009 年 6 月 15 日上午由 ×× 区人民法院组织依法对徐某擅自修建的违法建筑进行了强制拆除。

12.3 案例分析与反思

违法容易执法难，本案是典型执法时间长的案例，即 2007 年 1 月发生的案件，2009 年 6 月 15 日才强制拆除，时间成本极高，尤其当处罚决定难以执行时，申请法院强制执行时间更长、效率更低。执法难还体现在经济成本巨大，由于权责分割、配套法律法规不健全，行政资源难以有效综合，如 2009 年北京市城管执法案件平均成本 70 元。城乡规划实施执法社会成本也较高，执法过程中深层次矛盾不断暴露，被执法对象暴力抗法，执法人员受伤情况经常发生，人身生命安全受到威胁，最为严重的如 2006 年 8 月 11 日北京城管大队队长李志强在执法行动的过程中被执法对象用尖刀刺死[①]。提高执法效率需要从法律保障、制度整合、机构提升等方面综合改进，也成为困扰城市建设规范管理的重要难题。

13 某市 ×× 居民违法建设案——无证

13.1 案由与情节

2008 年 7 月刘某未经城市规划建设行政主管部门批准，擅自在某市 ×× 区

① 叶晓川．城管执法权的制度困境及其出路 [J]. 理论与改革，2008（3）．

××乡××村某块已被国家征用的土地上修建砖木结构和钢架结构用房，面积368.89平方米，作为经营坝鱼的场所，该行为已经违反了《城乡规划法》第四十条的规定，属违法建设行为。

13.2　处理过程与结果

2008年9月某市城建监察大队执法人员在日常巡视检查中发现该处正在修建房屋，经查未办理相关建设手续，按处罚程序开展调查取证工作。按照《城乡规划法》第六十四条的规定，于2008年10月29日向刘某发出《行政处罚事先告知书》（×规建[2008]罚告规字第119号）和《行政处罚听证告知书》（×规建[2008]听告规字第68号），要求刘某限期拆除违法建筑物。告知书送达后，刘某提出书面申请，陈述理由，由于土地被国家征用后，虽然政府给了一定补偿，但就业与生活无法保障，为了生存，请求暂缓拆除已建好的用房。2008年11月11日某市城建监察大队对刘某的请求做了《回复》（×规建函[2008]第429号），告知应依法拆除违法修建的房屋。2008年11月14日某市城建监察大队下达《行政处罚决定》（×规建[2008]罚规字第129号），责令刘某在15日内自行拆除违法建筑物，但刘某逾期仍未履行。2009年4月28日该区人民政府组织，相关职能部门配合，依法对刘某擅自修建的违法建筑予以强制拆除。

13.3　案例分析与思考

本案刘某属于典型的失地农民，土地被征用所获补偿较少，在就业与生活无法保障情况下不得已违章建设。本案从城乡规划行政主管部门对案件处理角度无可厚非，但深究违法违规原因角度值得思考。叶晓川（2008）认为在我国尚未完全普及社会保障体制下，弱势群体自谋生路的方式应该在一定方式下得到尊重[①]。因此，彻底解决地方此类违法违规问题确实需要配套的制度设计和城市规划特定空间的支持。

14　某市××水利开发有限公司违法建设××水库供水工程案——无证

14.1　案由与情节

1999年10月7日，某市自来水总公司向该市建委紧急报告，××水利开发有

① 叶晓川．城管执法权的制度困境及其出路[J]．理论与改革，2008（3）．

限公司在未办理相关规划建设审批手续的情况下，从 ×× 区 ×× 水库修建供水管道至该市 ×× 合金有限公司，欲向 ×× 合金有限公司提供工业用水。某市建委随即对反映的情况进行了调查。经查，1999 年 7 月 6 日，市供水事务管理处与 ×× 合金有限公司签订《供用水协议》，市供水管理处从 ×× 水库引水至 B 公司，供水含税价为 0.75 元 / 吨，年供水不低于 150 万吨，所有供水设施由市供水事务管理处投资建设。供水协议签订后，以 ×× 区水电农机局的名义向 ×× 区计委申请 ×× 水库供水工程立项。1999 年 7 月 20 日，×× 区计委予以立项。1999 年 8 月，市供水事务管理处与某水利水电开发总公司共同投资组建了 ×× 水利开发有限公司，具体运作该供水工程的建设与经营。

之后，工程在未取得相关规划与建设审批手续的情况下即开工建设。总投资 300 万元人民币，工程内容包括：在 ×× 水库新建送水泵房 300 平方米，×× 水库至 ×× 合金有限公司一条长约 7350 米的玻璃钢供水管道，途经两乡一镇。由于某市属于严重缺水城市，×× 水库作为该市应对干旱年份的备用调度水源，同时承担着周边乡镇的饮用水和农业灌溉任务，如果该水源改变用途，必将对该市的饮水安全构成威胁。1999 年 10 月 18 日市政府召开专题会议决定：允许 ×× 水利开发有限公司开发建设农灌供水工程，施行农业节水灌溉供水，但应当依法办理相关审批手续后方可施工建设；未经批准不得向城市厂矿、居民供水。

但此后，×× 水利开发有限公司既不停止施工，也不办理相关审批手续。期间，某市建委多次责令其停止建设无果，直至该工程基本建成，×× 水利开发有限公司才于 1999 年 11 月 15 日向市建委和市规划局申请补办该工程的建设审批程序。市规划局根据相关法律规定和市政府 10 月 18 日会议精神，批准 A 公司修建一条从 ×× 水库至 ×× 滩的农用供水管道，同时明确指出，未经批准不得向城市厂矿、居民供水。获得规划审批后，×× 水利开发有限公司违反规划审批内容，继续实施 ×× 滩至 ×× 合金有限公司长约 640 米的供水管道。整个工程于 2000 年 1 月底竣工，并于 2000 年 2 月 1 日向 ×× 合金有限公司试供水。

14.2 处理过程与结果

某市建委针对其超越审批的内容实施违法建设的行为，于 2000 年 8 月 22 日，依法对 ×× 水利开发有限公司做出了拆除 ×× 滩至 ×× 合金有限公司的 640 米供水管道的行政处罚决定。×× 水利开发有限公司收到行政处罚决定书后，向市政府申请行政复议，市政府经审查维持了市建委的行政处罚决定。之后，×× 水利开发有限公司又向法院提起行政诉讼，一审法院仍维持了改行政处罚决定。××水利开发有限公司继续提起上诉，二审法院驳回上诉，维持了原判。但××水利开发有限公司仍拒不执行已经生效的行政处罚决定。

2001年3月8日，市建委向××区人民法院申请强制执行。××区人民法院于2001年3月30日做出准予强制执行的行政裁定。2001年4月29日，××区人民法院对该案实施强制执行，拆除了××滩至××合金有限公司的640米供水管道。

14.3 案例分析与思考

本案首先违反《城市规划法》第三十二条的规定"在城市规划区内新建、扩建和改建建筑物、构筑物、道路、管线和其他工程设施，必须持有关批准文件向城市规划行政主管部门提出申请，由城市规划行政主管部门根据城市规划提出的规划设计要求，核发建设工程规划许可证件。建设单位或者个人在取得建设工程规划许可证件和其他有关批准文件后，方可申请办理开工手续"，未办理相关手续即开工建设；其次违反《城市供水条例》（国务院令[1994]第158号）第三十四条第三款"违反城市供水发展规划及其年度建设计划兴建城市供水工程，应由城市供水行政主管部门责令停止违法行为，可以处以罚款，对负有直接责任的主管人员和其他直接责任人员，其所在单位或者上级机关可以给予行政处分"。本案中××水库属于备用水源，1999年市政府专题会议决定建设农灌供水工程和未经批准不得向城市厂矿、居民供水要求应属于《城市供水条例》中规定的"城市供水发展规划及其年度建设计划"，因此本案的行政处罚是有法可依的。

但本案的问题在于本案违法相对人××水利开发有限公司背后的决策机构是市供水管理处，即城市供水行政主管部门，部门利益是本案发生的关键。我国大部分城市缺水，通过水价调节供水市场仅仅是商业途径，供水公司逐渐商业化后对水权的分配将引发各种利益纷争，供水属于基本公共服务，其产权制度、管理制度、分配制度需加紧完善才能有效杜绝此类案件的发生。

15 某市××房地产开发有限公司违法建设案——缺证

15.1 案由与情节

2009年某市××房地产有限公司未取得建设工程规划许可证，擅自在该市×

× 区 × × 路 × × 广场原有空地上新建成二层框架结构楼房，其中新建建筑面积 236.84 平方米。

15.2 处理过程与结果

接到群众举报后，某市城市管理行政执法局直属执法大队进行立案查处，办案人员第一时间现场勘察时，责令该房地产公司立即停止建设，但经第二次现场勘查时，该公司不仅未采取任何改正措施，而且继续进行违法建设。2009 年 6 月 2 日，该市城市管理行政执法局根据《城乡规划法》第六十四条做出行政处罚决定，责令 × × 房地产公司限期在十五日内自行拆除违法新建的二层框架结构楼房。由于该房地产公司逾期并未拆除违法建筑物,该市城市管理执法局于 2009 年 7 月 9 日依据《城乡规划法》第六十八条的规定，强制依法拆除了该违法建筑。

15.3 案例分析与思考

本案发生的城市位于我国东部发达地区，在广场公共区域大肆进行违法建设较为罕见，本案属于发现违法建设到拆除违法建设时间较短、社会力量参与违法案件的监督、检查、建设面积较少是控制此类量大面广等违法案件的有效途径。

16 某市 × × 县“× × 花园”项目违反规划建设案——缺证

16.1 案由与情节

2004 年某省建设厅接到群众投诉举报的某市 × × 县 × × 路（该县原印刷厂地块内）的“× × 花园”案件，该项目由该市 × × 房地产公司开发，在未取得《建设工程规划许可证》情况下，于 2004 年 12 月 16 日动工建设，该行为违反了《城市规划法》第三十二条、《 × × 省实施〈中华人民共和国城市规划法〉办法》第四十一条规定。

16.2 处理过程与结果

2005 年 6 月 29 日，市城乡规划局根据《城市规划法》第四十条、《 × × 省实施〈中华人民共和国城市规划法〉办法》第五十九条第一款规定，对该房地产公司做出了按该项目整体工程总造价 363.8 万元的 5% 处以人民币 18.19 万元的罚款。

16.3 案例分析与思考

本案的处罚金额以项目整体工程总造价为基数计算，但仅取5%的比例，相对罚金较低，其警示作用极为有限。在目前提高罚金水平是限制此类违法建设的有效途径之一，而加强宣传和对行为相对人的处罚也至关重要。

17 某市D、Y两房地产开发公司××路项目违规案——缺证

17.1 案由与情节

2008年4月16日某市规划局接到群众举报，反映该市××区××路××房地产开发公司建设的商住楼影响住户采光，规划局立即前往核实。该项目2002年在市规划局取得《建设用地规划许可证》（规[2002]第184号），该项目分为A、B两个地块，A地块商住楼已建成，违规项目位于B地块，2004年该项目总平面布置图经市规划局审定，总建筑面积3400平方米，容积率2.2，建筑密度48%，绿地率26%。

17.2 处理过程与结果

2007年5月，针对该项目擅自开工建设，省建设执法总队牵头，由某市规划局和建设局对该项目的违法行为进行了查处。在查处过程中，××房地产开发公司反映已将该项目转让给Y房地产开发公司，并出具了2006年11月签订的书面准让协议，但该协议为双方私自订立，未经相关主管部门认可。对此，要求二公司尽快依法完善该项目的转让手续。2007年7月××房地产开发公司向市规划局申请办理该项目《建设工程规划许可证（副本）》及审定该项目建设方案，经市规划局初步审定，该项目建筑层数-1+6层，总建筑面积3400平方米。规划局要求该公司完成相关规费缴纳后，再按程序核发《建设工程规划许可证（副本）》。但该公司一直未反馈缴纳相关费用的凭证，也未到规划局办理《建设工程规划许可证（副本）》，而是擅自开工建设，2008年4月已将建筑建至12层。2008年4月6日，规划局对该项目下达了《建设工程停工通知书》。2008年6月，××房地产开发公司反映该项目已于2008年4月18日经市政府批复（筑地字[2008]第39号）同意转让给Y房地产开发公司。经核实，该项目转让手续真实，但规划局2008年4月6日下达停工通知前，该项目的法定主体是××房地产开发公司，同时经调查，Y房地产开发公司承认其为该项目的实际实施主体，因此规划局将上述两公司共同作为违法建设行为的查处对象。

2008 年 9 月 5 日规划局向市政府专题报送该项目违法建设行为的处理意见：①鉴于该项目用地面积偏小，与相邻建筑间距较小，现该项目建至 12 层，与相邻建筑的间距不符合有关规范，建议按原规划初审方案予以保留，其余超出部分予以拆除，对该项目未批先建行为建议按保留部分工程总造价 10% 予以处罚；②对该项目所涉及的施工单位、监理单位、设计单位由市建设主管部门报请省级相关部门依法处理；③对该项目设计单位某建筑设计有限公司未按规划设计条件，擅自进行设计的行为，按有关法律规定，处规划编制费 1.5 倍的罚款。

在处理期间，由于该公司停发了拆迁户的过渡费，致使拆迁户堵路。对此，2008 年 11 月 5 日市政府召开专题会议研究决定，对该项目的处理提出两个方案：一是要求该公司按原规划初审方案对该项目进行整改拆除，并向市房管局交足拆迁安置过渡保证金，按时发放拆迁户过渡费，拿出具体的拆迁安置方案，完善相关规费缴纳及项目转让的相关手续后，方可由该公司进行开发建设；二是该公司不能按要求进行整改及妥善安置拆迁户，即对该项目按《城乡规划法》第六十四条的规定，对该项目整体进行没收后，将该项目与周边地块整体进行规划改造挂牌出让。2008 年 11 月 11 日规划局按此意见对 ×× 房地产开发公司和 Y 房地产开发公司下达了《责令限期整改通知书》，明确告知上述意见。2008 年 11 月 28 日 Y 房地产开发公司向规划局递交报告，接受方案一的处理意见。截至调研结束之日止，该项目现状并未按要求进行整改，对此，规划局报请市政府对该项目拟进行没收处理。

17.3 案例分析与思考

本案例属于老城区的小地块改造，空间相对狭小，建筑基底面积约 485 平方米，《建设工程规划许可证》规定建筑层数为 -1+6 层，违规超建地上部分 5 层。因周边已有居住建筑，产生遮光等影响。因此小地块的规划建设方案不能仅仅就本地块论本地块，必须考虑对周边建设的影响。本案最终采取的第二种处理方式，即对该项目整体进行没收后，将该项目与周边地块整体进行规划改造挂牌出让对本地块安置居民和周边受影响居民而言是最好的解决方式。

18 某市 ×× 房地产开发公司“×× 国际”项目案——缺证

18.1 案由与情节

某市 ×× 房地产开发公司“×× 国际”项目原为某市另一房地产开发有限公

司开发建设的 ×× 路 97—139 地块“×× 商厦”，分为 A、B 两栋。因建设多年成为“烂尾楼”工程，2004 年经市人民政府专题会议（[2004] 第 85 号文）批准，同意将该地块使用权转让给某房地产有限公司作为商场、办公用地。规划局 2005 年 3 月 9 日经过办公会研究，同意某房地产开发有限公司完善用地手续后，按规划局原审批规划方案、面积、层数办理建设单位名称变更，目前该项目 A 栋已实施完毕。2007 年 3 月，规划局在巡查中发现该项目 B 栋在未完善相关规划手续的情况下擅自动工建设，且压占规划道路红线，规划局当即要求建设单位停工。

18.2 处理过程与结果

经某市规划局研究，要求建设单位对违规部分作拆除处理，满足退让规划道路要求，按程序进行申报审批。后建设单位已按要求拆除超建部分。

18.3 案例分析与思考

本案涉及的是历史遗留烂尾工程处理问题。许多城市因为房地产市场周期性的影响出现一些遗留建筑，为快速消化解决城市顽疾，城市政府往往采取招商引资形式提供许多优惠条件，包括改变用地性质，调整规划。地方城市规划行政主管部门对此类项目的建设起到快速推进、规范管理、促进实施的作用。由于有些工程时间较长，地基、局部、主体工程完成的都有相当多的案例，因此此类项目实施还需对原有完成部分进行安全鉴定，确保工程安全。

19 某市 ×× 公寓项目违法建设案——证件过期

19.1 案由与情节

2000 年 6 月 6 日，某市规划局核发了《选址意见书》，将 ×× 路部分地块规划给该市某房地产开发公司（以下简称 Y 公司）作开发建设。2001 年 3 月 19 日，规划局审批平面布置总图，批建 ×× 公寓项目（A、B 两栋），建筑层数为 7 层，限高 23 米。2001 年 4 月 15 日，规划局给予办理《建设用地规划许可证》，用地面积为 4000 平方米。2001 年 5 月 31 日，Y 公司办理 ×× 公寓 A、B 栋《建设工程规划许可证》，批建 7 层，核定 A 栋建筑面积 5740 平方米，B 栋 3461 平方米。2001 年 10 月 2 日，Y 公司与该市另一房地产开发公司（以下简称 S 公司）签订《房屋开发转让协议》，将该项目整体转让给 S 公司。2007 年 6 月 7 日，规划局接到群众举报，S 公司凭借上述规划局核发给 Y 公司的“一书两证”在 ×× 路开发建设 ×× 公寓项目。

19.2 处理过程与结果

鉴于该项目所持规划手续已过期，规划局通知其停工接受处理。2007 年 6 月 29 日，市综合执法局向规划局移送该项目处理意见书，发现 S 公司在 ×× 路开发的 ×× 公寓 B 栋未按规划审批进行建设，少批多建，其中 B 栋超高建设三层，超建面积 1674 平方米，视情节处以罚款，限期到规划局补办核发手续。规划局未予采纳该处理意见，规划局认为：S 公司现在所持的规划手续已过时效，应视为无效手续。同时，所建 ×× 公寓 A 栋两层框架侵占人行道 2.6 米，B 栋超高建设三层，超建面积 1674 平方米，严重违反《城市规划法》的相关规定，且项目地点极为特殊，因此认为 A 栋占人行道部分和 B 栋超建三层 1674 平方米应予以拆除。

2007 年 8 月 2 日，为维护 ×× 旧居建设控制范围空间环境，该市开展联合整治行动，对该项目超建的三层予以拆除，拆除面积约 1700 平方米。2008 年 12 月 4 日，根据市政府签批意见，并经 9 月 25 日办公会议研究，规划局为 S 公司办理了 ×× 公寓 A 栋《建设工程规划许可证》。

19.3 案例分析与思考

本案需要思考的是二元城市执法主体面临的问题。改革开放以来，城市规划的管理工作以及对规划违法行为实施行政处罚，一直由城市规划系统的“一条龙”式的管理模式[①]。2002 年 8 月 22 日国务院下发了《国务院关于进一步推进相对集中行政处罚权工作的决定》（国发 [2002] 第 17 号）文件，国务院授权省、自治区、直辖市人民政府在本行政区域内有计划、有步骤地开展性对集中行政处罚权工作。截至 2005 年 12 月底全国有 308 个城市组建城市管理行政执法局，这些城市里有两个可以对规划违法行为实施行政处罚的主体。城市管理行政执法局一般查处无证案件采取的行政处罚措施大多是罚款，补交罚款后到规划局补办手续。但很多违法行为如同本案违反规划建设，就不仅仅是罚款能够解决的问题，而且除了统一的行政处罚权被分割外，还存在行政处罚适度问题。《行政处罚法》第二十四条规定：对当事人的同一个违法行为，不得给予两次以上罚款的行政处罚，因此一旦城市管理行政

① 王毅，于荣．城市化背景下二元规划执法主体的困境与出路 [J]. 北华大学学报（社会科学版），2007（6）.

执法局给予罚款处罚，规划局只能被动补办相关手续，同时城市管理行政执法局给予的某些处罚也与《城乡规划法》的规定相悖，形成两难的处境，因此亟待理顺执法主体和执法机制。

20　某市 ×× 公司 ×× 路项目违法案——缺证

20.1　案由与情节

2008 年 8 月，某市规划局接到群众举报，×× 公司 ×× 路指挥部在 ×× 旧居附近违反规划进行建设，只办理了红线图及《建设用地规划许可证》，未办理《建工工程规划许可证》，该项目在完全不具备开工条件的情况下，已擅自建至七层。

20.2　处理过程与结果

某市规划局接到举报后当即通知其项目负责人立即停工，但该工程未停止建设。2008 年 12 月 23 日，规划局依法对该项目下达了书面停工通知书。2009 年 1 月 20 日，某市规划局以《移送处理函》将该案移送市综合执法局处理，并请市综合执法局将处理结果函告规划局。但规划局在巡查过程中发现该项目仍然违法施工，因此规划局于 2009 年 2 月 23 日，函请市供电局对该项目停止供电，配合规划局强行停工。2009 年 2 月 25 日综合执法局函告规划局已对该项目下达停工通知书，但在规划局巡查中，该项目仍在施工。于是，2009 年 2 月 26 日规划局以《移送处理函》再次将该案移送市综合执法局。2009 年 3 月 2 日，×× 公司 ×× 路指挥部才正式向规划局提出申请，补办 ×× 路项目正在建设中的 A 区 F 栋的手续。×× 公司 ×× 路项目地处 ×× 住居保护区控制范围内，该范围内的规划审批项目必须遵循控规的控制要求，由于正在建设的 A 区 F 栋的修改方案未达到基本要求，因此规划局无法为其办理《建设工程规划许可证》。2009 年 3 月 12 日，市供电局与规划局人员一同对该项目进行拉闸断电。目前该项目又自行接通电源后强行施工。

与此同时，2009 年 1 月 15 日，×× 公司 ×× 路指挥部向市规划设计院技术服务中心提交“×× 路项目 A 区 F 栋”建筑设计方案，所提交的方案与公示规划方案明显不符，如楼层、平屋顶等，技术服务中心当即要求修改后再审核。之后，技术服务中心多次催请 ×× 公司提交修改方案。2009 年 2 月 10 日，×× 公司送来的方案未按要求修改。2 月 19 日，技术服务中心将修改意见书面通知该公司，至今该公司未提交修改方案。

规划局认为 ×× 公司严重违反了《城乡规划法》第四十条第一款及相关技术规范规定，强行违法施工，在项目周边造成了极为严重的影响，如不及时制止，后果非常严重。规划局已紧急报告市人民政府，请市人民政府责令执法局根据市政府文件（[2007] 第 29 号）要求，依法强制停止该公司违法施工。

20.3 案例分析与思考

本案发生城市即为 308 个同时存在有两个可以对规划违法行为实施行政处罚的主体，双重巡查，双重执法。由于分工不明晰或者存在重叠现象导致城市管理执法效率极低。阻止违法施工难度极大，有些案件执法人员一到，施工人员就停工，一离开就继续施工，施工人员和执法人员“打游击”，本案即使采取停止供电措施也未阻止违法施工。截至调查截止之日止得到的处理结果也仅仅是规划局报请市人民政府，请市人民政府责令执法局依法强制停止该公司违法施工，反映了执法的困境。

21 某市 ×× 小学违法建设案——缺证

21.1 案由与情节

违法建设业主杨某是某市 ×× 区 ×× 小学（民办小学）校长。1997 年 9 月至 1998 年 3 月，未办理《建设用地规划许可证》擅自占用 342.33 平方米土地，未取得《建设工程规划许可证》擅自在 ×× 路以南修建四栋楼，建筑面积 722.04 平方米用于办学。后于 2001 年 4 月在国土部门补办国有土地使用权证，用地面积 136 平方米。其修建的建筑和占用的土地在规划的 ×× 大道上，严重影响城市规划的实施。

21.2 处理过程与结果

2006 年 2 月 16 日，某市规划局执法人员到现场进行调查，通过核查确属违法建设，经局办公会研究，决定限期拆除，按程序发出行政处罚告知书，并告知相应权利。2006 年 3 月 1 日应杨某的要求，举行了听证，并于 2006 年 3 月 6 日做出行政处罚决定：限十五日内自行拆除违法建设。杨某不服行政处罚决定，请求某市人民法院确认某市规划局做出的《行政处罚决定书》（市规处字 [2006] 第 001 号）违法，并予撤销。某市人民法院于 2006 年 4 月 2 日公开开庭审理，认定该市规划局做出的行政处罚决定事实清楚，证据确实充分，适用法律正确，程序合法，判决维持《行政处罚决定书》（市规处字 [2006] 第 001 号）。杨某一审不服，上诉于该市中级人民法院。2006 年 6 月 23 日该市中级人民法院驳回上诉，维持原判。判决生效后，杨某仍不自觉履行拆除违法建筑义务，学校所在地 ×× 区人民法院于 2006 年 8 月 11 日对杨某违法建设强制拆除。

21.3 案例分析与思考

本案违法建设行为发生在 1997 年 9 月至 1998 年 3 月，期后 2001 年 4 月在国土部门补办国有土地使用权证，2006 年 2 月 16 日，某市规划局执法人员到现场进行调查发现。其中可能存在两个问题：一是部门之间沟通的欠缺，2001 年土地行政主管部门为违法行为相对人补办国有土地使用证，未和规划主管部门的沟通，核发的地块位于规划的 ×× 大道上，因此也是一种失职行为；二是小学建成到执法人员发现历时 8 年，说明当地规划管理监管不严。本案最终经过人民法院裁决，审查的主要内容是规划行政行为的合法性，因此本案的不适当性需要考量，包括一定的国家赔偿。

22 某市 ×× 居民综合楼违法加层案——缺证

22.1 案由与情节

2006 年某市居民杨某在 ×× 路 3 号的综合楼原为四层，作为旅社经营，未办理《建设工程规划许可证》及其他相关手续，私自在自己四层的楼房上修建第五层住宅，与其相邻建筑仅相距 10 厘米，相邻建筑的窗户全部被遮挡，影响通风和采光。

22.2 处理过程与结果

接群众举报后，某市规划局执法人员到现场进行调查，确认该建设行为确属违法建设，并且相邻关系不可协调，杨某态度恶劣，群众反应激烈。经某市规划局办公会研究，认为该建设行为违反了《城市规划法》第四十条的规定决定限期拆除。按规定程序和时限先后发出行政处罚告知书和行政处罚决定书，并告之相应权利，限期拆除。杨某不服，于 2006 年 8 月 17 日向该市某区人民法院提起行政诉讼，经法院开庭审理，认为规划局行政处罚决定事实清楚，程序合法，适用法律正确，维持某市规划管理局于2006年5月16日对杨某做出的《行政处罚决定书》，并准予强制执行。2006年11月规划管理局配合该区人民法院依法对杨某违法加层修建的住房进行了强制拆除。

22.3 案例分析与思考

本案事实简单，杨某出于扩大经营空间的角度进行违法建设。调查过程中发现很多违法相对人认为在自有院落搭建、自有房屋顶部加层、自有房屋地下修建构筑物是自己的事，反映其法律意识淡薄的同时也需要城市规划行政主管部门确实需要完善相关规定，明确告知居民，哪些建设行为是合法的，哪些行为是违法的。

23 某市张某等36户居民违法建房案——无证

23.1 案由与情节

2003年某市市委、市政府决定将某区××路东侧土地用于修建某钢铁（集团）公司医院。当地村民闻风后，张某等36户居民在自己的承包地未取得《建设用地规划许可证》和《建设工程规划许可证》抢建房屋，有的还将土地转卖给他人抢建违法建设，共计违法建设面积5877.56平方米，以求赔偿和拆迁安置。

23.2 处理过程与结果

接到基层组织报告后，根据市委、市政府的指示，3月3日，某市规划局对张某等36户居民的违法建设开始进行调查取证，通过二十多天的调查核实，对36户居民下达了《行政处罚告知书》，同时告知相应权利。应36户居民的要求，举行了36场听证会,36户居民均未能提供合法有效的建房手续。规划局依据《城市规划法》和《××省（城市规划法）实施办法》的有关条款,对36户居民做出了行政处罚决定，限期拆除所有违法建设。36户居民均未在规定的期限内申请行政复议或提起行政诉讼，也不履行自行拆除义务，规划局依法向法院申请强制执行。2004年4月22日，某市中级人民法院组织该区法院、市规划局、公安、城管、国土、消防、医疗、公证等多家部门和单位共500余人参与强制执行。在执行过程中，遭遇60余人的暴力抗法，阻止执法人员进入，经多次大量的说服解释工作无效，防暴警察控制局面，拘留7人，4月29日强制拆除完毕。

23.3　案例分析与思考

本案是典型的违法行为相对人借拆迁之机试图通过大量违法建设获得拆迁赔偿和拆迁安置的案例。本案涉及面广，参与执法人高达500余人，暴力抗法严重，一方面反映了居民存在法不责众的心里，另一方面也反映执法难度的加大。本案中如果拆迁前的信息确认工作准确、扎实可能一定程度上避免此类案件的发生。

24　某市××居民违法建房案——无证

24.1　案由与情节

潘某系某市开发区××村三组村民，该户于2007年3月在未办理任何相关建房手续的情况下，拆除原有老房重新进行修建。原老房面积100平方米，在拆除后修建的房屋基底占地面积约400平方米，共5层，总建筑面积约600平方米。

24.2　处理过程与结果

在潘某开始基础施工时，规划局执法人员日常检查时查验当事人的规划手续，因其现场无法提供相关手续，且在询问时了解当事人尚未办理其他相关手续，执法人员当即在现场向其下达了《停止违法建设通知书》，并让当事人到局办公室接受调查处理。此后，执法人员多次到现场对当事人违法建设进行制止。多次制止未果前提下，立案处理后对其做出限期拆除的行政处罚，并于2007年10月底下达拆除违法建设通知书后对当事人所建违法建设进行强制拆除。

24.3　案例分析与思考

城市新拓展区、开发区是原住民违法建设的多发地带，加强监管，严格执法，可以起到有效制止违法建设，维护社会公平的作用。

25　某市××区××住宅小区改造案——缺证

25.1　案由与情节

××小区改造工程位于某市××区××街东侧、××广场东侧，原为危旧房区域，被市政府列为重点改造计划之列，同时，随着城市改造步伐加快，该地区电力供需矛盾十分突出，特别是站前地区，人口密度大，用电负荷集中，急需建设一座中心变电站，而该区域范围内仅有 ×× 小区具备变电站选址及建设条件。2004 年 12 月 15 日，该市市长主持召开城市规划土地领导小组会议，确定启动该小区改造建设工程。该项目占地 8983 平方米，其中 6820 平方米为商住用地，2163 平方米为市政公用设施用地；需动迁 ×× 院老干部活动室、×× 企业办公楼、×× 门诊楼等单位房屋以及居民 50 户，规划建设 4 栋 14 ～ 16 层建筑面积 30650 平方米商住楼（四层裙房为商业网点）及一座中心变电站。

2005 年 6 月 17 日，市国土资源局在《×× 日报》发布公告，将该小区 8983 平方米国有土地使用权挂牌出让；7 月 25 日，该市 ×× 房屋开发有限公司公开竞价摘牌，9 月 22 日，市发改委批准 ×× 房屋开发有限公司该小区改造项目投资计划；11 月 25 日，×× 房屋开发有限公司办理了《国有土地使用权证》，正式取得该地块 8983 平方米土地使用权。2006 年 3 月 27 日，×× 房屋开发有限公司取得《房屋拆迁许可证》，开始动迁工作。至 5 月底，×× 院老干部活动室、×× 企业办公楼、×× 门诊楼等单位房屋以及居民 50 户皆达成补偿协议并搬迁完毕，只余地块北端、规划楼座之外的 ×× 医院因未达成协议而未搬迁。

2006 年 8 月 30 日，市长主持召开年度城市规划委员会会议，同意 ×× 小区规划方案，并要求妥善解决北侧 48 栋、50 栋居民楼遮光问题。2007 年初，由于该地区供电需求矛盾日益突出，变电所急需开工建设，而该小区北侧 48 栋、50 栋居民上访反映遮光问题日益强烈，因此，市规划局对该项目规划方案进行局部调整，将 48 栋、50 栋居民楼纳入动迁范围，用地面积随之新增 3853 平方米，总面积增至 12836 平方米，主体建筑为 4 栋 24 ～ 29 层商住楼，建筑面积 65854 平方米。2007 年 2 月 14 日，市长主持召开年度第七次城市规划委员会会议，同意上述方案。

2007 年 3 月 23 日，×× 房屋开发有限公司取得 48 栋、50 栋居民楼的《房屋拆迁许可证》。该两栋楼共住有居民 97 户。至 6 月中旬，已有 42 户居民达成补偿安置协议，其中 19 户搬迁完毕；其余 55 户未达成协议而未搬迁，该两栋楼仍正常使用。

2007 年 4 月 18 日，×× 房屋开发有限公司在未取得《建设用地规划许可证》、《建设工程规划许可证》及《建筑工程施工许可证》的情况下，擅自开工，进行深基坑土方作业。该公司解释违规开工的原因为：一是迫于动迁单位和居民的压力，并有利于做好未动迁居民工作。自 2006 年 6 月以来，已搬迁的单位和居民多次找到 ×× 房屋开发有限公司询问工程为何迟迟不予开工，尤其 2007 年春节前后，动迁单位和居民反映更为强烈，声称将到省市上访，举报开发商的欺诈行为；二是该公司当时认为，虽然没有取得规划和开工许可手续，但主要原因是政府一直在调整规划，而调整方案在市长主持的会议上得到通过，规划和开工手续办理不会有任何问题；三是马上要进入雨季，若等一切手续都办理完毕，很可能因雨季来临无法进行深基坑施工，若再拖一年，将无法安置搬迁单位和居民。

2007 年 4 月 25 日，该市城市管理综合行政执法局对 ×× 房屋开发有限公司下达限期整改通知书，要求“限 4 月 30 日前办完规划手续，否则停止施工”。5 月 15 日，距离基坑北侧边缘 5 米的 ×× 医院门诊楼墙体出现明显裂缝，锅炉房地面发生沉降，基坑东北角的一栋 7 层居民楼也在边坡滑移半径之内，存在安全隐患。5 月 16 日市建委召集相关部门和有关专家在施工现场召开会议，专家认为“坑北侧的 ×× 医院、七层住宅在基坑的滑移面内，存在交通隐患，马上进入雨季，本工程基础应以最快速度施工到正负零以上”。会议根据专家论证意见和即将进入雨季的实际情况，同意建设单位在保证安全的前提下，尽快完成基础施工，若工程施工至正负零时手续仍不完备，必须立即停工。9 月底，×× 房屋开发有限公司完成基础施工作业，正值“十一”长假期间，遂违反市建委要求，继续施工至主楼二层。11 月 11 日，市建委下达《建设行政停工（核查）通知书》，×× 房屋开发有限公司即行停工。

25.2 处理过程与结果

上级行政主管部门接到举报后，经过详细调研，结合实际情况形成如下处理意见：

督促市政府有关部门，深入细致地做好开发单位和动迁群众工作，促使双方尽快达成补偿协议；对已动迁单位和居民做好解释工作，妥善处理好拖期回迁的各项事宜。

要求市建委、开发办、规划局、房产局、执法局等有关部门，加强对 ×× 小区改造项目的监管，严格遵守法律法规和规章要求，严格按照基本建设程序办事，没有取得审批手续，一律不得进行相关活动。

责令市开发办，对缺少要件、违规发放拆迁许可证问题做出深刻检讨。认真吸取教训，严格执行法规制度，严格按照规定程序、手续办事。

25.3 案例分析与思考

危旧房区拆迁范围广、对居民生活影响较大，本案的发生客观评价地方政府及相关部门也存在一定的责任：一是缺乏充分的调查和细致的研究，导致规划方案一变再变引发的技术问题、安全问题，二是规划方案本身存在对周边地块居民挡光的问题推给开发商解决，从而引发的社会问题。

《建设用地容积率管理办法》（建规 [2012]22 号）第九条规定："城乡规划主管部门应当通过本地主要媒体和现场进行公示等方式征求规划地段内利害关系人的意见，必要时应进行走访、座谈或组织听证。"虽然是针对容积率调整过程中的公众参与程序的规定，但对旧城区改造过程中规划政策的制定、实施是有效的，会某种程度上避免此类案件的发生。

26 某市 ×× 军区政治部违规建设案——缺证

26.1 案由与情节

某市居民举报反映的建设项目位于该市 ×× 区 ×× 路南侧，×× 大街以东 ×× 军区政治部第二干休所院内，项目名称为 ×× 军区政治部第二干休所离退休干部住宅楼，由 ×× 军区政治部住房建设办公室组织建设。该项目于 2008 年 6 月开工建设，共 6 栋 18 ～ 22 层建筑，建设规模约 70000 平方米，至 2009 年 8 月 19 日，该项目已有 2 栋楼主体封顶，另外 4 栋楼已完成 20 层主体工程，违反《×× 市居住建筑间距和住宅日照惯例规定》，侵犯学校学生采光权。

该项目提供的建设手续包括 2007 年 7 月总后勤部《关于 ×× 军区政治部第二干休所住房改造工程立项书》、2008 年某市规划局《建设用地规划许可证》、2008 年 9 月某军区联勤部基建营房部《军队工程建设项目施工许可证》，但没有办理《建设工程规划许可证》等其他建设手续。

26.2 处理过程与结果

对于 ×× 军区政治部住房建设办公室的违规建设问题，从 2007 年 11 月该项目开始拆迁始，某市城市管理行政执法局即依法履行了查处职责。11 月 17 日，该市执法局向 ×× 军区政治部住房建设办公室下达《行政执法责令停止违法行为通知书》，通知其因未取得《房屋拆迁许可证》擅自进行拆迁，责令其停止违规拆迁行为，接受调查处理，但一直没有任何反馈。2008 年 6 月 24 日，某市执法局向 ×× 军区政治部住房建设办公室下达《行政执法现场检查通知书》，通知其因未办理《建设工程规划许可证》等建设手续，责令其停止违法建设行为，接受调查处理。

同日，某市执法局向 ×× 军区政治部住房建设办公室第二次下达《行政执法责令停止违法行为通知书》，内容同上。2008 年 9 月 23 日，某市执法局向 ×× 军区政治部住房建设办公室发出《业务工作联系单》，要求配合进行相关工作。2008 年 10 月 16 日，某市执法局致 ×× 军区政治部《关于处理离退休干部住房项目建设事宜的函》，指出该部违法建设事宜，要求停止违法建设，补办手续。2008 年 10 月 24 日，某市执法局向 ×× 军区政治部住房建设办公室第三次下达《行政执法责令停止违法行为通知书》。责令其停止违法建设行为，接受调查处理。2009 年 6 月 1 日某市执法局向 ×× 军区政治部住房建设办公室下达《行政执法责令改正通知书》，内容同上。2009 年 8 月 4 日某市执法局第二次向 ×× 军区政治部住房建设办公室下达《行政执法责令改正通知书》，内容同上。自该项目于 2008 年 6 月开工建设以来，某市执法局共发出《行政执法责令停止违法行为通知书》等 9 份书面告知材料，并进行了多次现场执法行为，均未奏效。

某省建设厅多次致函某市规划局、执法局等有关部门，要求依法依规予以妥善处理。2009 年 8 月 18 日，该市执法局又一次致函 ×× 军区政治部《关于停止某政离退休干部住房项目违法建设的函》(×× 城行执函 [2009] 第 46 号)，明确指出"该项目存在未取得《建设工程规划许可证》擅自建设的违法行为，违反了《城乡规划法》第四十条的规定"。告知其"由于该项目违法建设，引发周边学校和居民上访，已形成不稳定因素。"要求"为使该项目依法建设，维护国家法律、法规的严肃性，请贵部责成 ×× 军区政治部住房建设办公室立即停止违法建设，解决信访问题，补办手续并配合我局对其进行调查处理"。此信于 8 月 19 日送达，一周时间后，经现场查看，该项目仍在继续施工。鉴于上述情况，某建设厅建议建设部商总政治部或某市军区，责令该军区政治部立即停止违法建设，补办建设手续，妥善处理信访问题。

26.3　案例分析与思考

本案和第十章第六案例某军区 ×× 通信总站违法建设违法主体相同，均是驻地军区单位违法建设。项目的处理方式仍然是通过协商解决，即建设部商总政治部或某军区，责令该军区政治部立即停止违法建设。本案 ×× 军区政治部第二干休所离退休干部住宅楼，不同于军事禁区、军事管理区，应等同于民用建筑，除内部的规划设计符合国家相关法律法规、技术规范外，与周边环境的协调也应符合开发居住小区所在地块的控制性详细规划的要求。

部队营区和营房建设有内部独立的建设管理运作体系，根据查阅相关内部管理规定发现，由于文件和技术规定的全国适用性，技术规定相对比较笼统；根据所到一些部队营区的实地调研发现，某些部队院落和营房从规划建设的技术性角度而言，科学发展观的理念体现不够明显；以人为本的价值观角度而言，考虑广大部队指战员办公居住合理性不够。经过多年的实践，我国已经建立相对科学、规范、严谨、全面、完整的城乡规划建设管理体系，具有法律效力和实施性，因此各军队涉及非军事设施的近于民用设施的干休所、经济适用住房、公寓房等应当遵守地方相关法律法规，确保此类项目规划建设的安全、科学、合理、规范。

27 某区 ×× 房地产开发公司侵占小区公共用地违法建设案——无证

27.1 案由与情节

2007 年 × 月 × 日，某区规划局接到多名群众举报：×× 房地产开发公司在其先期开发的住宅小区用地最北侧，占用小区公共用地进行以出租为目的的经营用房建设，建筑面积 351.15 平方米。吕某经某房地产开发公司授权，以该公司名义在某区新城繁华地段开发建设住宅小区组团，该住宅小区组团位于某已建成住宅小区南侧。吕某在所开发建设的住宅小区建成并有大多数居民入住的情况下，以为小区建设自行车棚为由，在小区用地范围北侧进行违法建设，遂引起北侧小区住户的强烈不满，一时信访不断。

27.2 处理过程和结果

执法人员在接到举报后立即赶往现场，对在施工现场负责的张某进行了现场调查询问，张某当时称是为小区建设自行车棚，具体情况应向物业公司询问，而物业公司表示自行车棚属于小区的配套设施是由开发商建设的。当日下午执法人员调取了该小区的规划手续，查明该小区由 ×× 房地产开发公司开发建设，执法人员随后前往该房地产开发公司调查了解情况。该公司称：该小区组团由该房地产开发公司授权吕某开发建设，违法建设问题公司并不知情，应与吕某联系处理。执法人员在查明其违法事实后，现场下发了《违法建设停工通知书》要求其立即停止施工。

吕某在收到《违法建设停工通知书》后不仅没有按要求停止建设，而且纵容其手下煽动不明真相的群众以强烈要求建设自行车棚为由引起信访，并与北侧小区住户进行对峙。

在案件处理过程中，吕某一直躲避执法人员，不仅不按要求停止施工而且怂恿施工现场负责的张某等人加紧工程进度，而张某等人以找不到吕某为由搪塞执法人员，开发单位也以不是其出资建设为由不予配合。同时来自群众的信访压力越来越大，有的信访群众扬言要采取极端行为。在当事人不配合的情况下，区规划局同时采取了相应措施：按照《〈××市城市规划条例〉行政处罚办法》第五条的规定，"暂停核发该违法建设单位的其他规划许可证件"，此后违法建设责任人吕某随之浮出水面，表示配合。

区规划局在掌握大量的事实和证据后，依据《××市城市规划条例》的有关规定，对上述违法建设做出拆除处理决定，并责令当事人在规定时间自行拆除该违法建设。由于当事人在规定的时间内既没有申请行政复议也没有向人民法院起诉，又未履行处罚决定，区规划局依据《行政处罚法》的有关规定，依法向区人民法院申请对该违法建设进行强制拆除。在强大的法律面前和经过说服教育下，当事人对上述违法建设进行了自行拆除。

27.3　案例分析与思考

本案反映了执法难的一个侧面，吕某纵容其手下煽动不明真相的群众以强烈要求建设自行车棚为由引起信访。行政执法案件需要社会各部门的配合，本案针对吕某除了城乡规划管理的行政处罚外，应按照《中华人民共和国治安管理处罚法》（主席令[2005]第38号）"扰乱公共秩序，妨害公共安全，侵犯人身权利、财产权利，妨害社会管理，具有社会危害性，依照《中华人民共和国刑法》的规定构成犯罪的，依法追究刑事责任；尚不够刑事处罚的，由公安机关依照本法给予治安管理处罚"的规定视情节由公安部门给予治安管理处罚。城乡规划违法案件不仅仅对事的处罚，也应增加对行为相对人的处罚，多管齐下，增强法律的威慑力。

28　某市××小区项目违法违规案——缺证

28.1　案由与情节

某市××小区项目为组团开发工程，于2003年10月3日立项，建设规模

18000平方米，批准投资1600万元，其中：住宅16000平方米，商业用房2000平方米。工程分两期进行，一期工程建设规模为7100平方米，投资约为760万元，即为本次核查项目 ×× 小区四组团3号综合楼工程（以下简称该项目）。该项目于2004年4月取得房地产开发项目许可证，2004年6月进入拆迁阶段，2005年5月开始动工建设，2005年11月完工；二期工程因资金不足等原因实际未能付诸实施。该项目开发单位为 ×× 房地产开发总公司（三级），施工单位为某市 ×× 建筑安装工程公司（三级），设计单位为某市（属地级市）×× 建筑设计有限责任公司（乙级），监理单位为某市 ×× 工程建设监理有限公司（丙级）。举报信反映该项目主要存在以下三个方面的问题：一是未取得建设用地规划许可证、国有土地使用证和施工许可证就擅自施工；二是工程没有竣工验收合格就交付入户、办理房产证；三是存在严重的工程质量问题。

28.2 处理过程及结果

本案截止调查截止之日止未了解到最后处理意见，根据案情调查，结合相关法律，拟定处理意见如下：

本案经过调查发现，因该项目欠缴国有土地使用费，市国土资源局至今未向其颁发国有土地使用证，只颁发了该市用地许可证。×× 项目于2005年5月开工，2005年7月7日取得建设用地规划许可证和用地许可证，2005年7月11日取得建设工程规划许可证，2005年7月12日取得建筑工程施工许可证，2005年7月19日取得商品房预售许可证，也就是说，建设用地规划许可、施工许可等手续皆为开工后补办的，在该项目未有取得国有土地使用证的情况下，补办的所有手续原则上讲都不合法。本案中某市规划局、建设局违反相关程序，在建设单位未取得国有土地使用证的情况下办理后续行政许可，根据《城市规划法》第四十三条的规定，城市规划行政主管部门工作人员玩忽职守、滥用职权、徇私舞弊的，由其所在单位或者上级主管机关给予行政处分；构成犯罪的，依法追究刑事责任。本案建设单位违反《城市规划法》第三十一条和三十二条的规定，三十一条规定：在城市规划区内进行建设需要申请用地的，必须持国家批准建设项目的有关文件，向城市规划行政主管部门申请定点，由城市规划行政主管部门核定其用地位置和界限，提供规划设计条件，核发建设用地规划许可证。建设单位或者个人在取得建设用地规划许可证后，方可向县级以上地方人民政府土地管理部门申请用地，经县级以上人民政府审查批准后，由土地管理部门划拨土地。第三十二条规定：

在城市规划区内新建、扩建和改建建筑物、构筑物、道路、管线和其他工程设施，必须持有关批准文件向城市规划行政主管部门提出申请，由城市规划行政主管部门根据城市规划提出的规划设计要求，核发建设工程规划许可证件。建设单位或者个人在取得建设工程规划许可证件和其他有关批准文件后，方可申请办理开工手续。因此按照《城市规划法》第四十条的规定，未取得建设工程规划许可证件或者违反建设工程规划许可证件的规定进行建设，严重影响城市规划的，由县级以上地方人民政府城市规划行政主管部门责令停止建设，限期拆除或者没收违法建筑物、构筑物或者其他设施；影响城市规划，尚可采取改正措施的，由县级以上地方人民政府城市规划行政主管部门责令限期改正，并处罚款。办案需对建筑质量进行鉴定，若存在严重的安全隐患，应限期拆除或者没收；若可采取加固措施确保安全，应处行政罚款。根据《建设工程质量管理条例》第五十七条的规定，建设单位未取得施工许可证或者开工报告未经批准，擅自施工的，责令停止施工，限期改正，处工程合同价款 1% 以上 2% 以下的罚款；根据《建筑工程施工许可管理办法》第十条、第十三条的规定，未取得施工许可证擅自开工的，责令停止施工，并对施工单位处以 5000 元以上 3 万元以下罚款。

由于该项目一层超高建设、屋面苯板密度不足及设计费用未结清等原因，在 ×× 房地产开发总公司组织竣工验收时，监理单位和设计单位拒绝签字，设计单位还拒绝派人参加。因此，市建设工程质量监督部门按照有关法律法规要求，没有为该项目办理竣工验收备案手续。据市政府和市建设局称，因为该项目建设周期过长，前后历时近两年之久，回迁户和购房户多次到市政府和建设局要求入住。地方政府与相关行政主管部门考虑到群众的实际情况，为维护社会稳定，解决按揭贷款购房户贷款问题和回迁户住房问题，故同意提前入户，建设局房产处还违规为 61 户业主办理了房屋产权证。本案建设单位违反《建设工程质量管理条例》第十六条规定，即建设单位收到建设工程竣工报告后，应当组织设计、施工、工程监理等有关单位进行竣工验收；应按照《建设工程质量管理条例》第五十八条的规定处罚，即验收不合格，擅自交付使用的违法类型，规定责令改正建设单位，处工程合同价款 2% 以上 4% 以下的罚款；造成损失的，依法承担赔偿责任。

经过调查发现，本工程确实存在严重的质量问题：一是该工程一层为框架结构，设计层高为 4.5 米。施工单位未经设计单位和监理单位同意，擅自按照 5.4 米层高进行施工；二是建筑物总高度为 22.7 米，超过《建筑抗震设计规范》（GB 50011—2010）规定的 22 米的高度要求，以上违反了工程建设强制性标准，存在严重的结构安全隐患；三是屋面保温板密度设计为 20 公斤 / 平方米，实际使用的保温板密度为 18.6 公斤 / 平方米，屋面保温苯板密度不够。开发单位、监理单位已经发现该问题并要求施工单位整改,但施工单位没有整改。本案建设单位违反了《建设工程质量管理条例》第十五条规定,即涉及建筑主体和承重结构变动的装修工程,建设单位应当在施工前委托原设计单位或者具有相应资质等级的设计单位提出设计方案；没有设计方案的，不得施工。按照《建设工程质量管理条例》第六十九条规定，建设单位涉及建筑主体或者承重结构变动的装修工程，没有设计方案擅自施工的，应责令改正，处建设单位 50 万元以上 100 万元以下的罚款；按照《建设工程质量管理条例》第七十三条规定，对建设单位直接负责的主管人员和其他直接责任人员处单位罚款数额 5% 以上 10% 以下的罚款。本案施工单位违法了《建设工程质量管理条例》第二十八条规定，施工单位必须按照工程设计图纸和施工技术标准施工,不得擅自修改工程设计,不得偷工减料。按照《建设工程质量管理条例》第六十四条规定，施工单位在施工中不按照工程设计图纸或者施工技术标准施工，处理意见是责令改正，处工程合同价款 2% 以上 4% 以下的罚款；造成建设工程质量不符合规定的质量标准的,负责返工、修理,并赔偿因此造成的损失;情节严重的,责令停业整顿，降低资质等级或者吊销资质证书。

28.3 案例分析及思考

本案是城市规划行政主管部门、开发企业、施工企业同时违法的案件。本案首先需要对建筑安全进行鉴定，确保居民安全，而处理的意见和鉴定结果是息息相关的。其次,《城市规划法》中对两证的发放与其他相关审批程序的衔接关系规定的并不十分明确，这和当时的土地使用制度有关。《城市规划法》第三十一条规定：在城市规划区内进行建设需要申请用地的，必须持国家批准建设项目的有关文件，向城市规划行政主管部门申请定点，由城市规划行政主管部门核定其用地位置和界限，提供规划设计条件，核发建设用地规划许可证。建设单位或者个人在取得建设用地规划许可证后，方可向县级以上地方人民政府土地管理部门申请用地，经县级以上人民政府审查批准后，由土地管理部门划拨土地。土地实施招拍挂后,本案出现的没有土地使用证而取得后续规划建设行政许可的可能性会减少。

施工质量问题的出现和《建设工程质量管理条例》等相关质量管理法律法规处罚不够严厉有关，建立建筑质量的设计、施工、监理终生责任制乃至追究刑事责任的细化，从对责任人的角度加强管理，是建筑质量制度完善的重要方面。

29　某市 ×× 广场项目违法建设案——缺证

29.1　案由与案情

×× 广场项目的开发单位为某市某置业有限公司（以下简称 M 公司）。该公司成立于 2004 年 12 月，注册资金 1000 万元，是一家以房地产开发经营为主的民营企业，开发企业资质等级为暂定。×× 广场项目位于某市经济技术开发区 ×× 路 ×× 号，土地使用权面积为 9071 平方米，计划总投资约 1 亿元，总建筑面积 44899 平方米，建设周期约 18 个月。项目建筑设计方案为 A、C 两座楼，A 座建筑面积 25674.35 平方米，设计用途为办公，建筑层数为 28 层；C 座建筑面积 6612.97 平方米，设计用途为酒店，建筑层数 12 层。

2005 年 6 月 26 日，M 公司以国有土地使用权转让和房屋转让方式购买了该市某实业有限公司名下的办公楼和土地，总价款 1475 万元。2005 年 7 月 29 日，该市 ×× 区国土资源局为该宗地办理了土地使用权转让登记，M 公司获得该宗土地使用权，土地使用证号为 × 国用（2005）第 119 号。

2005 年 3 月 21 日，M 公司第一次申报了 ×× 广场的规划方案，市规划局 ×× 分局（以下简称规划分局）提出了应按规定控制容积率并同时满足日照要求等审查意见（函业字 [2005] 第 135 号）。从 2005 年 9 月 7 日开始，M 公司在产权转让后按照规划分局提出的修改意见，先后四次提交规划方案。直至 2006 年 3 月 15 日，规划分局按照 2006 年第一次规划委员会意见批准了该项目的建筑方案，同时要求“报审施工图前应按照报规划委员会承诺解决日照遮挡问题”（建审字 [2006] 第 22 号）。规划分局批准该项目的建筑方案后，M 公司未能按要求与不满足国家规范日照要求的 6 户居民达成协议，未取得《建设工程规划许可证》。直到 2007 年 4 月 11 日，M 公司才与最后一户达成协议，这时 ×× 广场项目已具备核发《建设工程规划许可证》的条件，但由于有个别未满足日照要求的住户上访，为避免激化矛盾，维护社会稳定，区政府决定延期核发该项目的《建设工程规划许可证》。

2006 年 3 月 15 日，M 公司开始对项目用地上的原有建筑物实施拆除，并对原有基础进行开挖。2006 年 3 月 25 日，M 公司自行进行了工程施工、监理的邀请招标，并确定该市 ×× 建设集团有限公司为总承包单位，该省 ×× 基础工程公司为基坑支护分包单位，该市 ×× 工程咨询有限公司为监理单位。2006 年 7 月 20 日，因持续大雨等原因，××广场项目基坑在支护施工过程中局部发生坍塌。城建局立即责令该项目停止施工，并组织相关单位，连夜进行临时抢险加固，严防事故进一步扩大。2006年8月，因临近住户上访反映基坑坍塌影响其居住安全，城建局责令M公司委托该市某××建筑工程司法鉴定所对楼房地基进行检测，其鉴定结论为××广场深基坑工程的开挖施工，不影响住宅楼的结构安全和正常使用。但专家还建议，应加快地下室施工进度，按设计要求及时做好基坑密实回填工作。2006年8月30日，城建局就该项目擅自开工建设事宜，对M置业有限公司下达了《行政处罚决定书》（×开建罚[2006]第004号），做出了“未办施工许可，擅自开工，处3万元人民币罚款”的处理决定。同时，将××广场基坑支护分包单位××基础工程公司清出该市该区建筑市场。2006年9月11日，M公司上缴了罚款。虽经处罚，建设单位依然断断续续自行施工，截至2007年4月13日基础全部完成，目前A楼主体结构施工至13层，C楼主体结构封顶。为此，城建局3次下达《停止违法行为通知书》责令M公司停止违法施工，并完善相关手续。

到目前为止，M公司未以任何形式向城建局申办××广场项目的《商品房预售许可证》，城建局也未为该项目核发《商品房预售许可证》。针对群众反映××广场项目违规预售及租赁的问题，经与M公司董事长、××区农村合作银行副行长、某集团第×建筑工程公司主任及某市××酒店管理公司经理进行了解和调查，上述各方此前仅进行过意向性接触洽谈，未发现有签订任何实质内容的合同或协议以及以任何形式支付款项的行为。

按照相关标准规定，该市在大寒日获得的有效日照时数应不少于2小时。根据上述要求，该市××工程集团有限公司勘查测绘院对该项目周围15栋楼3层以下共93个可能受到日照影响的住户进行了日照分析（约占总户数的30%），结论为因该项目日照时间不满足要求（小于2小时）的共有6户。其余住户日照时间分别为：2～3小时33户，3～4小时12户，4小时以上的42户。三层以上的其余70%住户日照条件均高于同位置已分析的其下楼层的住户。

2006年6月以来，相关部门陆续收到周围小区业主投诉举报、信访反映该项目日照遮挡等问题。其中最主要的是项目北侧某花园49名业主的信访和该项目报审《建设工程规划许可证》前50人签名反对。群众投诉举报反映的主要问题是该项目未取得建设工程规划许可证、施工许可证擅自施工，不符合预售条件预售商品房。经认真核查和全面检查，该项目不存在不符合预售条件预售商品房的问题，但各相关企业、部门存在的主要问题如下：

M公司存在以下三个问题：一是在因持续存在日照遮挡问题信访，未取得《建设工程规划许可证》进行建设；二是在未经批准和备案的情况下，自行采用邀请招标方式选定施工及监理企业；三是在未取得《建设工程施工许可证》、多次收到停工处罚的情况下擅自施工。

施工单位××建设集团有限公司和监理单位××监理咨询有限公司在该工程未办理施工许可的情况下，承担项目施工、监理。

规划分局批复的建筑方案存在严重规划质量问题，在处理日照遮挡问题信访时，未能及时和信访部门沟通，尽快化解信访问题，导致规划许可久拖不决。建设局在停工处罚和多次停工通知未果的情况下，未能采取更加强有力的措施及时制止M公司违法施工的行为。

29.2 处理过程与结果

省建设厅、市建委、市房地产开发局以及某区政府有关部门对本次核查工作高度重视，行动迅速，对该项目存在的问题认识深刻，处理态度坚决。接到有关核查通知当日下午，按照市房地产开发管理局的要求，××区区长专门组织召开专题工作会议，部署查处工作，并成立了由分管区长任组长，区国土、规划、建设、行政执法、纪检监察部门主要领导为成员的联合检查工作组责令该项目全面停工并对其进行全面调查，在核查组到达前基本查清了相关违法事实。在核查组工作期间，区政府相关部门密切配合核查组工作，针对核查过程中发现的问题及时形成了相关处理意见：对M公司违规施工、违规招标等问题按相关规定共处28万元罚款、一年内不予批准房地产开发资质升级等处罚；对建设单位××建设集团有限公司和监理单位该市××监理咨询有限公司处以暂停在该区的招投标资格、责令进行内部整顿等处罚；同时对上述3家单位在该区内通报批评，年度诚信考核记入不良行为记录。

29.3 案例分析与思考

正如第二章违法违规原因分析中提到的，许多违法违规案件出现的原因很重要的一个方面是规划方案本身出现重大缺陷。法制环境下，规划本身是科学合理的，才能以规划为依据依法行政[①]。本案即由于规划分局批复的建筑方案存在严重规划

① 张泉，孙安军．法制环境下的规划改革[J]．城市规划，2007（12）．

质量问题，违法行为相对人追逐利益最大化，出现对周边居民影响较大的日照遮挡，造成日照权力侵害，导致群体性上访事件。日照问题是本案的核心，是城市规划建设与管理的强制性规定，是最基础的底线要求。从卫生学、法学、经济学以及能源学学科角度住宅日照对人体健康都具有重要的作用，事关百姓最原始、最基础的反应和认同，涉及经济资源的分配，因此引起社会舆论关注，成为引起民事和行政诉讼的一个重要症结。从经济角度，充足的日照可以提高住宅的价格，而日照权力受到侵害后住宅的价值由于使用性受损而贬值，因此经济补偿作为法律诉求的一部分，经常在日照侵害案例中被提出①。《城市规划编制办法》（建设部令[2005]第146号）表明城市规划是政府调控城市空间资源、指导城乡发展与建设、维护社会公平、保障公共安全和公众利益的重要公共政策之一。城市规划建设有保障居民享受住宅日照的责任和义务。《建设工程质量管理条例》第十九条规定勘察、设计单位必须按照工程建设强制性标准进行勘察、设计，并对其勘察、设计的质量负责。从本案可以看到，加强规划的编制与审批科学性对于维护社会公平，保障社会安定具有重要的作用，因此本案应追究设计和审批相关单位和责任人的责任。从规划与建设的科学设计与审批层面的行政处罚主要有《实施工程建设强制性标准监督规定》（建设部令[2000]第81号）第十七条针对勘察、设计单位违反工程建设强制性标准进行勘察、设计的，责令改正，并处以10万元以上30万元以下的罚款。造成工程质量事故的，责令停业整顿，降低资质等级；情节严重的，吊销资质证书；造成损失的，依法承担赔偿责任。《实施工程建设强制性标准监督规定》第二十二条针对建设行政主管部门和有关行政主管部门工作人员，玩忽职守、滥用职权、徇私舞弊的，给予行政处分；构成犯罪的，依法追究刑事责任。《建设工程质量管理条例》第七十二条明文规定注册建筑师、注册结构工程师、监理工程师等注册执业人员因过错造成质量事故的行政处罚意见。《注册城市规划师执业资格制度暂行规定》（人事部、建设部人发[1999]第39号）第十六条规定注册城市规划师应严格执行国家有关城市规划工作的法律、法规和技术规范，秉公办事，维护社会公众利益，保证工作成果质量；第十七条规定注册城市规划师对所经办的城市规划工作成果的图件、文件以及建设用地和建设工程规划许可文件有签名盖章权，并承担相应的法律和经济责任，但没有对规划师的相关行政处罚具体规定，使城市规划师注册制度流于形式，也缺乏应有的约束力。

① 张播，赵文凯．住宅日照标准的多学科认识[J]. 城市规划，2010，（12）.

30　某市 ×× 区“×× 中心”项目案——缺证

30.1　案由与情节

2005 年 7 月 25 日，某市 ×× 房屋开发有限公司通过公开出让方式获得 ×× 地块的开发建设权，领取了《土地使用权证》，土地使用权面积为 8983 平方米（含变电所预留地 2163 平方米），规划建设 4 栋 14 ～ 16 层的商住两用楼（建筑限高 47 米）和一个 220 千伏变电所。该地块为毛地出让，地块内建筑物由开发单位实施拆迁补偿，并承诺 2008 年 12 月底前全部回迁。

2006 年 3 月 27 日，某市开发办核发了《拆迁许可证》。随后，该地块上的 2 栋居民楼（50 户居民）、×× 公司附属企业、×× 门诊部及 ×× 院老干部活动室等全部动迁，只有某局医院因未能与开发单位达成协议而没有动迁。

规划中的“×× 中心”北侧有两栋七层居民楼，如果“×× 中心”建起来则存在遮光问题，于是居民多次到市委、市政府上访，致使规划部门一直未给“×× 中心”项目核发《建设用地规划许可证》和《建设工程规划许可证》。2006 年 8 月 30 日，该市城市规划委员会重新讨论了 ×× 广场东地块改造修建性详细规划方案及建筑效果图方案，考虑到与该地区建筑效果的统一性，将原规划方案进行了修改，修改后用地面积仍为 8983 平方米（含变电所预留地 2163 平方米），主建筑为 4 栋（底 3 层为商业网点的）31 层建筑，总建筑面积 59270 平方米（不含变电所建筑面积），其中公建建筑面积 18880 平方米，住宅建筑面积 40390 平方米，并要求开发单位妥善解决北侧两栋居民楼遮光问题。

由于北侧两栋楼居民不断上访反映遮光问题，加之该地区工商业和居民用电量猛增，原有供电能力已不能满足要求，变电所急需开工建设。2007 年 2 月 14 日，市规划委员会会议再次研究 ×× 广场东侧地块改造项目，并决定将 ×× 广场东侧地块改造项目用地与其北侧两栋居民楼用地统一规划，对两栋居民楼实施拆迁（共 97 户居民）。用地总面积扩大为 12836 平方米（含变电所用地面积 2163 平方米），总建筑面积 65854 平方米（不含变电所建筑面积），其中公建面积 21948 平方米、住宅面积 43906 平方米，主体建筑为 2 栋 27 层和 32 层的建筑，其中底 3 层为商业网点。

2007 年 3 月 23 日，市拆迁办核发了 ×× 区 ×× 街两栋楼的房屋拆迁许可证。

考虑到两栋楼居民由于遮光问题对动迁有抵触情绪，因此实施了特殊的优惠政策：如果选择货币化安置，当时搬迁的每平方米按3769元结算（高于正常的评估价格）；如果选择产权调换，安置在原地正在建设的“××中心”，在房产证面积的基础上每5平方米再赠1平方米，原面积与赠送面积不收费；如果当时搬迁，按房产证面积每平方米补助800元的装修及物业费。租房费按一室户每月400元、二室户每月500元、三室户每月600元的标准发给，一次性搬家费1000元。到目前为止，48栋和50栋楼的97户居民已有40户签订了补偿安置协议，占41%。未搬迁的主要原因是部分居民要求超政策补偿和不愿意上高层。

由于扩大建设用地规模，市土地部门收回了原土地使用权证，扩大后的全部建设用地拟重新实施招牌挂，同时市规划委员会分别在2006年8月30日和2007年2月14日两次调整规划方案及部分居民未签订补偿安置协议，市规划主管部门一直未给“××中心”项目颁发《建设用地规划许可证》、《建设工程规划许可证》、建设主管部门未颁发《建设工程施工许可证》。

2007年4月，开发单位在没有取得“一书两证”，并且没有做好两栋居民工作的情况下，使用××建筑设计有限公司提供的建筑设计草图，擅自开工建设，临时雇用人员和工程机械进行基础深坑作业。市综合执法局发现后多次口头告知开发单位，在未取得规划审批手续之前绝不允许开工建设，但开发单位既没有履行基本建设程序也没有停工。

2007年5月15日，在工程进行深坑边坡支护施工时，发现坑边缘北5米左右的市某医院门诊楼、锅炉房楼体明显裂缝，锅炉房地面沉降，另外，两栋居民楼也处在边坡滑移半径之内，存在一定的安全隐患。为了确保安全，根据专家论证意见，要求建设单位在保证安全的前提下施工到正负零，如手续不完备立即停工。2007年7月某建筑安装公司进场开始地下室施工，9月初施工至正负零。由于××房屋开发公司没有履行基本建设程序，主管部门进行了制止。但是××房屋开发公司以尽快解决居民回迁问题为由，仍然擅自施工至2007年10月11日，此时地上公建部分已完成两层主体，约14632平方米。

30.2 处理过程与结果

该市接到建设部督办函后，市政府十分重视，立即召集市建委、规划局、综合执法局、土地局、和开发办等有关部门研究，对“××中心”项目进行了全面排查，对投诉反映的问题进行了重点核查，对施工工地进行了停工处理。2007年10月26

日，市建委就“××中心”项目问题召开专题会议，做出三项确定：一是鉴于市规划委员会2007年2月14日已确定该地区为旧城区整体改造范围，并规划建设站前地区变电所，应继续做好××街两栋居民楼的动迁工作，动迁工作要以稳定为主，市开发办、××区拆迁办负责及时将改造规划、补偿政策情况进行公示，保证动迁居民了解情况，理解动迁意义，确保动迁工作顺利完成；二是建设单位要尽快办理相关手续，在政府主管部门同意之前，不得擅自开工；三是建设单位要按照建设部核查组的意见做好停工期间现场安全工作，搞好现场清理，对建筑物基础进行维护，确保不能发生任何安全事故。同时，对相关企业做出如下处理：

鉴于××房屋开发有限公司在无《建设用地规划许可证》、《建设工程规划许可证》、《建设工程施工许可证》的情况下擅自组织施工问题，按照《城市规划法》第四十条的规定，责令××房屋开发有限公司在取得施工许可证前不得开工，并写出书面检查报市建委，停工期间要加强安全生产管理，对施工现场周边建筑和地面要加大巡视检查力度，抓紧对地下部分进行防水处理并尽快回填，发现问题要立即采取有效措施，并向有关部门报告。给予××房屋开发有限公司从即日起一年内不得开发新项目的处罚。

鉴于××建筑安装公司明知开发商无规划许可证、施工许可证、无正式建筑设计图纸，仍然进行施工问题，按照《建筑工程施工许可管理办法》第十条规定“对于未取得施工许可证或者为规避办理施工许可证将工程项目分解后擅自施工的，由有管辖权的发证机关责令改正，对于不符合开工条件的，责令停止施工，并对建设单位和施工单位分别处以罚款”处理，待“××中心”工程完工后，将××建筑安装公司清退出该市建筑市场，从即日起三年内该公司不得在该市承接新的建筑工程项目。

鉴于该省××工程监理有限公司在工程没有开工手续的情况下实施监理，违反《建筑工程施工许可管理办法》第三十六条“工程监理单位应当依照法律、法规以及有关技术标准、设计文件和建设工程承包合同，代表建设单位对施工质量实施监理，并对施工质量承担监理责任”和其他工程建设相关法律、法规问题，按照待“××中心”工程完工后，将某省××监理公司清退出该市建筑市场，从即日起三年内该公司不得在该市承接新的建筑工程监理任务。

30.3　案例分析与思考

本案对建设单位的处罚相对较轻，建设单位使用未经审查的施工图的违法事实符合《建设工程质量管理条例》第五十六条第四款“施工图设计文件未经审查或者审查不合格，擅自施工”，应责令建设单位改正，处20万元以上50万元以下的罚款。

同时，城乡规划重大违法违规案件的发生往往不是单一因素引发的，除建设单位、施工单位、监理单位以外，案件中涉及的各环节均存在一定的责任问题未予处理。设计层面，××建筑设计有限公司第二设计部在无建设工程规划许可证、设计条件不确定的情况下设计施工图纸，未经审查并用于工程施工中，大致可以归并到《建设工程质量管理条例》第六十三条第四款规定“设计单位未按照工程建设强制性标准进行设计”，应责令改正，处10万元以上30万元以下的罚款。管理层面，因扩大建设用地规模，市土地部门收回了原颁发的土地使用权证，拟重新实施招牌挂，延误了后续各项手续，市规划委员会两次修改规划方案，且时间间隔较长，扩大了建筑面积，提高了容积率，违背了《行政许可法》第六条“实施行政许可，应当遵循便民的原则，提高办事效率，提供优质服务”和第八条“公民、法人或者其他组织依法取得的行政许可受法律保护，行政机关不得擅自改变已经生效的行政许可”的规定。市拆迁办违反《城市房屋拆迁管理条例》第三十八条的规定核发了××区××街两栋楼的房屋拆迁许可证，应对直接负责的主管人员和其他直接责任人员依法给予行政处分。建设主管部门发现开发商无证施工后制止不及时，违反《城市规划法》第四十条的规定和《行政处罚法》第二十三条“行政机关实施行政处罚时，应当责令当事人改正或者限期改正违法行为”的规定，应按照《行政处罚法》第六十二条“执法人员玩忽职守，对应当予以制止和处罚的违法行为不予制止、处罚，致使公民、法人或者其他组织的合法权益、公共利益和社会秩序遭受损害的，对直接负责的主管人员和其他直接责任人员依法给予行政处分；情节严重构成犯罪的，依法追究刑事责任”的规定予以处罚。

第十二章　程序违法——行政错误作为案

1　某市 ×× 房产开发项目案——未编制控制性详细规划

1.1　案由与情节

A项目位于某市 ×× 区 ×× 镇 ×× 村，2001年12月，该市 ×× 房地产开发有限公司通过协议出让方式获得土地使用权，项目总占地141200平方米。2005～2007年，该项目分四期报批，某区建设局核发了项目的一书两证，审批建筑面积131567.06平方米，其中低层住宅97幢、小高层住宅6幢，会所和幼儿园各一幢。2008年7～9月，该项目分批办理了竣工验收手续。目前低层住宅业主已办理了收房手续，国有土地权证和房屋产权证的分户手续尚在办理之中，6幢小高层住宅仍在建设中。

× 政挂出（2008）20号地块位于 ×× 区 ×× 镇 ×× 村，用地总面积6.7公顷，南面面山，其余皆与A项目相连。2007年 ×× 区政府计划对该地块进行征用，作为政府储备用地。2007年9月，经 ×× 区政府土地储备中心申请，该区建设局核发了该地块的建设项目选址意见书（但未明确规划设计条件）。2007年底，该地块经 ×× 区林水、国土部门批准后，办理了相关的林权调整和农转用手续。2008年4月，×× 区建设局根据《×× 市城市规划技术管理规定（试行）》和《×× 区区域总体规划》和 ×× 片区对接 ×× 市基础设施的规划研究成果，在委托设计单位对该地块进行规划研究，测算了地块容量的基础上出具了规划设计条件，确定用地性质为居住用地、用地面积67024平方米、容积率不大于1.01、建筑密度不大于28%、建筑限高15米、绿地率不小于30%，但未明确出入口，要求中标单位自行解决。2008年6月，在该地块出让前 ×× 房地产开发有限公司未经利害关系人（A小区业主）同意，出具承诺书，保证无论什么单位中标均处理好该地块出入口问题。2008年7月，×× 房地产开发有限公司通过挂牌出让形式取得该地块的土地使用权。2008年7月18日，×× 房地产开发有限公司与 ×× 区国土资源分局签订了国有建设用地使用权出让合同。

1.2 处理过程与结果

2008年11月初××省厅接到了该区A业主《××区建设局、××规划分局严重违法违规的情况反映》的来信，按照厅领导的批示，稽查办会同厅规划处、建管局赴该区，对反映情况进行了调查核实，踏勘了现场和调阅有关文件材料，并多次约谈区建设局、区规划分局等有关部门，在调查核实的基础上，对存在的问题核发了稽查意见书，责令相关单位妥善处理好规划编制、审批及行政许可方面的工作，责成区建设局、区规划分局对开发单位、施工单位、监理单位的违法建设行为进行严肃处理。针对本案存在的主要问题处理意见如下：

1.2.1 针对建设局、规划局出让土地未编制控制性详细规划，规划设计条件未明确规划出入口问题。A项目所在的××区××镇××村，从2001年至今，区建设局已审批8个住宅项目，1个企业办公楼项目和1个农居点项目，涉及建设用地1546.6亩（未含农居点项目）。虽然区建设局对出让土地区块做过一些用地和基础设施的研究，但至今尚未编制完成控制性详细规划，区域内的基础设施和公共服务设施配套等问题已日益凸显。由于区建设局对该区域的规划编制工作滞后，致使×政挂出（2008）20号地块的规划出入口无法确定，而是要求中标单位自行解决。区建设局在出具该地块的规划设计条件时，没有征求利害关系人的意见，根据《城乡规划法》、《城市国有土地使用权出让转让规划管理办法》（建设部令[1993]第22号）、《建设部关于加强国有土地使用权出让规划管理工作的通知》（建规[2002]第270号）的有关规定，存在程序不到位、审批不规范的问题。区建设局、区规划分局要加快××镇×片区控制性详细规划的编制和报审工作，待该区块的控制性详细规划审批完成，及协调好业主和利害关系人关系，解决好×政挂出（2008）20号地块的出入口后，再核发《建设用地规划许可证》和《建设工程规划许可证》。

1.2.2 针对开发商未经行政许可擅自组织施工、在小区内擅自修建施工通道问题。开发商于2008年7月份拿到×政挂出（2008）20号地块后，就开始了开挖山体和道路施工。11月17日××省建设厅稽查组到现场勘察时，仍有少数人员在20号地块现场进行土方作业。××房地产开发有限公司在未取得建设用地规划许可证、施工许可证，也未经利害关系人同意的情况下，就对20号地块进行山体开挖和挡土墙施工，并在已建成的A小区内设置了施工通道，侵犯了A小区业主的权益，违反了《城乡规划法》、《××省建筑业管理条例》、《建筑工程施工许可管理办法》（建设部令[2001]第91号）的有关规定。区建设局在项目验收和批后管理中未能及时发现该项目存在的问题，及时制止开发商和施工单位的违法违规行为，存在监管不到位的情况。区建设局、区规划分局要进一步加强对城乡规划、建筑市场和房地产市场的监管，尽快督促解决好业主和开发商之间的矛盾，做好业主和利害关系人的解释沟通工作。

1.2.3　针对施工单位没有按要求进行整改。经现场调查，投诉人反映的房屋室内楼梯无安全维护、护栏玻璃未采取安全玻璃、有的墙垂直度偏差 4 ～ 5 厘米等问题确实存在。区建筑工程质量监督站在对由 ×× 房地产开发有限公司组织的竣工验收的监督过程中，也发现了这些质量问题，并分别于 2008 年 5 月 20 日、2008 年 7 月 24 日，发出了《限期整改通知单》（× 建质 [2008] 第分户—520 号、× 建质 [2008] 第 0724 号），要求限期整改。施工单位 ×× 集团有限公司、监理单位 ×× 建筑监理有限公司分别于 2008 年 6 月 6 日、2008 年 8 月 10 日回复区建筑工程质量监督站，表示已经按照整改通知书要求整改完成。但事实上，施工单位并没有进行整改，区建筑工程质量监督站也没有对整改内容进行复查。要求区建筑工程质量监督站要进一步加强对工程质量的监督，完善监督制度，重视细节工程和整改结果的监督检查，保证建设工程质量。要切实采取措施，避免出现群体性事件，确保社会稳定。

在取得建筑工程施工许可证前，开发单位、施工单位立即停止违法进行的施工。对开发单位、施工单位、监理单位的违法违规行为，由区建设局、区规划分局、区行政执法局按有关法律法规的规定做出处理。涉及国有土地出让等方面的问题，由国土等部门依法处理。

1.3　案例分析与思考

按照《城市规划编制办法》（建设部令 [2005] 第 146 号）第十一条规定“控制性详细规划由城市人民政府建设主管部门（城乡规划主管部门）依据已经批准的城市总体规划或者城市分区规划组织编制”，指出编制控制性详细规划是地方城市规划行政主管部门的职责。第二十四条规定“编制城市控制性详细规划，对具体地块的土地利用和建设提出控制指标，作为建设主管部门（城乡规划主管部门）做出建设项目规划许可的依据”。按照《土地管理法》第五十六条规定：建设单位使用国有土地的，应当按照土地使用权出让等有偿使用合同的约定或者土地使用权划拨批准文件的规定使用土地；确需改变该幅土地建设用途的，应当经有关人民政府土地行政主管部门同意，报原批准用地的人民政府批准。其中，在城市规划区内改变土地用途的，在报批前，应当先经有关城市规划行政主管部门同意。同时《城市规划编制办法》第四十一条第四款规定：控制性详细规划应当根据交通需求分析，确定地块出入口位置、停车泊位、公共交通场站用地范围和站点位置、步行交通以及其他交通设施；规定各级道路的红线、断面、交叉口形式及渠化措施、控制点坐标和标高。上述法律法规表明控制性详细规划是城乡规划主管部门做出规划行政许可、实施规划管理的依据，国有土地使用权的划拨、出让应当符合控制性详细规划，本案的关键问题是地块的开发缺乏科学、全面、合理的控制性详细规划，因此要切实加强控制性详细规划编制的科学性、合理性，确保公共政策的有效实施才能避免此类案件的发生。

2 某市 ×× 大道违反规划案——违反控制性详细规划

2.1 案由与情节

×× 大道是一条由某市 ×× 宾馆通向市中心和连接某高速公路的景观大道，道路红线宽度为 32 米，按照某市规划管理局通过的《×× 区高科技产业开发区控制性详细规划》，×× 大道北侧全段和南侧东段为整齐美观的 20 米宽绿化带。2001 年 4 月，时任规划局副局长 A 和时任建管一处处长 B 无视上述规划，在审定“×× 半岛”总平面图时，通过了该项目在 ×× 大道东南侧保留 10 米宽绿化带的方案。6 月，时任市规划局总工程师 C 按照 A 的要求，在审定《×× 区 ×× 村控制性详细规划》时，违规将“×× 半岛”处的 10 米宽绿化带视为现状。9 月，已任副局长的 B 再次主持审定通过了总平面图，使该项目“合法”逾越红线，侵占了 10 米绿化带。

2001 年 ×× 大道南侧西段尚是未编制控制性详细规划的地段，某开发商向市规划局申报在此修建“×× 豪庭”项目，临 ×× 大道西南侧的绿化控制宽度仅为 10 米。A、B 还违规审批了《定点通知书》和《建设用地规划许可证》。2001 年 10 月，B 先后签发了两个项目的《建设工程规划许可证》，使两个项目得以开工建设。

2.2 处理过程与结果

经调查 A、B 存在受贿行为，其中 B 受贿 52 万元人民币，另有 115.19 万元巨额财产来源不明；A 受贿 3.5 万元人民币，2003 年 9 月 14 日 A、B 被逮捕，12 月 23 日 C 被逮捕。2004 年 8 月 4 日，市中级人民法院做出了一审判决：B 犯滥用职权罪、受贿罪和巨额财产来源不明罪，合并判有期徒刑 13 年；A 犯滥用职权罪，合并判处有期徒刑 3 年 6 个月；C 犯滥用职权罪，免于刑事处罚。

2.3 案例分析与思考

官商勾结，官员利用职权之便使违反规划的违法事件“合法化”。受贿者已成阶下囚，但其后果是“××”大道两侧的建筑已经建成，原本美丽的绿化带已不再，如若拆除违章建筑，成本巨大，造成社会财富的巨大损失，给城市建设带来难以挽回的影响。

3 某市 ×× 综合体违规审批案——违反控制性详细规划

3.1 案由与情节

某市 ×× 综合体位于该市中心繁华地段五星花园旁，2001 年市民发现，即将竣工的某市 ×× 综合体与周围建筑相比较为突兀，随即，市人大代表、市政协委员提出议案和提案，要求彻查。经查明，在未引进竞争机制的情况下，建设局同意由某省 ×× 集团开发，在该集团动作下，该市 ×× 综合体一期工程违规审批、违规放线、违规施工，造成超红线 1.62 米，超高 1.5 米，超面积 9000 平方米。某省 ×× 集团在工程审批和建设过程中，向该市市委、市规划局有关领导等 10 余人行贿。

2001 年 2 月，承建 ×× 综合体的开发商钟某送给该市建设局局长 A 人民币 3 万元，以感谢 A 在签批 ×× 综合体工程项目的“一书两证”上的照顾。此外，2000 年 9 月至 2003 年 3 月，该市某房地产公司法人代表殷某为了得到 A 对其房产项目的关照、支持，先后四次分别在 A 的办公室、饭店、A 的家中、洗脚房等处送给杨人民币 5000 元、5000 元、1 万元、1 万元，共计 3 万元。1996 年 7 月至 1997 年，A 担任市乡镇企业局局长期间，某建筑公司经理刘某为了感谢 A 在“×××”商住楼等工程上的关照和支持，先后三次分别在 A 的办公室、饭店等处送给 A 现金 2 万元、2 万元、6 万元，共计人民币 10 万元。2002 年 10 月，该市某实业有限公司董事长罗某为了感谢 A 在工程上的关照，送给 A5000 美元。2003 年 2 月，该省某实业有限公司董事长刘某为了感谢 A 在“×× 家园”工程人员伤亡事故中的协调处理，送给 A 现金 1 万元。A 在任乡镇企业局局长和市建设局局长期间，利用职务之便，总计受贿人民币 17 万元，美元 5000 元，170 多万元财产来源不明。

3.2 处理过程与结果

A 犯受贿罪，财产来源不明罪，被判处有期徒刑 6 年，开除公职，开除党籍。× × 综合体建筑由于已经建成，给城市景观带来难以挽回的影响。

3.3 案例分析与思考

我国处于快速城镇化阶段，工程建设量巨大，由于行政体制改革落后于经济体制改革，工程建设领域（包括基础设施建设、房地产开发、公共建筑和单位所属建筑工程）是腐败问题易发多发领域，领导干部在城乡规划管理活动中违反城乡规划管理规定为自己或者他人谋取私利，有贪污、索贿、受贿等职务犯罪行为，涉案金额大、涉案范围广、涉案职务高、人员多的大要案和窝串案成为显著特点。截至 2010 年 4 月底，全国共受理工程建设领域举报线索 17269 件，立案 9188 件，结案 8656 件。给予党政纪处分 5241 人，其中地（厅）级 57 人，县（处）级 611 人，移送司法机关处理 3058 人[①]。案件主要集中在项目决策、城乡规划审批、项目核准、土地审批和出让、环境评价、勘察设计和工程招标投标、征地拆迁、物资采购、资金拨付和使用、施工监理、工程质量、工程建设实施等工程建设环节。国家工作人员在工程建设中、利用职务之便，为他人在取得工程、拨付工程款、取得土地的使用权，插手干预工程建设，索贿受贿。而某些企业为谋取非法利益，达到违规修改规划、提高容积率、承揽工程等目的，向主管官员巨额行贿，导致了不少官员被拉下水，有的沦为“阶下囚”。加强工程建设领域职务犯罪预防，加快建立健全完善防治工程建设领域突出问题的长效机制。

4 某市 × × 大厦和 × × 广场项目违规审批案——违规发放许可

4.1 案由与案情

4.1.1 × × 大厦。× × 大厦位于某市市区 × × 路 × × 区 8 号地块，占地 19005 平方米，计划建设 72 层，其中地上 68 层，地下 4 层，设计高度 328 米，

---

① 资料来源：中央查处 20 件 × ×. 工程建设腐败案涉 57 名厅级官员 [EB/OL]. 潇湘晨报，2010-05-21. http：//news.qq.com/a/20100521/000031.htm.

由该市某房地产开发公司（中外合资企业，暂定资质，简称A公司）开发建设。2001年5月29日该市国土资源局与A公司签订了8号地块的出让协议书，2001年7月9日经市人民政府批准同意协议出让后，于2003年3月17日与A公司签订了土地出让合同，A公司在签订出让合同前已缴清了80%的地价款，合同约定剩余的20%地价款待项目完成基础 ±0.00后再缴纳。由于该地块出让范围内有部分居民房未拆迁，影响了部分土地的移交和项目施工进度，至2006年政府与大部分拆迁户协商完毕，A公司缴清了剩余20%的地价款，并于同年7月14日领取了《国有土地使用权证》。至今，该地块上仍有一幢居民楼尚未拆迁。2003年1月13日和4月8日，该省发展计划委员会对××大厦项目的可行性研究报告和初步设计做出批复。该项目于2003年3月28日取得《建设用地规划许可证》，同年9月19日取得《建设工程规划许可证》；2003年9月30日、2004年4月6日分别取得打桩工程和地下室工程的《建筑工程施工许可证》，2006年4月30日取得 ±0.00以上工程的《建筑工程施工许可证》。案件稽查时该项目主体工程已建至37层，预计于2008年2月封顶，12月底竣工。A公司于2004年7月25日向市房管局提出商品房预售许可申请，经审查和现场勘查后，市房管局于8月16日发放了《商品房预售许可证》，许可预售商业用房25580平方米、写字楼77161平方米。A公司在取得《商品房预售许可证》后，于同年8月18日开始对外销售。到目前为止，已经预售商业用房2051.24平方米、写字楼44821.25平方米，销售总金额为6.54亿元，已收2.03亿元。

4.1.2　××广场。与××大厦北侧毗邻的9号地块是××广场，占地13141平方米，共11层，其中地上8层，设计高度43.5米，由该市某房地产开发公司（三级资质，简称B公司）开发建设。2001年5月29日市国土资源局与B公司签订了9号地块的出让协议书，同年7月9日经市人民政府批准同意协议出让后，于2002年8月6日与B公司签订了土地出让合同。B公司在签订出让合同前已缴清了该地块的地价款，并于同年8月16日领取了《国有土地使用证》。2002年8月14日和9月4日，市发展计划委员会对××广场项目的可行性研究报告和初步设计做出批复。该项目于2002年8月27日取得《建设用地规划许可证》，同年12月17日取得《建设工程规划许可证》；2002年12月17日、2004年4月6日分别取得打桩工程和主体工程的《施工许可证》。该项目于2002年12月17日开工建设，2006年8月完工。2004年4月1日，B公司向市房管局提出商品房预售许可申请，经审查和现场勘查后，市房管局于4月28日发放了《商品房预售许可证》。

但后来 B 公司决定自主经营，故未对外进行销售。

4.1.3 捆绑开发的有关项目情况。根据某市人民政府常务会议纪要（[2001] 第 5 号）精神，×× 路 ×× 区 8、9 号地块（即 ×× 大厦和 ×× 广场项目）与某公园项目和高新技术投资项目由外方陈某先生与中方该市 B 机械集团有限公司（以下简称 B 机械集团）合资组建项目公司，议标开发。

某公园项目又称 ×× 乐园项目，位于该市 ×× 山及 ×× 山以东，总用地约 564282 平方米，由该市某发展有限公司（以下简称 C 公司）和 B 机械集团合作开发建设，C 公司以土地使用权作价出资，B 机械集团以项目建设资金出资，合作期为 30 年，期间 C 公司每年向 B 机械集团收取固定回报 500 万元，期满后该项目的土地使用权和不动产归 C 公司所有。

×× 乐园项目于 2002 年 9 月 9 日由市发展计划委员会批准立项，2003 年 10 月 17 日取得《建设用地规划许可证》。其后，相关主管部门先后批复了该项目一期工程和二期工程的可行性研究报告、入口广场设计方案、美食街和游泳池设计方案、总平面设计、环境影响报告表等。由于市国土资源局原本拟申请转让该公园土地，但未获得批准，耽搁了较长时间，该项目至今尚未取得土地使用权证。B 机械集团在未取得施工许可证的情况下，仅作了绿化、开挖人工湖、建设基础道路和入口广场、治理 ×× 山山体等工作，致使该项目迟迟不能正常开发建设。目前，市国土资源局已按划拨供地方式办理上报手续，待省国土资源厅审批。

4.2 处理过程与结果

相关主管部门违规发放规划、施工和预售许可。A 公司在申请 ×× 大厦的规划、施工和预售许可时，尚未取得土地使用权证。市规划、建设、房产主管部门考虑到由于市国土资源局因拆迁问题未在合同约定的时间内完全交地，致使无法办理土地使用权证，因此给 ×× 大厦建设项目发放了《建设工程规划许可证》、《建筑工程施工许可证》和《商品房预售许可证》。

×× 大厦违规销售。A 公司在尚未取得 ×× 大厦的预售许可前，于 2003 年 4 月有过登记客户购买意向的情况，并收了客户吴某的购房意向金共计 1186 万元，后市房管局监察大队找 A 公司负责人谈话，对该行为做出了批评。A 公司于 6 月 5 日全额退还了吴某的购房意向金。A 公司在预售 ×× 大厦的写字楼及商业用房时，只与购房人签订了预订意向书。因自 2004 年 7 月 26 日委托该市某房地产测验有限公司测绘面积以来迟迟未能提交测绘成果，所以至今未与购房人签订商品房预售合同，也未在市房管局进行登记备案。

4.3 案例分析与思考

建设项目从立项、选址、规划、用地审批、环境影响评价，到申请用地、设计审查、开工建设，直至竣工验收，涉及众多法律规定的许可程序，有着固有的流程和相互联系、衔接、制约的机制。不同行政机关应遵循相关法律和相应行政许可程序、引申条件和规定进行行政许可工作，如《土地管理法》三十七条规定“在城市规划区范围内，以出让方式取得土地使用权进行房地产开发的闲置土地，依照《中华人民共和国城市房地产管理法》的有关规定办理”提出的相关法律的是规定条件；而《城市房地产管理法》承接条款是第十八条规定的“土地使用者需要改变土地使用权出让合同约定的土地用途的，必须取得出让方和市、县人民政府城市规划行政主管部门的同意，签订土地使用权出让合同变更协议或者重新签订土地使用权出让合同，相应调整土地使用权出让金。土地主管部门在组织出让前，应当向城乡规划主管部门函询拟出让用地的规划条件。城乡规划主管部门应当依据控制性详细规划和相关规定提出出让地块的规划条件，书面反馈土地主管部门，作为国有土地使用权出让合同的组成部分”。《土地管理法》第五十六条规定“建设单位使用国有土地的，应当按照土地使用权出让等有偿使用合同的约定或者土地使用权划拨批准文件的规定使用土地；确需改变该幅土地建设用途的，应当经有关人民政府土地行政主管部门同意，报原批准用地的人民政府批准。其中，在城市规划区内改变土地用途的，在报批前，应当先经有关城市规划行政主管部门同意”，实质上提出的是土地行政许可的前置条件。《城乡规划法》针对上述行政许可内容也有相关规定，即第三十六条“按照国家规定需要有关部门批准或者核准的建设项目，以划拨方式提供国有土地使用权的，建设单位在报送有关部门批准或者核准前，应当向城乡规划主管部门申请核发选址意见书。”

建设项目大致遵循以下主要流程：发改局（申请立项、审批、核准或备案）→国土资源局（用地规划预审、土地使用权证）→规划局（用地规划许可证、建设工程规划许可证）→建设局（施工图审查，招投标，工程质量监督备案，工程安全监督备案、施工许可证）→房产局（商品房预售许可证）。也就是说取得建设项目选址意见书（规划条件），方可办理建设项目批准、核准、用地等事宜；取得《建设用地规划许可证》后，方可办理《建设工程规划许可证》，继续可办理《施工许可证》等事宜；取得基础开工验线阶段通知单后，方可办理基础施工手续，取得《建设工程规划实施合格证》，方可办理竣工验收手续。因此行政许可需遵循法定程序进行，而《行政许可法》第六十九条第三款规定，违反法定程序做出准予行政许可决定的，做出行政许可决定的行政机关或者其上级行政机关，根据利害关系人的请求或者依据职权，可以撤销行政许可。